哥德尔传

Journey to the Edge of Reason

The Life of Kurt Gödel

[美]斯蒂芬·布迪安斯基（Stephen Budiansky）——著

祝锦杰——译

中信出版集团 | 北京

图书在版编目（CIP）数据

哥德尔传 /（美）斯蒂芬·布迪安斯基著；祝锦杰译 . —北京：中信出版社，2022.9
书名原文：Journey to the Edge of Reason: The Life of Kurt Gödel
ISBN 978–7–5217–4505–4

I. ①哥… II. ①斯… ②祝… III. ①哥德尔（Godel, Kurt 1906-1978）—传记 IV. ① K837.126.11

中国版本图书馆 CIP 数据核字（2022）第 124959 号

Journey to the Edge of Reason: The Life of Kurt Gödel by Stephen Budiansky
Copyright © 2021 by Stephen Budiansky
Simplified Chinese translation copyright © 2022 by CITIC Press Corporation
ALL RIGHTS RESERVED
本书仅限中国大陆地区发行销售

哥德尔传
著者：　[美] 斯蒂芬·布迪安斯基
译者：　祝锦杰
出版发行：中信出版集团股份有限公司
（北京市朝阳区惠新东街甲 4 号富盛大厦 2 座　邮编　100029）
承印者：　宝蕾元仁浩（天津）印刷有限公司

开本：880mm×1230mm 1/32　印张：12.75　字数：322 千字
版次：2022 年 9 月第 1 版　印次：2022 年 9 月第 1 次印刷
京权图字：01–2022–2848　书号：ISBN 978–7–5217–4505–4
定价：69.00 元

版权所有·侵权必究
如有印刷、装订问题，本公司负责调换。
服务热线：400–600–8099
投稿邮箱：author@citicpub.com

目　录

V　·　推荐序　走在剃刀边缘
XI　·　自序

001　·　第 1 章
帝国一梦

038　·　第 2 章
真正的维也纳人都来自布吕恩

062　·　第 3 章
1924 年的维也纳

092　·　第 4 章
空中楼阁

127　·　第 5 章
不可判定的真理

160 · 第6章
学者的极乐天堂

193 · 第7章
逃离帝国

232 · 第8章
美丽新世界

266 · 第9章
在柏拉图的阴影下

298 · 第10章
世界是理性的产物？

319 · 附录 哥德尔不完备性定理的证明
325 · 致谢
328 · 注释
367 · 参考文献
380 · 图片来源
383 · 译者后记

普林斯顿高等研究院，1956年

推荐序
走在剃刀边缘

"纸牌反面那句话是对的"和"纸牌反面那句话是错的"这两句话单独拎出来看互相矛盾，显然不可能同时为真，只有一句话是对的。如果把它们写到纸牌的两面，会发现无论假设哪句正确都不行，都会陷入自我矛盾的拧巴中去。这个死循环就是大家都熟悉的纸牌悖论。这个小游戏可以在喝酒聊天的时候拿来欺负你的小伙伴。

在精致的数学系统中，这样的悖论被认为没有容身之地。20世纪初，大数学家希尔伯特认为数学象牙塔是"完备而且自洽"的。也就是说数学系统中的所有结果都是可以从一堆不会互相矛盾的公理中严格推导出来的。数学是个纯粹而干净的平行宇宙，可以无限生长，一砖一瓦地堆砌，而且所有的部件都稳定、坚固、环环相扣，没有漏洞。

世界是乱的，数学不是，数学是所有其他科学的基础——我猜测希尔伯特眼中的鄙视链大概长这个样子。

希尔伯特的这个猜想如果正确，那数学家要做的就是补足公理，其他的都是机械操作，数学王国必将独立而完整。纵观数学界积累下来的巨大成绩，他乐观地认为这个猜想不会有错，也号召数学家们行动起来，向这个方向努力。希尔伯特当时如日中天，影响力巨大，整个数学界沉浸在乐观的情绪中，向希尔伯特指明的方向前进。

1929年年底，哥德尔完成了一阶逻辑上的证明，向目标推进了一步，他的贡献超过了其他同行的总和。凭着区区两页纸的证明，哥德尔于第二年年初取得了维也纳大学的博士学位。那一年，哥德尔才23岁。

哥德尔在证明更复杂的二阶逻辑时向朋友们承认他"碰到了麻烦"。没有谁会想到，解决这个麻烦的后果是造成了更大的麻烦。半年后，他证明了希尔伯特猜想是不成立的：无法同时保证数学系统的自洽性和完备性。这个结果动摇了数学王国的根基，哥德尔动了所有人的奶酪。

不完备性定理的证明大致分成两大步骤，用了几乎是魔术师般神奇的手段。首先哥德尔做了个磁纸牌，可以把任何数学公式，包括数学定理的证明，通过一串基于素数的操作变成一个独一无二的"哥德尔数"，"吸"到纸牌上。这个哥德尔数也可以拿下来，完美无损地恢复原来的公式。接着，他构造了一个自我矛盾的数学定理（"哥德尔数为g的表达式是不可证明的"），粘到了纸牌上，而这就像我们无法判断"这句话是假的"的真伪一样。

他造成的大麻烦在于宣告了在数学系统中永远存在可能为真的命题，却无法用数学自身来证明（更严格地说，是在整数系统中用

有限步证明)。

数学是一种形式化的语言，人的思考依赖非形式化的语言，那语言本身又如何自证清白呢？"开口就是错"并不耸人听闻。从这点上来看，哥德尔和同时代的哲学巨人维特根斯坦的理论也互相印证。也许我们会想象两个天才惺惺相惜、互相唱和，可惜不是，但原因却又颇复杂，耐人琢磨，并不因为是既生瑜何生亮，个中原因，就留着读者自己去发现吧。

哥德尔不完备性定理的影响远远超出了数学本身。在计算机领域，有一个对应的经典问题叫作"停机问题"：在有限的时间内能否判断一个任意的程序结束运行或者死循环。证明这个定理的是另一个巨人，他的名字叫图灵，使用的证明框架类似，也是自我指涉带来的悖论。而大家熟知的卡尔·波普关于划分科学与非科学理论的可证伪性原则，也有不完备性定理的影子。定理横空出世距今已近一个世纪，但探索世界本质的科学活动如影随形，至今未有了断。

提到停机问题，我想象有的读者会下意识地去摸下电脑，看是不是有些滚烫。事实上，目前程序死循环的原因，全在于码农的不仔细，因为有足够的保守编程手段来做保证。哥德尔不完备性定理也没有影响到诸多为真且可证的数学定理在实操中的运用。

世界依然乱，但滚滚向前。

事实上，在实操中"无所作为"的不完备性定理，同海森堡的不确定性原理和爱因斯坦的广义相对论一起，被人戏称为"知识滥用的源泉"，催生了无数并不靠谱的想象力。

那么，为什么我们要去了解哥德尔？

作为第二代复旦人，我一直以为"自由而无用的灵魂"这句话说得口齿不清。知道了不知道，才能划清学问的边界，而只有知道了边界，才能继续推远边界，而这正是哥德尔身后一直在发生的事。因此，这种无用是非常深刻的有用。

哥德尔清楚地知道，他被世人所知的都是一些否定的结论（哥德尔的其他重大贡献在他去世之后才被陆续重新发现）。而且，可能为真却无法证明的数学定理的存在，也意味着我们也许永远无法窥视到启动这个世界的神秘之手。世俗的我们不会为这个费神，但哥德尔会。这种阴影一直伴随着哥德尔，也可以理解成他罹病的一部分精神原因。我个人认为，即便科学活动的最终结果只是发现，探索行动中的发明，比如哥德尔在证明中使用的手段（比如哥德尔数），也是先验世界中没有包含的，是人类文明活动璀璨的新结果。

当年的维也纳学术圈，对爱思考的人来说，真是个令人神往的天堂，影响20世纪的很多思潮和流派都发端于这些小圈子中。天才如哥德尔，也需要其他天才的伴随。哥德尔和他的朋友们经常浸泡在备好了黑板的咖啡馆中讨论问题（我还不知道咖啡馆如此之多的上海有哪一家准备了黑板）。

但维也纳并不是。事实上，奥匈帝国正在迅速滑向地狱。学术讨论的天堂悬浮在地狱之门的边缘，两者距离如此之近，匪夷所思。被强烈的民族主义裹挟的亲德青年，反犹活动愈演愈烈，并最终把火烧向象牙塔尖。这一幕，熟悉中国现代史的读者自然不会陌生。

然而象牙塔尖也不是铁板一块，为希特勒背书的不乏诺贝尔奖获得者，学者之间也有借机公报私仇、互相讨伐的。这就抛出了一个尖锐的问题：在一个公共危机中，如果知识分子不能安放自己的

推荐序 / 走在剃刀边缘

心灵，又如何安放自己的书桌？

我认为没有理由对知识分子持有更高的道德期待。也许事实正相反，聪明人更有能力说服自己投靠黑暗。把武艺和武德混为一谈，认为流氓不会武功、英雄德艺双全，是世人美好的幻想。压力之下，嘴脸才显。随着战争的脚步逼近维也纳，一个相当广阔的光谱呈现在眼前。这也是这本传记花重墨之处：你是谁，等同于你在哪。

哥德尔的密友和恩师中不乏"左派"反战人士，不少还因此锒铛入狱。哥德尔自己相对出世，有些若即若离，但本质上也是个坚定的和平主义者。即便如此，他也曾被更坚定的好友抛弃过，令他痛苦不堪。我认为底线在于，面对极权的暴力和身边的不公正，不参与作恶是外在的作为，并不是衡量良心的唯一的标准。更重要的是，当你独面自己的软弱与怯懦，你看见了什么——你会心生惭愧，还是心安理得？

离开，是因为安不下心灵，也可能是因为安不下书桌，也可能两者兼有。无论是谁，对故乡的眷恋无可替代，哥德尔和他的朋友们也是这样。这就提到本书另一个重要的看点：人才是如何成功地聚合到美国的，这是对当今中国至关重要的一个话题。这也是为什么哥德尔投奔普林斯顿研究院的前前后后，提供了一个绝好案例的原因。为什么这么说？留待读者自己去发现了，我只能说经常看到的"东方的麻省理工学院/斯坦福/加州理工"等的宏伟愿景，如果只是简单的拷贝，而不去了解当时的历史肌肤，那注定是太天真。而我们除了准备好书桌，还必须准备心灵的安放之处。

关于科学家的传记是我阅读的最爱之一，一本好的传记可以读出厚重的时代感，恢复这个群体的血肉。比如刚刚去世的戴维·麦卡洛（David McCullough）的《莱特兄弟》，埃里克·拉森（Erik

Larson）关于无线电发明人马可尼的传记（*Thunderstruck*），还有沃尔特·艾萨克森（Walter Isaacson）的《富兰克林传》。能读到这本《哥德尔传》，是我的好运气。满分推荐。

张峥

2022年8月14日，于上海

自序

时间回到1970年3月。一位精神科医生在泛黄的笔记本上奋笔疾书，记录着诊疗中的发现，有的稀松平常，有的让人匪夷所思。他这次面对的患者非同一般，爱因斯坦称他是"亚里士多德之后最伟大的逻辑学家"，哪怕是在诺贝尔奖得主扎堆的普林斯顿大学，他非凡的才华和成就也鲜有人能出其右。40年前，年仅24岁的他凭借出色的研究能力而享誉世界。他提出了一种十分巧妙的论证方式，证明了一个看似自我矛盾的定理，即对于任何一个形式数学系统，都必然存在在该系统内无法被证明的真命题。这个结论被公认为"20世纪数学领域最重要的真理"。

但眼下，他的大脑正饱受挫败和被害妄想的折磨。他的精神科医生在病历里写道：

库尔特·哥德尔，64岁，结婚32年。妻子阿黛尔，70岁。无儿无女。妻子为二婚。

初诊时以为自己只是来简单做个精神鉴定——我告诉了他实情——让我"帮助他"——其实是在兄长和妻子的一再坚持下才肯来的。

患者坚信未能实现自己的人生目标——因此很"失败"——由此推断出别人，尤其是他任职的研究院，也把他视作没用的人，并且想要开除他。——患者认为研究院已经认定他不能胜任自己的职位，总有一天还会发现他其实也不服管束，并出于保护他人的原因将他扫地出门。

害怕失业，担心失去在研究院的职位——因为他去年没有产出像样的成果——认为自己在过去35年都没有产出过像样的成果——只有四五篇无聊的论文。——负责过几个大型研究项目，但怀疑自己并不能胜任。——通常是独自搞研究，无论是工作方式还是研究领域都与主流格格不入。——可能是为没能取得与年轻时比肩的成就而深感内疚。[1]

菲利普·埃里克医生的办公室位于拿骚街一座安静的砖房里，建于美国独立战争爆发的10年前。此时的普林斯顿温暖得让人感觉季节错乱，在哥德尔初次就诊的那一天，天空万里无云，一轮耀眼的太阳炙烤着大地，气温达到71华氏度（约21.7摄氏度），仿佛进入了夏天。即便如此，哥德尔还是紧紧裹着他的外套，在医生的办公室里抱怨天气太冷。他总是穿着一件毛衣来见医生，有时候甚至是两件。哥德尔的仪表和举止总给人一种老派的得体感，要不是因为不合时宜，放在平日里倒也挑不出太多毛病：量身裁剪的西装，衣

自 序

摆整齐地塞进裤子里，灰色的头发从前额向后梳得一丝不乱，中间深色而显眼的一绺头发因为岁月而褪色，戴着一副读书人常见的圆框眼镜，咬字清晰，嗓音洪亮。如果不是看到本人，你很难相信如此抑扬顿挫的声音竟不是出自一个高大魁梧、精力充沛的人，而是眼前这个身材瘦削、身高仅有170厘米的人。[2]

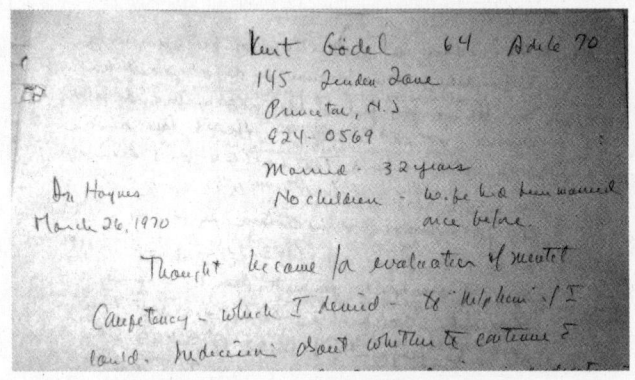

菲利普·埃里克医生撰写的病历，1970年

他每周要来就诊两次——用他自己的话说，他之所以如约而来，只是因为害怕失约会让妻子大动肝火。当年年初，妻子发现两人的感情每况愈下，走向了破裂的边缘。走投无路的妻子只好向哥德尔的兄长求助。于是，鲁道夫在4月的第一个星期风尘仆仆地从维也纳赶到了普林斯顿，但兄弟两人的会面并不愉快，哥德尔和哥哥大吵了一架。

　　不断地妄想。——觉得哥哥就是想害死他的幕后黑手——这样哥哥就可以抢走他的妻子、房子，还有在研究院的职位。——他还觉得哥哥在故意搅局，因为哥哥总是对他发脾气，

> 而不是好好说话。我替他哥哥说了两句好话——哥哥是出于好意，并不想伤害他，主动前来是因为他妻子的请求。——我强调说行动比幻想有用，以及坚持就诊的重要性。

患者对心理咨询的依从性很差，他对弗洛伊德和精神分析理论的评价不高，认为类似的唯物主义论调不管如何换皮，都与自己在逻辑学和哲学领域多年耕耘的成果背道而驰。他的头脑只有很小一部分被物质和客观世界占据，绝大部分都在精神世界里钻研，犹如一个在20世纪的自然科学大潮中逆行的叛逆者。这个仿佛来自中世纪的思想者正确地认识到，精神疾病是一种"精神上的侵扰"。虽然就可预见的未来而言，他不待见的唯物主义依然会是自然科学发展的主流，但他坚信关于这个世界的真理总有一天会被揭晓。

有一次，哥德尔告诉精神科医生，他并不觉得自己在接受治疗，而是把会面当作定期与好友聊天。当时，他所有的朋友都已不在人世。哥德尔可以说是爱因斯坦一生最亲密的伙伴，两人的友谊始于20世纪四五十年代在普林斯顿共同任职的岁月。爱因斯坦曾打趣说，他后来虽然没有取得多少研究成果，但每天仍要去办公室，"只为了得到和库尔特·哥德尔下班后一起回家的殊荣"。[3]两个方方面面都几乎完全相反的学术巨擘，每天下午结伴穿过普林斯顿大学宽阔的草坪，他们一起下班回家的身影曾是普林斯顿一道独特的风景线，不搭中透着一丝令人忍俊不禁的诙谐。爱因斯坦总是顶着一头放荡不羁的标志性乱发，套着松松垮垮的毛衣，系着男士背带。哥德尔的母亲曾在儿子寄来的照片里见过爱因斯坦，对他邋遢和"缺乏美感"的形象颇为诧异。但哥德尔马上站出来袒护自己的朋友："他像个慈祥的老爷爷，人见人爱。"[4]相反，哥德尔总是一本正经，不苟言笑，身材瘦削,哪怕在炎炎夏日也是一身白色亚麻西装配一顶有型的软呢帽,从不糊弄。就是这样的两个人,每天下班后都会一起回家。他们用德语谈天说地,话题无所不包——政治、物理学、哲学和各自的生活。

哥德尔与爱因斯坦并肩走在普林斯顿大学校园

但眼下,爱因斯坦已经去世15年了。患者在普林斯顿还有一位共事多年的同事兼密友,他就是和蔼可亲的经济学家奥斯卡·摩根斯特恩。哥德尔和摩根斯特恩早在维也纳的时候就已经是朋友了,但此时的哥德尔却坚信摩根斯特恩抛弃了他，莫名其妙地与他绝交了。"我失去了这个最好的朋友。"哥德尔说，语气里充斥着自怜和落寞。至于普林斯顿高等研究院，这个在过去30多年间像父母对待孩子一样照料学术工作者的天堂也要抛弃他了，他认为自己就要被开除了。不，没准儿他已经被解雇了，相关决议早就秘密达成，只是大家都瞒着他。

无论医生怎样尝试用事实说服他，患者都陷在自洽的逻辑里不能自拔：

> 患者仍然对自己幻想的现实坚信不疑，谁试图反驳他等于认为他的认知有误，会加剧患者对自己身为学者的怀疑——如果承认他的认知是客观的，即他能够准确地描述和表达自我，就会掉入他逻辑自洽的结论；不然，他就会觉得有人要骗他而出现情绪波动。

医生当然不认同哥德尔的看法。高等研究院院长不久前才给退休的哥德尔写过一封信，确认了他终身教授的职位，并且许诺给他发放退休金，为了让他放心，信件的标题是"来自研究院的永久声明"。如果这都不作数，那院长的信誉和颜面何在？[5]

医生还拿爱因斯坦举例："看看他，和你一样也是年少得志，但爱因斯坦并没有人到中年就意志消沉。"

还有一次，医生实在是无计可施了，只得建议他每顿饭前喝一杯雪莉酒。

医生试着正面挑战患者。医生认为哥德尔总在寻找假想敌。这个"坏人"有时候是医生，有时候是他的兄长。年少成名后，荣誉纷至沓来，顺风顺水的事业让哥德尔极度自我膨胀；而面对人生的失意却无能为力，自尊心逐渐遭到反噬，以至于深受内疚感的禁锢和困扰而不自知。

患者对医生的这种解读不屑一顾。他认为自己从未追逐过名利，早在多年前就已经把名利置之度外了。他努力工作的动力是保证家人和自己的生活，以及对自己的研究领域的纯粹兴趣。只是现在，他发现自己似乎什么都研究不出来了：

> 患者列举了各种干扰他的哲学研究的日常琐事：婚姻、财务、他自己的健康问题（心理和生理）、妻子的健康问题、研究院的日常职务、偶尔需要处理纯数学逻辑的问题、个人爱好（比如阅读历史书）等。在他看来，这些琐碎的事已经占据了他的大部分时间和精力，他根本没有余力关注真正重要的问题。

哪怕他最知名的研究成果——不完备性定理——也不再能让他得到一丝慰藉了。患者悲观地认为，他一生的所有成就和学术贡献都是消极的：他总在**证伪**可能性，而不是在**证真**可能性。

有一段时间，哥德尔的情况出现了好转的迹象：言语间风趣温柔频现，体重逐渐恢复，甚至回到办公室重新开始做研究，他的回归让同事们又惊又喜。哥德尔结束了与埃里克医生前后总计11个月的治疗，他们刚开始时每周见两次面，后来减为一次，直至哥德尔不再去就诊。

事情似乎朝着好的方向发展，但到了1976年，情况突然急转直下。哥德尔亟须接受前列腺手术，但他执拗地拒绝了。不仅如此，他还拒绝进食，体重和健康状况又退回到之前的水平，偏执的妄想和强烈的自我厌恶占据了他的头脑，让他无法自拔。在生命的最后一年里，绝望的哥德尔又去过埃里克医生的诊所几次，这位精神科医生记录下最后几次诊疗的情形：

> 情况持续恶化。——钻牛角尖的程度更胜从前。——他坚信自己在一年前就被研究院开除了。——强烈的自我厌恶，极度害怕遭到惩罚，因为各种小事而责备自己。——突然对别人脱口而出他犯过的错误，但都是与说话对象无关的事，只是为了吐露他的心声。难以沟通，非常偏执。

几个月后，1978年1月，哥德尔离开了人世。这位数学家临终前的体重仅为65磅①。

针对哥德尔在弥留之际仍然坚持绝食的行为，埃里克医生认为长期的内疚感让哥德尔不堪重负，这么做是他寻求自我解脱的最后手段。这或许是真的，但在普林斯顿医院亲历全程的主治医生却有不同的体会："（他）极其消极淡漠，你甚至感受不到他寻求自我解脱的意志。"[6]

直到生命的最后一刻，哥德尔依然只是消极被动地做出选择。

---

① 1磅≈0.45千克。——编者注

第 1 章

帝国一梦

安宁美好的黄金年代

库尔特·哥德尔在晚年深受精神顽疾之苦，人生最后几年黑暗苦闷的岁月与他安宁稳定的年少时光判若云泥。1906年，哈布斯堡王朝在世人眼里尚有万古长存的势头。那一年，哥德尔出生在一栋由他父亲亲手建造的乡野别墅里，别致的小楼坐落在布吕恩的一处山脚下，一条树木密布的坡道直通山上的中世纪城堡——斯皮尔博城堡（Spielberg Castle）。天气晴好时，哥德尔和他的兄弟们能透过自家阁楼的天窗看到清澈的天空与远处火车喷出的缕缕烟灰，机车呼啸前行，奔向位于哥德尔家乡往南70英里①外的维也纳。1

在哈布斯堡王朝治下的奥地利帝国由大大小小的堡垒要塞结盟

---

① 1英里≈1.6千米。——编者注

而成，帝国内部的团结已经维系了数个世纪。彼时的布吕恩仍是一座属于奥地利帝国的城市（今属捷克——译者注），行政上归属摩拉维亚地区，绝大多数城市居民以捷克语为母语。奥地利帝国的铁路主干线全长将近1 000英里，横贯东西，西起帝国西南的亚得里亚海岸，东至与俄国接壤的内陆边境。铁路辐射到各个主要的大城市，包括特里斯特、布拉格、布达佩斯、克拉科夫、切尔诺维茨、格拉茨和伦贝格，连接几百个大大小小的城镇和村庄，而居于这个交通网络中心腹地的正是帝国首都维也纳。奥地利帝国多年来一直是中欧的一股强大势力，四通八达的铁路交通是其国力优势在工业革命席卷欧洲后的最新体现。

通向布吕恩的铁路线，远处可见斯皮尔博城堡、圣彼得和圣保罗大教堂

奥地利帝国境内的所有中型和大型城市都在争相模仿首都的规划风格。每座城市里都有一条气派的环城大道；千篇一律的市立剧院或歌剧院胡乱杂糅了新巴洛克、新古典和新文艺复兴的建筑风格，拙劣地模仿着维也纳环城大道上的那座建筑物；一排排公寓楼呆板地排列着，临街的墙面粉刷得颇为用心，门脸雕饰得犹如贵族的宅邸，小资气息扑面而来。这种视觉上的雷同感不只体现在城市的规划和建筑风格上，哪怕到了偏远的小城镇，也能在列车站台的声色光景里感受到似曾相识的味道：每个车站都有一名身材发福的中年站长，隆起的腹部满满当当地塞在低调整洁的深蓝色制服里；他会对每一趟进站的列车敬礼，奥地利小说家约瑟夫·罗特把这个动作称为"军礼式的致意"；站长的胸前用一个黑色带子系着铃铛，火车要启动时，他就摇三下铃铛作为列车离站的信号，一下也不多，一下也不少，这种标志性的三声铃响出现在帝国的每个火车站里，从亚得里亚海一路传到俄奥边境。每个车站都装饰成鲜亮明快的黄色，车站的墙面上都挂着黑色的双头鹰标志，这种随处可见的标志是哈布斯堡皇室的徽记。拉生意的马车在车站前等待着，车夫们讲的笑话大同小异，就连讲笑话时手舞足蹈的样子也如出一辙，他们还喜欢拿捏着腔调跟乘客聊天，假装自己是出身上流的有品人士，这种赶时髦的虚荣和奉承在当时的奥地利帝国随处可见：大家对做生意的人都会尊称一声"总裁先生"，陆军少校被奉为"将军先生"，而在读的大学生则个个是人们口中的"博士先生"[2]。就算最不起眼的乡下咖啡馆，也在极力追捧维也纳时下流行的风尚：被烟灰熏旧的墙壁，家家必备的国际象棋和多米诺骨牌，围着蓝色围裙的女侍者推着摆满蛋糕的小推车，售卖风靡维也纳的凯撒面包卷和罂粟籽饼，收银台后面肯定坐着一位身材丰腴的金发女郎，一丝不苟地盯着每单进账。[3]

犹太人为奥地利帝国的兴盛做出过卓绝的贡献，居住在帝国境内的20万犹太人和200万犹太亲属，一度希望奥地利能够成为他们翻身的福地，但这美好的愿景终究没能实现。历史学家乔治·伯克利曾把奥地利帝国对犹太人忘恩负义的迫害形容为"人类城镇发展史上最薄情寡义的辜负与背叛"。19世纪是民族主义和仇恨情绪大行其道的时期，来势汹汹的分裂思潮却没能动摇奥地利帝国团结稳定的根基。1938年，流亡巴黎的奥地利犹太小说家约瑟夫·罗特曾对帝国境内这种"不可名状的团结感"有过一番描绘。[4]在罗特的最后一部小说《皇帝的陵墓》(*The Emperor's Tomb*)中，当一切已成往事，主角回望过去，不禁沉思道：

> 直到许多年以后我才意识到，帝国境内无论是何地的景致、地貌，哪一个邦国、民族，又或是谁家的小屋和咖啡厅，无论它们多么殊方异类，冥冥之中都在服从一种潜移默化的强大力量。这种神秘的力量能把山高水远拉到近在咫尺，把本该令人耳目一新的异域风情同化为稀松平常的本国风土，让帝国团结一致，免于分崩离析。我所说的这种力量根植于古老的君主制，焕发于世人的泥古非今，它让我即便走到兹拉托格勒，也会油然而生一种身处锡波利耶或维也纳的亲切感。[5]

因为长期酗酒，罗特在一年后客死巴黎，成为被奥地利帝国辜负的20万犹太人中的一员。

就是在这样的时代背景下，哥德尔出生于有着典型的帝国城市风貌的布吕恩：一条气派而热闹的环城大道；一座由市政府筹建和运营的大剧院，定期邀请维也纳的巡演团队，出演最新最热的剧目；在专门为想去维也纳、布拉格或切尔诺维茨上大学的学生们设立的文科中学，教授奥地利帝国的通用中学课程；市区里的自由广场熙熙攘攘，哥德尔的母亲经常光顾广场附近一家名为"肖普"的咖啡厅，在那里同她的好友和闺蜜度过了无数悠闲的午后时光。这一幅安宁美好的盛世景象都将在"一战"的炮火里灰飞烟灭：时代剧变正在酝酿，战争一触即发；虽然暗流涌动，但人们依然安居乐业，对危机毫无察觉。

知名作家斯蒂芬·茨威格也与哥德尔生活在同一个时代，他和罗特有着诸多相似的地方：他们都是奥地利籍犹太人，都侥幸逃脱了希特勒的魔爪，也都在悲惨的流亡途中送命。茨威格曾在自传体回忆录《昨日的世界》中把"一战"前的时期形容为"安宁美好的黄金年代"。作为传统货币，奥匈帝国克朗以金属币的形式发行流通，"这闪闪发光而又坚固的货币本身就是奥匈帝国那段安稳岁月的例证和缩影"。孩子一出生，父母就会拿出一部分收入作为成长金储蓄起来，根本不担心通货膨胀和货币贬值；公务员只要查查日历就能知道哪天轮到自己晋升，哪天可以领取稳定而丰厚的退休金光荣退休。"帝国辽阔疆域内的一切都层级分明，所有人只需按部就班地过日子，而位于这座金字塔顶的是一位年迈的皇帝。如果有一天皇帝驾崩了，每个奥地利人都不会（或者说不需要）惊慌，因为他们知道一切均已安排妥当，总会有下一任皇帝继位，日子照旧，什么也不会改变。生活在如此理性安稳的年代，社会动荡和国家战争简直就是天方夜谭。"[6]在这样的社会背景下，"安守本分"便成了一个人最重要的品质。只要做人本分，就能为国家的昌盛贡献一份力量，同时从发展的红利里分得一杯羹。"任何非理性的决策、感情用事的做法和可能引起混乱的行为都会被极力避免，有时候人们甚至会为此不惜一切代价。"一位研究奥匈帝国的历史学家如此评价这段时期帝国的社会稳定状况。[7]

布吕恩的城市剧院，1905年

1917年，奥地利诗人兼剧作家雨果·冯·霍夫曼斯塔提出了"奥地利思想"（Austrian Idea）一词，并将其定义为一种"鼓励和解、融合与建立沟通"的思想，旨在摒弃欧洲大陆上各个国家和民族之间的成见，消除隔阂，以包容的价值观促进不同文化间的相互理解和支持。但当时正值"一战"，霍夫曼斯塔创造的这个词犹如划过天际的流星，很快就永远消失在历史的长夜中。罗特曾塑造过一个来自加利西亚（位于西班牙北部，曾是奥匈帝国的领土）的波兰伯爵的角色，他的兄弟曾气愤地说："奥地利不是国，也不是家，更不是某个民族，它是一种信仰。"所以，奥地利不是一个"多民族"国家,它奉行的是"超国家主义"。他继续说道:"它是目前世界上唯一一个超国家主义国家。"("作为一个普通人,我这位兄弟脾性古怪,一无是处。"伯爵评价说,"但一谈到政治,他可真是眼光毒辣,无人能及。"罗特非常喜欢借一些古怪角色之口旁敲侧击,讽刺奥地利社会自相矛盾的现实。)[8]

奥地利皇室一开始并不喜欢各个民族平等团结的社会图景,但后来也全盘接受了这种思想。地理上横跨东西方的维也纳在数百年的时间里充当了东西方文明的交会点,虽然这不一定是它的本意,不过它事实上就是一个社会的大熔炉。1548年,一名访问维也纳的男教师称在当地的商业区里流通着18种常用的语言,包括波兰语、匈牙利语、克罗地亚语、捷克语、意大利语,还有土耳其语、希腊语、希伯来语和阿拉伯语等。[9] 1452年,腓特烈三世成为哈布斯堡家族中第一个被加冕为神圣罗马帝国皇帝的成员。腓特烈三世对带有神秘色彩的字母缩写情有独钟,其中最知名的是"AEIOU"。他下令把这个缩写印刻在各种建筑物或器物上,从大教堂到餐具无所不及,"AEIOU"也因此成了奥地利的国家格言。在德语中,"AEIOU"可以代表"Alles Erdreich ist Österreich untertan"(世界臣服于奥地利)。这可不是吹牛:在腓特烈三世加冕之后的200年里,哈布斯堡王朝从中欧向外扩张,先后将西班牙、荷兰、意大利大部和法国的一部分领土都纳入统治范围,欧洲的几乎整个基督教世界都臣服在奥地利的脚下。

启蒙时代的哈布斯堡明君

18世纪末正值欧洲的启蒙时代,奥地利虽然在西线失去了西班牙,但在东线夺得了匈牙利和特兰西瓦尼亚(原为特兰西瓦尼亚公国,"一战"后并入罗马尼亚——译者注),当时的掌权者仍是哈布斯堡家族的成员。大约两个世纪后,他被后人评价为"哈布斯堡明君"(有些措辞更尖酸刻薄:"哈布斯堡家族唯一一个不是白痴的领导人")。约瑟夫二世于1765—1790年在位,是一位大力推行现代化行政改革的君主。他是坚定的改革派,做了许多将"奥地利思想"付诸实践的事。约瑟夫二世健全了国家法律体系,在提高法律从业者专业门槛的同时,大幅削弱地方权贵的特殊待遇与权益,推行法律面前人人平等;他更为合理地重新划分了行政区,废除了农奴制,让平民有权购买和继承自己耕种的土地;他整治和关闭修道院,把节省的开支用于修建校舍;他还在维也纳城里建起了当时世界上最大、最现代化的医院,以及奥地利第一所专门收治精神病患者的人道主义机构(因为维也纳麻木不仁的风气盛行,不出所料,这个机构很快就被当地人冠上了"蠢蛋的塔楼"的绰号)。这个人道主义机构的建筑物留存至今,不过不再用来收治精神病人,只用来存放病理解剖标本。在推动改革和操持政务的闲暇,约瑟夫二世还结交了莫扎特,并资助了这位音乐巨匠,帮助他在维也纳取得了最后几年的辉煌。[10]

约瑟夫二世希望建立一个理想的"官僚制国家"。在他的构想中,国家行政系统由一套完美运作的行政等级构成,各个行政岗位上全是敬业、忠诚和讲求效率的公务员,他们犹如世俗化的神职人员,把"造福国家和社会的满腔热忱"化作行动的驱动力,他认为这样的行政体系可以把理性和秩序播撒到帝国的每一寸土地上。[11]约瑟夫二世是位非常勤奋的皇帝,光是颁布的政令就不下数百条,而且内容无所不包:街道宽度的规范,城镇卫生标准和丧葬仪式价格的设定，森林的管理和保护，桥梁、矿井的安全检查，食品安全的监督，敦促砖厂和咖啡厅的修建，对赤贫和年迈者的照料，校舍的选址、规模和内部装修的规定，等等。到1800年时，奥地利政府机关的公务员几乎都是大学毕业生；作为帝国的首都，维也纳的官僚系统起到了以身作则的作用，颇高的文化素养成为公务员队伍越来越鲜明的特征。[12] 出身于首都以外地区的阿道夫·希特勒与许多非维也纳本地的奥地利人一样，对这座复杂的大都会抱有根深蒂固的厌恶感。1938年3月，希特勒治下的德国吞并了奥地利。这位独裁者在把自己的故乡纳入第三帝国的版图后，曾极力想要抹掉维也纳曾作为哈布斯堡王朝都城的历史地位。"要打破维也纳的文化影响力，是个浩大的工程。"1942年4月，在战场上忙得焦头烂额的希特勒一提到这件事还是火冒三丈，但又无可奈何。然而，维也纳的文化感召力经受住了考验，它战胜了像希特勒这样强横的独裁者。[13]

约瑟夫二世认为有了贤能的政府，帝国境内心怀感激的人民才会造福各自的家庭、社会阶级、部族，对国家更忠诚，以报答祖国为他们提供的安稳生活和幸福感（体现在6 000英里外的美国的《独立宣言》里）。[14]

进入20世纪，世界上只有奥地利和美国两个国家显得与众不同：它们的立国之本更多是基于国民一致认同的某个理念，而非某个特定的种族。在奥匈帝国，虽然德语是奥地利的官方语言和民间通用语，但几乎没有一个奥地利老百姓——更不要说奥地利当权者——认为自己是德国人。帝国境内以德语为母语的人口一直都占据着接近半数的比例。在20世纪第一个10年结束时，奥地利的总人口约为2 860万，包括1 000万德语人口，640万捷克语人口，500万波兰语人口，350万罗塞尼亚语（如乌克兰语）人口，125万斯洛文尼亚语人口，78万塞尔维亚-克罗地亚语人口，77万意大利语人口，27.5万罗马尼亚语人口，以及大约50万其他语言的使用者。而在匈牙利2 090万人口的构成中，1 000万人说匈牙利语，290万人说罗马尼亚语，290万人说塞尔维亚-克罗地亚语，200万人说德语，200万人说斯洛伐克语，47万人说罗塞尼亚语。[15]

奥地利人是坚定的天主教徒，而德国北部是新教徒的聚居地。犹如两个国家在宗教信仰上逐渐形成的差异，奥地利境内的德语在日积月累的演化和交融中已然同德国的德语有了微妙的差别。奥地利德语中除了一些用于调侃、侮辱邻国德国的词汇和概念（比如"Piefke"，大致相当于"德国佬"）是德国德语没有的之外，还有很多从其他语言借用的表达会让正统德语的使用者抓耳挠腮、不知所云。这样的例子数不胜数，比如，Tollpatsch，源于匈牙利语的"talpus"，意为"笨手笨脚的蠢材"；Jause，源于斯洛文尼亚语的"južina"，意思是"下午的小点心"；Feschak，源于捷克语的"fešák"，意思是"帅气的家伙"；sekkant，源于意大利语的"seccante"，意思是"令人恼火的"。此外，奥地利德语里还有大量意第绪语词汇，比如meshuggah（疯狂的）、Ganif（小偷）和Mischpoke（家人）。

真正的维也纳俚语被称为维也纳德语，非本地人几乎完全听不懂。虽然这是一种民间使用的通俗语言，但皇室成员及其随从、高级别的公职人员和军官，以及富裕的中产阶级使用的标准德语（因为其高贵的使用者而被称为"美泉宫德语"）也从这种方言里获益良多。曾有历史学家这样形容它："这是一种不露锋芒的语言，上至达官显贵，下到平头百姓，各个阶级的人都可以使用。"[16]

除了词汇、贵族、军队组成和官僚队伍，奥地利另一个博采众长的领域是烹饪,在这一方面,可以说德国精英对维也纳大大小小的咖啡厅、旅馆和饭店售卖的流行菜肴几乎没有任何原创性的贡献。奥地利咖啡深受奥斯曼帝国的影响,维也纳苹果卷是匈牙利甜点的改良版,酥皮面包和甜杏团子则得到了捷克人的真传。即便是家喻户晓的维也纳名菜——维也纳炸牛排,也是一道顶着德国菜名的意大利菜,它仿照的是意大利的米兰炸猪排。

虽然直到1867年奥地利帝国境内的所有国民(包括犹太人)才真正实现了政治权利上的完全平等,但这并不意味着在此之前多民族共荣的意识和追求就不存在。1848年,"民族之春"革命席卷了欧洲,一系列民间武装反抗运动先后在欧洲各国爆发,但在这场以颠覆现有政权为主要目的的革命浪潮里,奥地利的斯洛伐克民族主义者独树一帜。常年研究欧洲民族冲突史的历史学家彼得·贾德森说:"(起义者)自诩为哈布斯堡王朝思想的捍卫者。"他们希望循序渐进地改革,而不是立刻推翻帝国现有的政权。就在革命运动爆发的同一年,一行由捷克爱国者弗兰基谢克·帕拉茨基(František Palacký)写下的关于奥地利的诗句广为流传。你很可能听说过这句诗,只是在多数情况下,人们引用的都是其缩略版,"如果奥地利帝国不曾存在过,那人类就必须建立一个。"实际上,帕拉茨基的原话更加意味深长,措辞语气也没有那么俏皮。他想表达的其实是,不管对整个欧洲还是它的国民,奥地利帝国在稳定地区局势方面扮演的独特角色是不可替代的:"如果没有历史悠久的奥地利,无论是为了欧洲的利益,还是人们的福祉,都应当尽快创造出一个,这才是上策。"[17]

任凭19世纪的时代洪流怎样奔腾向前,时代风貌如何光怪陆离,奥地利帝国仍然岿然不动。不仅如此,它甚至在革命浪潮中保留下了旧时的火种。

"半途而废，功亏一篑"

弗朗茨·约瑟夫一世是一位长寿的皇帝，他留着标志性的络腮胡，在位时间从1848年一直持续到1916年，是奥地利统治时间最长的君主。弗朗茨·约瑟夫一世行事老派，古板保守至极，简直可以说是19世纪因循守旧的奥地利社会的化身。他在某种程度上很像一位从喜歌剧里走出来的皇帝：钟爱制服，追求华贵，以骑马打猎为消遣；他在霍夫堡皇宫的寝室宽敞空旷到令人不适，内饰均采用红色的豪华绒布，华而不实；他每天早上5点起床，为日常事务做准备，每天的例行日程包括会见皇室成员、检阅部队和出席各种国家仪式。弗朗茨·约瑟夫一世有一个非常长的正式头衔，带有厚重的历史感，虽会让人肃然起敬，但难免显得冗长累赘。当年每个上学的孩子都要熟记这个头衔：

> 帝国和王国的神使殿下，上帝护佑的奥地利皇帝，匈牙利及波希米亚、达尔马提亚、克罗地亚、斯洛文尼亚、加利西亚、洛多莫利亚和伊利里亚国王；耶路撒冷之王；奥地利公爵；托斯卡纳和克拉科夫大公；洛林、萨尔茨堡、施蒂利亚、克恩滕、卡尼鄂拉和布克维纳公爵；特兰西瓦尼亚大亲王，摩拉维亚藩侯；上西里西亚及下西里西亚，摩德纳、帕尔马、皮亚琴察及瓜斯塔拉，奥斯威辛及扎托尔，泰申、弗留利、拉古萨和扎拉公爵；哈布斯堡与提洛尔，基堡、戈里齐亚及格拉迪丝卡亲王伯爵；特伦特及布雷萨诺内王爵；上卢萨蒂亚和下卢萨蒂亚，以及伊斯特拉伯爵；霍恩埃姆斯、费尔德基希、布雷根茨和松讷贝格等藩侯；的里雅斯特、科托尔及温迪克马奇之王；塞尔维亚等大总督……

奥地利帝国的皇帝去世后都会得到一长串唬人而浮夸的谥号，但多数称号和头衔都没有实际意义。除了让君主在盛大的葬礼上再风光一把之外，谥号的存在只是为了让基督教有一个宣扬谦逊美德的机会。按照习俗，给皇帝送葬的队伍会从霍夫堡出发，沿一条蜿蜒的巷道前往维也纳嘉布遣会教堂，哈布斯堡王朝的皇家墓穴就在这座小教堂的地窖里。到达教堂后，内务大臣会上前敲门，进入教堂前需要报上名号。大臣先报自己的名字，然后一字不落地背诵皇帝的完整名号。诵毕，门内的教堂修士会回应道："我不认识来者。"内务大臣只得报上一个更短的头衔："来者乃尊贵的皇帝陛下，一国之君。"但男修士依然不会开门。两轮过后，内务大臣会第三次敲门，并替这位将进入安息之地的人报上一个简短的称呼："一个肉体凡胎，一个可怜的罪人。"至此，教堂的门才会缓缓地为逝者开启。

虽然弗朗茨·约瑟夫推行了很多政令，试图把奥地利建设成一个现代、繁荣和高度文明的国家，但他对与时俱进的态度总是模棱两可、不情不愿，一边望向未来，一边沉湎于过去。19世纪的维也纳剧作家弗朗茨·格里尔帕策曾说，"半途而废，功亏一篑"是哈布斯堡皇室摆脱不掉的诅咒。受人爱戴的约瑟夫二世驾崩两年后，继任者弗朗茨一世于1792年成为神圣罗马帝国的末代皇帝，他的统治一直持续到1835年。弗朗茨一世显然没有继承约瑟夫二世的遗志，他反对改革，并将所有改变现状的努力视作对帝国本身的损害而非助益。他曾说："我的帝国就像一栋被虫子蛀蚀的房子，再动一处，可能就要分崩离析。"弗朗茨一世命令教师们在教学过程中避免谈论任何"新思想"："我不需要学者，我想要的是本分的公民。"[18]

而到了弗朗茨·约瑟夫统治时期，他基本上延续了弗朗茨一世在民主、民族主义和天主教干预民政事务等重大议题上的消极态度，对于相关方面的改革，能拖延的就拖延，能开倒车的就绝不劳神费心。他对现代化的抵触态度甚至反映在私生活方面。弗朗茨·约瑟夫在位的数十年间，霍夫堡皇宫的照明设施一直用的是煤油灯（因为这位皇帝嫌电灯的光太刺眼），每个房间的供暖设施则是设置在墙角处的巨大陶瓷炉。皇宫简陋的厕所让弗朗茨·约瑟夫的儿媳斯蒂芬妮公主忍无可忍，最终自掏腰包在霍夫堡里装配了两间现代化的盥洗室。皇室和宫廷的行为规范、着装及餐桌礼仪更是沿袭了西班牙宫廷在3个世纪前制定的那一套。民间流传着一个讽刺弗朗茨·约瑟夫行事古板的笑话，说这位皇帝到了弥留之际还对匆匆赶来但衣衫不整的御医大发雷霆，强撑着一口气命令道："回去把衣服穿体面了再来。"[19]

约瑟夫二世提出要建立一个像机器一样高效有序的政府，这个构想被他的继任者们发扬光大，但他们的目的往往不是建造一个安宁繁荣的社会、启发民智，而是借用国家机器的力量打压异己、维护政权的稳定。人们都说弗朗茨·约瑟夫用4支军队统治着国家：一支能行军（真正的军队），一支会下跪（教会），一支坐板凳（官僚），还有一支见不得人（秘密警察和数千名线人）。帝国的官僚系统变得越来越臃肿，公务员的数量从19世纪60年代的10万人增加到1900年的30万人。原本行事高效、理念崇高的行政机器沦落为漏洞百出、目光短浅的政治工具，徒劳地想要弥合帝国内那些不可弥合的矛盾与冲突，以至于弄巧成拙。民众对这样的官僚体系当然是恐惧远多于敬畏，但谁也不想招惹它，毕竟权力机构的繁文缛节能够轻易地让任何个体陷入举步维艰的困境。[20] 1867年，为了缓和匈牙利高涨的民族主义情绪，同时延续对帝国东部领土的控制权，弗朗茨·约瑟夫做出了重大让步，签订了《奥地利–匈牙利折中方案》。

根据这项方案,奥地利帝国允许匈牙利王国设立自己的议会,作为交换条件,匈牙利议会则同意弗朗茨·约瑟夫以匈牙利国王而非奥地利皇帝的身份统治国家。这一方案确立了奥地利和匈牙利各自的独立地位,但由此产生了三个官僚体系,分别是匈牙利王国的议会、奥地利帝国的议会,以及一个负责两国国防、外交和财政事务的公共部门。此后,弗朗茨·约瑟夫在位期间,各个政府机关的文件上随处可见"K. und k."(德语"kaiserlich und königlich"的缩写,意为"帝国的和王国的"),表示弗朗茨·约瑟夫身兼皇帝和国王的双重身份。至此,奥地利和匈牙利正式成为由一个君主统治两个独立王国的二元君主国,也就是通常所说的"奥匈帝国"。奥匈帝国成立后,原本相当于奥地利的领土事实上成了一块无名的土地,它在官方文件里的正式称谓变成了"由帝国议会代表的王国和行省",官员们在非正式场合的叫法则更不讲究——"内莱塔尼亚",因为奥地利和匈牙利之间隔着莱塔河。1930年,奥地利作家罗伯特·穆齐尔开始创作一部时代背景被设定为奥匈帝国时期的小说。这部最终未完成的作品叫作《没有个性的人》(The Man Without Qualities),穆齐尔在书中以奥地利为原型,虚构了一个名为"卡卡尼亚"(Kakania)的国家,这显然是用"K. und k."玩了一个文字游戏。"kaka"(卡卡)的发音与"caca"(卡卡)相同,而后者在中欧语言里有"大粪"的意思,所以"卡卡尼亚"也隐含了"狗屁国家"的意思。[21]

同奥地利的官僚机构相比,奥地利人对军队的敬畏反而多于恐惧。弗朗茨·约瑟夫在位期间,奥地利军队屡战屡败,致使帝国的土地和利益被逐渐分割给了邻国。虽然在战场上的表现乏善可陈,部队游行时的仪仗却可圈可点。斯蒂芬·茨威格的评价是,奥地利军队的军乐指挥官比战役指挥官要优秀得多;军队的制服色彩鲜艳,鲜亮的蓝绿色束腰上衣搭配雪白的军裤,在任何正式场合都能成为夺人眼球的焦点,奥地利心理学家西格蒙德·弗洛伊德曾把这身制服比作鹦鹉的羽衣。要不是因为连年打败仗的耻辱战绩,用历史学家威廉·约翰斯顿的话说,奥地利"本应拥有全欧洲最受欢迎的军队"。[22] 约瑟夫·罗特在他的杰作《拉德茨基进行曲》中详细描写了多个绝妙的场景,其中关于基督圣体节游行队伍的惊艳刻画,足以让最愤世嫉俗的维也纳人在须臾的恍惚中,也对奥地利的帝国梦顿生一丝信心和憧憬。

波斯尼亚人穿着蔚蓝色的衣服,头上血红色的军帽在阳光下犹如熊熊燃烧的火炬。黑色的马车里坐着一些有来头的人物,穿金色制服、勋章加身的是金羊毛骑士团的骑士们,浑身素黑、满面红光的则是市政议会的专员们。紧随其后的是戴着高高的马鬃皮帽的近卫步兵团,威风凛凛、气势非凡,不过因为离陛下太近,他们也只能稍稍收敛自己的气势。最后,远处突然响起兵器相碰的声音,这说明演唱帝国和王国圣歌的童声军乐队正在靠近,你很快就能听到那清新脱俗的唱调:"上帝赐福于他,上帝保佑他……"响亮的军号齐鸣,有人高声宣布:让开!皇帝陛下驾到!

话音刚落,皇帝就出现在众人面前,他的座驾是一辆华贵的马车,由8匹雪白的高头大马拉动。皇帝的侍从骑在白马背上,穿着金色刺绣的黑色上衣,戴着银白色的假发,庄严肃穆得宛如天神下凡,让人几乎忘记了他们只是那位半神的仆从。圣驾的两侧分别站立着两名匈牙利护卫,每个人的肩膀上都披着黑黄相间的豹皮。他们的架势不禁让人联想到圣城耶路撒冷城墙上的哨兵，弗朗茨·约瑟夫就是这座城池的国王。皇帝穿着肖像画里最常见的白色束腰上衣……他环顾四周，向所有在场的人微笑致意……圣史蒂芬大教堂的钟声响起，这是罗马教会在向德意志民族神圣罗马帝国皇帝致敬。年迈的皇帝迈着轻巧的步伐走下马车，报纸媒体曾对他矍铄的精神赞不绝口。伴随着震耳欲聋的钟声，德意志民族神圣罗马帝国的皇帝像个普通人一样，徒步走进了教堂的大门。

"帝国和王国军队里没有哪个中尉能亲历这样的典礼仪式而内心毫无波澜。"罗特总结说。虽然他用的词是"中尉"，但他想说的其实是奥匈帝国的任何一个"国民"。[23]弗朗茨·约瑟夫发表讲话时总是用"致我的人民"作为开头，他的这句话也的确是实至名归——人民确实认可他在一个多元国家中为推动权利平等所做的努力，也视他为帝国的守护者。弗朗茨·约瑟夫在国民的集体意识里是脱俗和亲善的代名词，这可以从他主政时期人们为了避嫌而创造的各种政治暗语里窥得一二。其中最有代表性的一句话是："当然不行，你可别让那位老爷子为难。"[24]

科学和医学圣城

工业革命的兴起、追求自由民主的浪潮、科学和医学发现的新纪元，以及迅速崛起和壮大的中产阶级，所有这些欧洲19世纪文明进程的标志性事件在很长一段时间里都跟奥地利没什么关系。而当它们终于来到这个"久旱未雨"的帝国时，它们犹如一剂还年驻色的强心针，引发的效应是欧洲大陆上其他国家都比不上的。维也纳

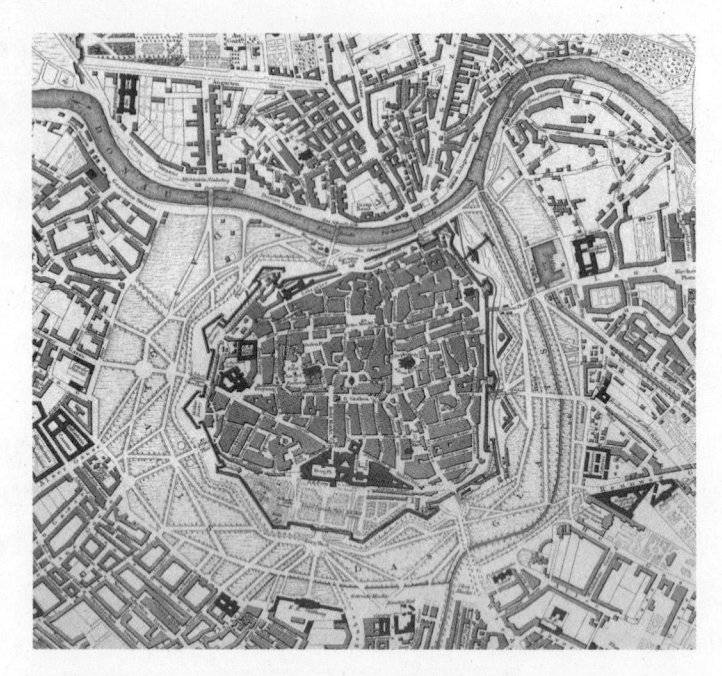

维也纳的中世纪城墙和缓冲坡

几近完工的环城大道：（由近及远）议会，市政厅，
大学（后面的尖顶建筑是感恩教堂），城堡剧院

著名的皇城大道是新能量涌入旧帝国后最显眼的视觉标志,而这个地标的诞生也多亏了首都过往的破败:城市的中心地带多为狭窄失修的小路,因此留出了大片可供规划的空地。

与其说维也纳是一座让人安居乐业的城市,不如说它是一处历史悠久的要塞。城市四面高墙环绕,城门把守森严,作为皇宫的霍夫堡门前还有一个半公里宽的斜坡(旨在为防守城堡的军队留出一片交火的缓冲地带)。下定决心把铜墙铁壁的中世纪堡垒改头换面成美丽舒适的现代都市后,弗朗茨·约瑟夫下令拆除了所有城墙、大门和霍夫堡门前的防御工事,并代之以宽阔的林荫大道、相互连通的公园和雄伟华丽的公共建筑。为了凸显维也纳作为帝国首都不可撼动的地位,新建筑的风格五花八门——有的复古,有的现代,还有的让人联想到迪士尼——犹如一场人类文明大观。这种百花齐放的城市建筑规划后来被称为"历史主义"风格:议会是希腊神庙造型,艺术博物馆是巴洛克风格,大学校园像文艺复兴时期的皇庭,沃蒂夫教堂是哥特式风格。这些建筑大多借鉴和混搭了几种风格,而其中的集大成者非维也纳歌剧院莫属。维也纳坊间流传着一首用本地方言写的打油诗,主题就是讽刺和挖苦"包罗万象"的环城大道,以及设计维也纳歌剧院的两位著名建筑师:

> 西卡茨伯格和范德努,
> 自己的风格不清不楚。
> 别管哥特、希腊还是文艺复兴,
> 随便搭配他们都说行!

即便如此,维也纳环城大道在当时和后来都算得上极为优秀的规划。它在充满生活气息和活力的同时，兼顾了文化底蕴和商业氛围，使维也纳比同时代的其他城市更让人耳目一新、印象深刻。在环城大道上，一家家灯火通明的咖啡厅，一座座装修豪华的旅馆，还有达官显贵们雄伟的官邸豪宅，让维也纳魅力之都的称号威名远扬。这些资产的所有者，包括埃弗鲁希家族、罗斯柴尔德家族、维特根斯坦家族等，因为收获了维也纳拥抱工业革命和现代商业发展的红利，家族运势扶摇直上，身价也水涨船高。多瑙河上的沟渠工程终于降伏了困扰维也纳数百年的洪水；从阿尔卑斯山泉引流的水管工程也顺利完工，维也纳人自此用上了来自遥远的阿尔卑斯山的纯净水。各项市政建设和规划的指导原则仅有一条，即"让市容变得更美丽"。正是在这样的指导方针下，维也纳的面貌日新月异，生活气息也越发浓郁。[25]

到了1900年，奥地利的经济增长速度已经超过了英国，纺织品、钢铁、玻璃、机械、乐器等商品贸易的繁荣壮大了国内的中产阶级队伍。[26]无论是哥德尔父亲还是母亲的家族，都曾受益于奥地利这段以发展与和平为主旋律的时期，他们花了两代人的时间，从皮革厂、纺织厂和装订厂的手工工人变成了拥有自家纺织厂的经营者。当时是19世纪中叶，正值纺织业在布吕恩蓬勃发展的年代。

除了经济上的亮眼表现之外，奥地利还一跃成为文化、思想和科学的中心。无论在哪个方面，它都一反因循守旧的落后常态，与过去形成了鲜明的对比。法国小说家斯塔尔夫人曾于1808年到访奥地利，当她想在寄回法国的书信里谈谈奥地利的科学和文学时，却发现乏善可陈。"这个国家太平淡了，"斯塔尔夫人写道，"每个生活在奥地利的人，不论阶级，都只管享受国家带给他们的岁月静好，而没人在乎思想上的进步和精神上的愉悦。"[27]

但到了19世纪末,奥地利不仅建立了欧洲最大最完善的教育体系并跻身世界前列,还在医学、物理学、哲学和数学领域都成了公认的领先者。19世纪德国著名细胞生物学家和病理学家鲁道夫·魏尔肖,称当时的维也纳是"医学领域的圣城麦加"。19世纪下半叶,维也纳的医生(其中许多人并非出生在维也纳,而是从奥地利帝国的其他城市搬来的,比如波希米亚和摩拉维亚等)为医学的进步贡献了一系列震古烁今的成就:阿道夫·洛伦茨发明了一种矫正内翻足的无创手术法;费迪南德·冯·阿尔特发现了近视的病因,爱德华·耶格尔·冯·杰克斯特尔改良了早期的视力表,使其能够在验光配镜时作为衡量镜片度数的参考指标;文森茨·冯·科恩革命性地改进了处置创口的方式,西奥多·比勒斯成为尝试用乙醚和氯仿进行麻醉的先驱;解剖学家卡尔·冯·罗基坦斯基做了成千上万台尸检,为现代病理诊断学打下了基础;当然,还有众所周知的西格蒙德·弗洛伊德,他出生于摩拉维亚东北部的边陲城市弗莱堡,很早就开始阐述并不断完善关于人类心理的革命性理论。在这样的时代背景下,维也纳大学的医学院自然也名声在外,不仅欧洲各国的学生都慕名前来,甚至远在大洋彼岸的美国人也被它深深吸引。[28]

在自然科学领域,这个时期的奥地利涌现出一大批天赋异禀的理论学家和实验学家。比如,天才电气工程师尼古拉·特斯拉,出生于克罗地亚,就读于卡尔诺瓦茨的一间以学风严谨著称的德语高中(遍布奥地利帝国的文科中学);彻底改变现代经济学走向的"边际效应"理论(它的基本内涵是,商品的售价并不是由生产的物料和人力成本决定的,而是由消费者对额外供应量的需求程度高低决定的)的提出者卡尔·门格尔,出生于波兰的加利西亚,曾先后到布拉格、维也纳和克拉科夫求学;维也纳人路德维希·冯·玻耳兹曼,是首屈一指的物理化学巨匠，创立了统计力学，将统计学方法引入微观粒子的研究中，解释了金属比热容和气压等宏观物理性质。在哥德尔的故乡布吕恩，自然科学领域的代表人物有研究遗传定律的修道士格雷戈尔·孟德尔，还有实验物理学家恩斯特·马赫。此外，声速的单位就是以马赫的名字命名的，以纪念他在超声速动力学领域做出的开创性贡献：马赫曾改良和设计了高速相机，并依靠该设备成功拍摄到子弹在飞行过程中产生的空气震荡波。

虽然维也纳大学和某几所著名的德国大学（比如哥廷根大学和柏林大学）才是每位奥地利教授梦寐以求的职业归宿，但无奈僧多粥少，绝大多数年轻人只能退而求其次，暂时到奥地利的偏远城市先熬上几年。不过，这也带来了不少好处，其中之一是，科学理论和技术的进步随着高知人群的脚步散布到奥地利帝国的各个角落。哥德尔的论文指导教师汉斯·哈恩就是其中的典型代表，他获得的第一份教职来自切尔诺维茨的弗朗茨·约瑟夫大学，他在那里度过了6年的时光。

整个奥匈帝国由此掀起了一场推崇科学与思想进步的风潮，匈牙利自然也不例外。世纪之交的匈牙利王国也建起了一套不输奥地利的完善教育体系，并培养出一众群星闪耀的科学家，其中一些人堪称引领20世纪物理学和数学进步的不世奇才，比如约翰·冯·诺依曼、爱德华·泰勒、利奥·西拉德、尤金·维格纳、西奥多·冯·卡门、保罗·埃尔德什和乔治·波利亚等。这些学界巨擘的人生经历颇为相似：他们都出身于匈牙利的犹太中产阶级家庭，后来都离开了纳粹统治的欧洲，其中许多人在"二战"期间参与了"曼哈顿计划"，使美国成为世界上第一个研发出原子弹的国家。

自由开明的价值观在奥匈帝国的最后几十年里蔚然成风，这样的社会氛围催生了强调创造性思维的教育改革：注重培养学生的好奇心，鼓励他们动手实践，而不是死记硬背。西奥多·冯·卡门从1934年起定居美国，他的出走导致纳粹德国失去了当时世界上最伟大的空气动力学家。卡门的姓名里有一个代表贵族身份的"冯"，这是因为他的父亲在19世纪90年代为学校体系的现代化做出过贡献，并由此获得了弗朗茨·约瑟夫授予的世袭爵位。"规则和规律不是从书本里学到的，"父亲曾谆谆教导懵懂的冯·卡门何为学习之道，"而是我们自己动手创造出来的。"利奥·西拉德在20世纪30年代发现了链式核反应，在他的儿时记忆中，他的家乡布达佩斯相当富裕，没有人需要为温饱问题发愁，所以大家都把智力和思想上的成就视为人生的最高追求。[29]

奥地利社会安居乐业的烟火气（斯塔尔夫人在1808年看到的"甜美幸福的市井生活"）不仅没有因为追求思想进步的新风尚而有丝毫的减损，反而为学术和文明之都维也纳平添了几分魅力。想象一下这些情景：在悠闲的午后，城里数十家咖啡馆任君挑选，随便走进其中一家，里面都有漂亮的大理石桌台、华美的吊灯，架子上是一排排可以免费取阅的报纸，侍者端着银色的托盘，送来了咖啡和凉水，你可以一边看着新闻，一边小口抿着咖啡，醇厚的奶沫混着浓郁的咖啡丝滑入喉；在百无聊赖的大斋节期间，你可以去城里数不清的舞会跳上一整晚华尔兹，或去领略一下维也纳小歌剧"不知所谓"的独特魅力，打发时光；你还可以在周末乘着有轨电车上山，拜访某家乡间酒庄，探访城市的葡萄园，那里不仅每年出产新酒，还可以在山上一睹维也纳的城市全貌和从山下蜿蜒流过的多瑙河。与这悠闲惬意生活相生相伴的是无与伦比的顶级艺术馆，是妙手回春的医院和诊所，是独领风骚的科学研究，难怪历史学家威廉·约翰斯顿曾说："一个维也纳人很可能会脸不红心不跳地把自己的城市当作宇宙的中心。"[30]

充满机遇的土地

虽然哥德尔不是犹太人，但无论是在布吕恩纺织厂生活，还是后来到广聚英才的维也纳大学读书，他都发现自己的亲密朋友几乎全是犹太人或犹太人的后裔。比如，弗里德里希·雷德利希是哥德尔父亲曾经的老板、后来的合作伙伴，在纺织厂里担任经理，雷德利希的父母都是犹太人；哥德尔在布吕恩上实科中学时，他在学校交的好朋友全都是犹太人；大学时期，哥德尔很快就发现在热衷数学和哲学的小圈子里，除了他以外几乎全是犹太学生，对他影响最深的恩师大多也是犹太人。这并非巧合，没有任何种族能像犹太人一样从维也纳市场经济的解放和教育权利的普及中获益如此之多。

由于长达数个世纪的种族政策，犹太人一直被禁止上大学、从事专业领域的工作或加入手工业者协会，此外，他们还要面对惩罚性的高税收和法律上的不公正对待，这导致维也纳的犹太人口常年徘徊在数千人左右。1867年，弗朗茨·约瑟夫颁布了政令，赋予犹太人完全的宗教自由和平等的公民权利，长期忍受压迫的犹太人为此欢欣雀跃。犹太人素来对学习和教育抱有满腔热忱，一时间，维也纳的医学、科学和文学界马上涌入了一股热流。到了19世纪90年代，虽然犹太人口仅占奥地利帝国总人口的5%和维也纳人口的10%，但在维也纳各所文科中学就读的学生中，犹太学生的比例高达40%，而从一所治学严谨的文科中学毕业是进入大学继续深造的前提条件。维也纳大学约有30%的学生是犹太人；在医学院，犹太学生的比例几乎达到了50%。[31]

传统手工业者和小商贩非常抵触工业革命，因为新兴的生产方式已然威胁到他们的生计，犹太人则不然，这对他们来说是一个天赐良机。工会、贵族乃至国界都无法干预新出现的市场经济，对普通人来说，拥抱自由的市场经济充其量是一个机遇与风险并存的新风口，但在本就一无所有的犹太人眼里，它绝对是一门无本万利的好生意。[32] 如今富可敌国的几个犹太财团，正是在这个时期凭借制造业和跨国贸易积累了大量的原始资本：维特根斯坦家族是钢铁大亨，罗斯柴尔德家族是铁路大王，埃弗鲁希家族则深耕农业和原油业。犹太人还是推动奥地利纺织厂工业化改革的先锋，后来纺织业的机械化厂房主要集中在摩拉维亚和下奥地利地区。另外，维也纳的第一批百货公司也是犹太人的杰作。

在奥地利各行各业的改革大潮中，犹太人凭借自身的诸多优势，迅速跻身社会的上流阶层。他们最突出的优势是识字率，即使是在帝国偏远的东部边境，那些最贫困、最不起眼、最传统的犹太社区居民也几乎人人都能读会写。犹太男孩一到懂事的年纪就需要掌握3~4门语言：他们在家里与家人说话要用意第绪语；3岁开始读《妥拉》，并学习读写希伯来语，之后要读《塔木德》和学习阿拉米语；当然也要掌握所居住地区的本地话，可能是波兰语、匈牙利语、捷克语、乌克兰语或罗马尼亚语；除此之外，他们通常还要学习德语，因为它是帝国行政机构和各大高等学府规定的正式语言。对学习的推崇深深印刻在犹太传统之中，加上长久以来遭受主流社会冷落的情绪反弹，使好学勤奋的犹太人憋着一口气，准备大干一场。奥地利和德国的文科中学的老师们都注意到了犹太学生的求知若渴和勤奋刻苦，当然还有望子成龙、望女成凤的犹太家长——他们"密切关注着孩子学习方面的进步",总是千叮咛万嘱咐,不厌其烦地向孩子们强调教育的重要性。[33]

犹太学者同犹太商人一样富有开创性,在科学和艺术领域敢为人先,并承担创新的风险。其中的原因在于,犹太人从前不是科学和艺术领域的常客。在谈到自己为何能提出如此惊世骇俗的心理动力学理论时,弗洛伊德曾解释说,以往边缘化的生活反而成为他打破陈规的动力。"我是个犹太人,对很多让其他学者畏手畏脚的禁忌和偏见反而能泰然处之。因为我已经习惯了与别人意见相左,也不惮于同'团结的大多数人'据理力争。"[34]

19世纪后半叶,犹太人对写作的热爱给维也纳的文学市场和剧院注入了一股新的活力。奥地利著名作家卡尔·克劳斯出生于波希米亚的一个犹太家庭,后来皈依天主教,他亲手创办的杂志《火炬》因其辛辣的讽刺赢得了众多读者的热情追捧,克劳斯将自己形容为一个栖居在"语言这座古宅"里的房客。对德国文学和文化满怀崇敬的犹太人一度主宰了奥地利的新闻界和文学界:1900年左右,维也纳记者协会中超过一半的会员都有犹太人的血统,同时期与文字相关的其他行业的从业者,无论是小说家、歌剧编剧、剧作家乃至顶尖的创作者中,也不乏犹太人的身影——不能说绝大多数,但也不在少数。[35]

犹太人在上述领域的突然崛起足以令人刮目相看,但考虑到当时的奥地利社会依旧处于保守顽固、倒行逆施的天主教会的主宰之下,犹太人取得的成就就更显得难能可贵了。长久以来,天主教会一直对信徒接受世俗教育怀有根深蒂固的疑虑,弗朗茨一世对新兴思潮的抵触恰恰反映了这种宗教传统,他的主张曾在奥地利国内获得了广泛支持,反对改革的天主教保守主义与崇尚思想自由的新教个人主义不断发生着碰撞。20世纪20年代，奥地利哲学家路德维希·维特根斯坦曾在奥地利南部一个小村庄担任小学教师，他在那里亲眼见证了保守主义，并饱受其苦——维特根斯坦经常要面对和应付那些觉得孩子脑袋里装满思想绝非好事的家长。这种故步自封的态度还蔓延到对文化的理解和认识上，最臭名昭著的例子是，当时的奥地利帝国议会副议长在公开场合轻蔑地宣称："所谓文化，不就是两个犹太佬互相剽窃吗？"[36]

事实上，坐满维也纳剧院的是犹太人，抢购新书的是犹太人，被报纸专栏作者睿智风趣的文笔逗乐的是犹太人，在获得全新的社会地位后如鱼得水且能兼顾思想活力、物质财富和文化素养的还是犹太人。"维也纳是一座漂亮高贵的城市，尽善尽美，我们非常热爱它。"马克斯·格拉夫后来写道，他是一名犹太音乐评论家，也是弗洛伊德在维也纳的好友之一，"可谁承想，原来这座城市闪耀的绚烂光芒竟是夕阳的余晖？"[37]

吊儿郎当之地

说句后见之明的话，如果用今天的眼光看当时的奥地利帝国，你可以看到在它浮华虚荣的外表之下，厄运灾祸其实早有端倪。环城大道的确非常气派，有门庭若市的咖啡厅、整齐干净的布尔乔亚式公寓，还有各式各样的市政建筑，它们都是新兴工业的财富结晶与象征。但在这繁华的闹市之外，却是一番全然不同的景象：绵延数英里全是人满为患、拥挤不堪的工人阶级社区。1850—1900年，这里的居住人口增加到原来的3倍多，但住房条件根本无法跟上人口的增速。只有少数家庭拥有独栋的房子，绝大多数的公寓楼空间逼仄、采光不足、没有供暖、未达到最基本的卫生条件。甚至到了1910年，这里仍有78%的公寓楼没有室内厕所，93%的楼没有浴室。城市里的廉价小旅馆内到处是成群出动的吸血臭虫，多人间里肮脏不堪，猖獗的结核病（被当时的人称为"维也纳病"）阴魂不散。阿道夫·希特勒曾为追寻自己的艺术梦来到维也纳，1908—1913年，囊中羞涩的他不得不经常入住这种小旅馆。普通工人吃得非常简单，餐食通常只有咖啡、蛋糕卷、汤和面包，偶尔才能吃到香肠或喝到啤酒。[38]

人行道上随处可见出卖肉体的女人，斯蒂芬·茨威格在回忆录中写道："你随时都能碰到这些做皮肉生意的人，什么价格的都有。对男人而言，想找个女人快活一刻钟、一小时或一整晚，花费的时间和力气同上街买包香烟或买份报纸差不了多少。"卖淫现象之所以盛行，除了因为许多女人无力支付房租而迫不得已之外，还因为当时颓废空虚的资产阶级没有多少可让年轻男性发泄欲望的途径：对那些20多岁、精力旺盛的男青年而言，一个过分推崇稳定和安宁的社会有时反倒像人间炼狱。在19世纪末的维也纳，中年男性不仅被视作年轻人学习的表率，也代表了社会对体面的定义：灰白的胡须，大腹便便的身材，严肃稳重的举止，以及不管是逛街还是上楼都不紧不慢的步态。早婚可不算什么光彩的事，因为倘若没有一点儿安身立命的资本，谁也没脸向一家之主开口说要迎娶他家的女儿，这意味着普通男性很难在25岁甚至是30岁前成家。茨威格对他这代人年轻时对性讳莫如深的态度记忆犹新，年轻男性经常生活在对性病的恐惧和其他羞耻感的困扰中，身心受害却又无处诉说。他写道，"如果我没有记错"，有不止一个年轻时的伙伴"曾因为这类烦心事而脸色苍白、心神不宁。第一个人患上了性病，也可能是担心自己染上了性病；第二个人因为让姑娘流产而被人讹上了；第三个人得了性病，没有钱治疗，却又不敢告诉家里人；第四个人为凑一笔抚养费而发愁，一个女侍者声称他是自己孩子的生父；第五个人的钱包在妓院被偷了，但他不敢报警"。[39]

面对种种揪心的社会现实，用维也纳剧作家约翰·内斯特罗伊的话来说，奥地利社会的应对办法就是选择眼不见为净。"奥地利人一直相信生活是愉快和美好的，"一位历史学家曾总结说，"因为他们在视而不见这一点上真可谓天赋异禀。"[40] 小约翰·施特劳斯于1874年创作了他一生中最成功也是最具维也纳风格的轻歌剧《蝙蝠》，在它第一幕的结尾有这样一句唱词：幸福就是忘却，忘记那些无力改变之事。

在身份认同危机泛滥的奥地利，维也纳俨然是一座"住满演员"的城市。用罗伯特·穆齐尔的话来说："在这个国家，人们总是心口不一，要么做着违心的事，要么披着虚伪的皮。官员政客还沾沾自喜地以为真的国泰民安。"奥地利社会表面上秩序井然，人人怀瑾握瑜，背地里却是暗流涌动，蝇营狗苟。这种外表与实质的脱节完美地体现在一个流传甚广的维也纳单词上：Schlamperei（糊涂）。这个万金油单词被用在维也纳公众日常生活的方方面面。《时代》杂志伦敦编辑部的外派记者威克姆·斯蒂德是一个游历四方、见多识广的人，他曾在世纪之交的维也纳生活过10年。斯蒂德认为这个世界上没有一个地方能像维也纳那样，用如此多的词汇表达"糊涂"之意。与评价他人不够自律、做事不够谨慎的"糊涂"相比较，"Schlamperei"表达的是一种处世的主观态度，可能是对政策条例的无奈评价，也可能是做事半途而废时的自我开脱。虽然这不是什么值得歌颂的美德，但想象一下如果你生活在一个动辄上纲上线的地方,其官僚机构的座右铭是"我们不着急,你还得再等等",这种凡事"糊涂"应对的态度反倒可以成为解决一切问题和烦恼的不二法门——吊儿郎当的人生总比钻牛角尖要轻松得多。[41]奥地利社会主义领导人维克多·阿德勒曾评价奥地利政府是一个靠"糊涂"来调和的专制政府。[42]

这个词还催生出一些悠久的奥地利社会文化,奥地利人总是满腹怨气,喜欢吹毛求疵和发牢骚。当然,不管你怎么挖空心思寻找这方面的形容词,都比不上维也纳本地方言的花样多,它有一系列描述这种特质的词汇。从前的维也纳盛行一种极尽讽刺之能的话术,这并不是为了伤害他人的感情而恶语相向,多数时候只是一种不道德的幽默,类似于今天的低俗笑话。这种尖酸的幽默被称为"维也纳式羞辱",它的本源是被表面的光鲜亮丽掩盖的维也纳的社会矛盾,是高压情绪的宣泄口之一。"维也纳人羞辱别人不是因为讨厌对方,"奥地利作家兼剧作家赫尔曼·巴尔曾解释道,"用言语攻击对方也不是为了把人吓跑。维也纳人之所以这么做,是为了他们的身心健康。如果对方经得起这种刻薄的挖苦,他们甚至还会很喜欢对方。"("抱怨让人感到满足。"弗朗茨一世评价道,他的秘密警察部队曾给帝国的每个臣民都制作了一份个人档案,"他们沉默的时候,才是最危险的时候。")[43]

但言语宣泄并不能真正解决问题,情绪上的补偿与缓和反而消磨了壮士断腕的意志与决心。奥地利政府秉持的唯一政策方针就是没有政策方针,对任何亟待解决甚至亟待认识的社会和政治矛盾都抱着"和稀泥"(这种处理事务的方式同样有一个专门的单词——Fortwursteln,大意是"浑浑噩噩度日")的态度,眼睁睁看着动荡和祸根滋生并壮大,却不作为。[44]

对奥地利社会荼毒最深的祸患非反闪米特主义莫属，用今天的话说就是反犹主义。这个词语的源头可以追溯到1879年，由德国反犹主义者威廉·马尔提出，青年时期的他曾在维也纳工作和生活。相比听上去十分刺耳的"仇恨犹太人"，文绉绉的"反闪米特主义"作为一种意识形态口号更容易让人接受，于是它很快就被奉为奥地利国内基督教社会主义新浪潮的核心纲领。反闪米特主义最初吸引的主要是信仰天主教的下层中产阶级人群，犹太人在经济和社会地位方面的崛起让他们感受到了比其他阶级更强烈的威胁。在奥地利这个多民族国家，把各种社会弊病归咎于犹太人、给反犹主义煽风点火，成为团结其余民众的有效手段。19世纪90年代，发现了这一点的基督教社会党如获至宝，并借此在短时间内迅速获得了极高的呼声和支持。

奥地利基督教社会党成员卡尔·卢埃格尔，凭借其身为党魁的个人魅力和娴熟操弄反犹情绪的手腕，在这个时期以极高的支持率当选为维也纳市长，他从1897年上任，直到1910年逝世才卸下市长一职。卢埃格尔利用反犹情绪在奥地利政坛兴风作浪，堪称历史上所有机会主义者的典范。他非常善于笼络中下层民众，面对他们演讲时常用接地气的维也纳方言开一些投其所好的玩笑。他喜欢讽刺挖苦"教授""科学家""律师"等高知群体，贬低所有在他的听众看来复杂难懂或令他们自惭形秽的事物；他还不断鼓励修鞋匠、裁缝、蔬果店老板和马车夫，告诉他们读书人并非全知全能，有时候也需要听他们指点一二。卢埃格尔总是把斥责犹太人的话挂在嘴边，给他们取各种绰号，比如"只想着赚钱和炒股的犹太人""炒作新闻的犹太佬"，以及住在"犹达佩斯"的"犹化马扎尔人"等。卢埃格尔指责犹太人在经济上推崇的自由主义把来自不同阶级和民族的

卡尔·卢埃格尔，维也纳市长，反闪米特浪潮的急先锋

"辛勤工作的基督教徒"逼上了绝路，并发誓要将民众从"犹太人卑鄙无耻的奴役"中解放出来，让"吃人不吐骨头、徒有人形却没有人性、比虎豹豺狼还残忍恶毒的畜生们"再也不能祸害人间。然而，卢埃格尔本人一直同维也纳城里相当多的犹太商业领袖保持着密切的经济往来和私人关系，一旦被问及这种尴尬暧昧的行为，卢埃格尔就会用地道的维也纳方言辩解说："谁是犹太人由我说了算。"卢埃格尔利用丑恶的民族仇恨作为政治投机的资本，凭借左右逢源的犬儒主义毫无节制地攫取个人利益，将两面派的嘴脸发挥得淋漓尽致，以至于曾有一个犹太教徒严厉地斥责他说："我不是因为你是一个反犹主义者而怪罪你，我是因为你不是一个反犹主义者才责怪你。"[45]

希特勒看清了卢埃格尔在政治立场上的两面三刀，发现他与真正的种族主义者、激进的反犹先驱格奥尔格·冯·舍内雷尔不是一路人。即便对卢埃格尔的意识形态颇有微词，希特勒还是在《我的奋斗》里谈到，旅居维也纳期间他从这位市长身上学到了不少政治手段：擅长讨好城市里的无产阶级，深知意识形态的宣传尽量不要涉及知识与理性，"越是能煽动民众的情绪，才越有效"。[46]

19世纪90年代，奥地利国内反犹浪潮的兴起与自由主义的衰落息息相关、相辅相成。1867年《奥地利–匈牙利折中方案》签署，此后的数十年间，英式的自由民主党派主宰了奥地利的议会和政坛，市场的自由度得到提高，政治的民主范围得到扩大。但这些改革硕果在19世纪末成了阻碍自由民主的帮凶。19世纪60年代，仅有6%的奥地利国民拥有投票权，后来民主范围的扩大使这个比例不断提高，其结果却是大量排除异己的民粹主义者和民族主义者获得了投票权。奥地利议会变成了一盘散沙，闹哄哄的会议现场成了各个党派争相蔑视议程的舞台：有人故意发表长篇大论，阻挠议事通过；还有人偷偷带着牛铃、口琴、哨子和鼓参会，用噪声削弱反对党的发言声。"政治斗争的愈演愈烈让早期政治改革的成就黯然失色。"斯蒂芬·茨威格这样形容19世纪90年代的奥地利政坛，"经过了一段漫长艰辛的调解时期，本已有了弥合迹象的种族和阶级裂隙却在此时突然崩开，撕裂成一道触目惊心的豁口……事实上，在进入20世纪前的最后10年间，一场比'一战'还早的人与人之间的战争就已经悄然在奥地利国内打响了。"[47]

幸福的末日

即使是推崇自由主义的奥地利知识分子，在面对自由主义的崩塌时，也难免表现出符合奥地利社会风尚的反应。他们选择了逃避，退缩到艺术生活和唯美主义的深处，展示出一种高尚脱俗的个人主义倾向，作家赫尔曼·布洛赫把当时这种普遍的社会情绪称为"逃离政治"。[48] 1900年，现代主义在维也纳的各行各业以惊人的规模和速度萌芽，就是这种退缩情绪产生的正面效应。比如，建筑学领域的阿道夫·路斯提出了功能主义，他拒绝在设计中奉行历史主义、对古典建筑东施效颦，反对维也纳行业界历来把外表置于实用之前的建筑理念（路斯最为人津津乐道的言论，是他认为"过分的装饰"等同于"犯罪"）；音乐领域有创立无调性音乐的阿诺尔德·勋伯格和晚期浪漫主义大师古斯塔夫·马勒；艺术领域诞生了维也纳分离派（也叫新艺术派），以象征主义画家古斯塔夫·克里姆特为代表的艺术家在维也纳发起了打破陈规的艺术革命，他们脱离守旧腐化的学术界，去追求"纯粹艺术"的理念，创作出强调光线和几何的印象主义画作。

维也纳的文学和艺术界在这个时期弥漫着一种逃避主义的情绪，文艺创作抛弃了整个社会。此起彼伏的政治运动已然动摇了"传统自由派对自由主义促进理性、道德和国家进步的信心"，让奥地利的知识分子"不知所措地徘徊在现实和乌托邦之间"，他们"一方面沉湎于学识品位带来的愉悦，一方面惆怅于对社会动荡的无能为力，自我陶醉与自我怀疑相互交织"，这种时代文化以"敏锐的神经，不自在的享乐主义，以及经常性的严重

路德维希·维特根斯坦的姐姐玛格丽特·斯通伯勒的肖像画，古斯塔夫·克里姆特作

焦虑"为关键特征,历史学家卡尔·休斯克如此评述。[49]

高知群体的玩世不恭态度加剧了本已消极、冷漠和充满隔阂的社会风气,"(对这个社会)没办法,反正还能过"成了人们的口头禅。"咖啡馆作家"是一群关注艺术魅力且远离市井的人,此时的他们更加两耳不闻窗外事,只活在自己的精神世界里。"所谓的咖啡馆作家,就是那些泡在咖啡馆里沉思的人,个中趣味无法为外人道。"奥地利犹太记者安东·库解释道,他自己就是其中的典型代表。[50] 整个国家的艺术界充斥着这种对社会与日俱增的消极态度,罗伯特·穆齐尔在《没有个性的人》中对此有一段精准的描写:

> 对那些其他地方的人都会觉得重大的事,这里的人们只会说一句"常有的事"。这是一个耐人寻味的口头禅,它的精髓只存在于德国,也只存在于德语,它把本应分量十足的事实和灾祸消解得像羽毛一样无足轻重,仿佛大家只是在探讨无关紧要的个人想法。虽然遭到很多人的非议和批评,但卡卡尼亚的确是一个人才辈出的国家,只不过这种玩世不恭的态度很可能是它后来没落的原因。[51]

19世纪末20世纪初,维也纳作家经常在城里的咖啡馆见面,这些知识分子组成了一个名为"维也纳青年"的团体。1895年,维也纳大学新开了一门名为"归纳科学史"的课程,由物理学家恩斯特·马赫担任主讲人,他在这门课上讲述的哲学思想对维也纳青年团体产生了深远的影响。马赫拒绝接受任何形式的先验事实,而把经验主义提升到前所未有的高度。他坚定地认为知识只是基于表象的认识,而"表象"完全来自"我们对世界的感知"。既然知识是主观的,马赫认为这个世界上也就不存在什么"客观意义上"的"客体"、"恒常"乃至"事实"。马赫在维也纳大学的公开课让维也纳青年的会员们如获至宝,他们蜂拥而至,并把在课上学到的理念和思想当作艺术灵感的源泉。博闻强识的多面鬼才(音乐评论家、哲学家、卡巴莱表演家和剧作家等)埃贡·弗里德尔曾断言,克里姆特等人在创作中对"光线"而不是"实体"的强调,与马赫的理念如出一辙。马赫哲学观点的核心是我们认为的现实只不过是另一种虚幻,这完美契合了当时整个奥地利文艺界的普遍认知和心态。[52]

与此同时,奥地利正面临着一场大灾祸,处在摇摇欲坠的边缘。在《皇帝的陵墓》结尾,帝国即将分崩离析,波兰伯爵思忖良久后,突然愤怒地挥拳砸在桌子上,怒吼道:"都是你们这群人的错,你们

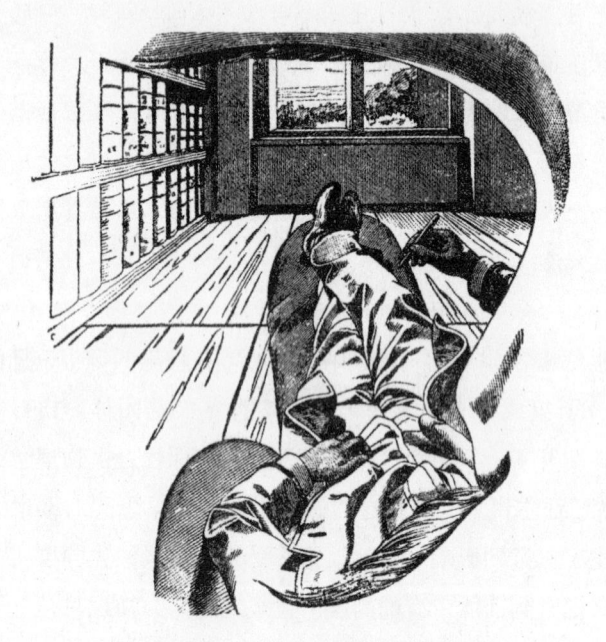

恩斯特·马赫的讽刺自画像《自我检视》

这些只会在咖啡馆里高谈阔论、耍嘴皮子的蠢货。"在奥地利帝国的最后10年间,虽然文艺创作达到了极高的水平,但知识分子对社会现实的态度却越发疏离和浮躁,这个矛盾的时期被很多人不无诗意地称为"维也纳的金秋",赫尔曼·布洛赫则把它叫作"幸福的末日"。[53]

1914年7月,就在第一次世界大战爆发的前几天,卡尔·克劳斯用比之前更苦闷的口吻将自己的祖国形容为"世界末日试验田之奥地利分站"。他指的是原本充斥于奥地利国内的民族主义情绪,如今已经蔓延到了全世界。但很少有人会进一步深挖这种政治毒酒为何能在奥地利社会酿就:新兴城市崛起后展现的魅力,知识分子受挫后的玩世不恭、消极避世的态度,政客摆布人心的投机行动,再加上人与人之间的相互欺压,最终导致了帝国的覆灭。1918年11月,西格蒙德·弗洛伊德在他的办公室里接待一位年轻访客时说:"我像你一样对维也纳和奥地利怀有无尽的爱。但我们之间或许有一点不同,那就是我爱它的同时也知道这个社会已出现一道道深不见底的裂隙。"[54]

第 2 章

真正的维也纳人都来自布吕恩

名不见经传的中世纪古城

哥德尔的童年和青年时期正值第一次世界大战前后,他的生活富裕而安宁,这都得益于布吕恩蓬勃发展的纺织业。哥德尔在故乡布吕恩度过了人生最初的18年,那里在工业革命开始前是一座规模不大的中世纪要塞,名不见经传,在历史舞台上只出现过两次。第一次是在1645年,在欧洲三十年战争期间它英勇地抵挡了瑞典军队的围攻;第二次是在1805年,俄奥联军在一场改变欧洲军事格局的战役中惨败给拿破仑,奥地利皇帝被迫放弃神圣罗马皇帝的头衔,双方交战的主战场奥斯特里茨就在布吕恩附近。虽然它从前没什么名气,但凭借优越的地理位置(位于帝国首都维也纳北部70英里处;在多瑙河两条支流的交汇点上,其丰富的水力资源可作为工厂水车的动力),布吕恩在奥匈帝国工业缓慢觉醒的几十年内,成为最早受益于技术革命的城市之一。

到了19世纪中期,布吕恩已经成为出产优质羊毛纺织品的行业中心,拥有20多座大型纺织厂,动力也从以前的水车升级为黑烟滚滚的内燃机。凭借产业的规模化,布吕恩出产的纺织品不论是质量还是价格都能与英国一较高下,它也因此获得了"摩拉维亚的曼彻斯特"的美誉。进入20世纪的第一个10年,在布吕恩纺织厂工作的工人总数已超过13 000人,还有更多的工人分散在当地的其他产业中,比如成衣厂和重工业工厂,这些人主要从事生产蒸汽机、轨道机车、锅炉、涡轮机的工作,还有的人从事各式电气设备的生产销售工作,以满足工业革命时期资产阶级对生活品质的追求和需要。[1]

林立的烟囱冒出的烟灰飘落到工业设施聚集的郊区,以及"老布吕恩"城区(位于施瓦察赫河与主城所在的高地之间,是一块面

被烟尘笼罩的工业城市布吕恩,1915年

积不大的新月形地带）。而主城和一些重要的建筑则位于城中心的山地，远离19世纪工业革命的喧嚣与污染。比如始建于14世纪的圣彼得和圣保罗大教堂，当时恰逢它扩建完工，屋顶上增加了一对高275英尺[①]的哥特式双尖塔；在比大教堂更高的地方，孤零零地矗立着守卫森严的斯皮尔博城堡，它曾经是哈布斯堡王朝最臭名昭著的堡垒，地牢里常年关押着被铁链锁在潮湿墙壁边的政治犯。

在主城南边，施瓦察赫河依次汇入塔亚河和摩拉瓦河，最后流入多瑙河。河流所经之处形成了一道溪谷，在喀尔巴阡山脉上凿出了一条连接维也纳和布吕恩的古老的天然通道，沿途分布着密集的果林和葡萄园，犹如一条绿色的绸带。1839年，斐迪南北方铁路公司铺设的铁轨穿过这条郁郁葱葱的溪谷，成为奥地利帝国境内的第一条铁路线。

哥德尔出生于1906年，当时布吕恩的人口将近12万，其中有差不多2/3是德裔。布吕恩城里也有一条迷你版环城大道，紧贴中世纪城墙的各个边角而建，富裕的德裔中产阶级住在舒适宽敞的独栋别墅里，享受着环城大道的气派。他们占据了市政部门的大部分职位，主宰着城市的经济命脉，居高临下（既指他们房产所在的高地，又指他们的社会地位）地看着在布吕恩充当用人和工人的捷克裔居民。波希米亚和摩拉维亚有许多直接与奥地利、德国接壤的德裔聚居区，其中一些地区的奥地利和德国民族主义者很早就把自己生活的区域称为"苏台德地区"，他们迫切地希望德意志帝国能将苏台德地区纳入版图，实现帝国的统一。相比之下，布吕恩显得有些特殊，它几乎被捷克裔聚居的城镇完全包围了，仿佛漂浮在捷克语汪洋上的一

---

① 1英尺≈0.30米。——编者注

座德语孤岛。在第二次世界大战期间，纳粹德国利用了布吕恩独特的地缘特征，鼓吹德意志民族英雄主义，很多类似布吕恩的城市在纳粹的宣传口径里均被冠以"德意志堡垒"的绰号。[2]

就哥德尔的青年时代而言，纳粹的宣传口号倒是十分贴切。哥德尔的哥哥鲁迪回忆他们在布吕恩的童年生活时说，当时社会上的"知识分子和'最上层的一万人'"全都是德裔，最主流的文化是德语文化，最负盛名的学校也都是德语学校。[3]哥德尔的母亲就是德裔中产阶级的典型代表，她总是不自觉地流露出对"斯拉夫人"的不待见。在不得不用捷克语对话的场合，绝大多数波希米亚和摩拉维亚的德裔居民会以十分不屑的态度讲"一种发音非常不标准，句式与德语更接近的德式捷克语"。[4]年轻的小混混们在布吕恩街头的斗殴非常激烈，有时候需要骑兵介入才能把德裔和捷克裔的暴徒从打斗中拉开。多少个夜晚家门外突然响起一连串扰人清梦的马蹄声，哥德尔的母亲对此仍记忆犹新。但不管怎么说，至少在1919年捷克斯洛伐克共和国成立之前，在谁居于布吕恩社会上层这一点上，即便是打得难解难分的小混混们也心知肚明。

1906年4月28日，哥德尔在后巷街5号的一栋民宅里出生。他家毗邻伊丽莎白大道，位于斯皮尔博城堡的山脚，那是环城大道上德裔家庭聚居的富人区。哥德尔的父母也都出生在这里，两家本是后巷街9号的邻居。他们居住的公寓楼是一栋典型的"毕德麦雅"建筑，楼前是一个宽敞的中庭，带有浓郁的19世纪中期的维也纳小资情调。根据哥德尔母亲的回忆，邻居们在一天的忙碌之后，听着从山上的斯皮尔博城堡营房传出的熄灯号走出家门，在庭院里溜达。楼里的住户们经常聚到一起，或是庆祝节日，或是表演自己排练的戏剧，有时候还会举行晚间音乐会。利奥·斯莱扎克与哥德尔父母是

同住一栋楼的邻居,他后来成了奥地利家喻户晓的男高音歌剧演唱家。

哥德尔的外公出身贫寒,但肯吃苦耐劳,他从一个无名小卒一路干到了企业管理层,成为产品销遍奥地利和德国的纺织巨头舒乐集团布吕恩分公司的负责人。哥德尔的父亲鲁道夫走上了与未来岳父一样的道路,他年纪轻轻就立下志向,要凭借布吕恩当地的标志性产业发家致富。1901年,鲁道夫如愿成了纺织厂的经理,供职于布吕恩当地的弗里德里希·雷德利希精品羊毛纺织厂,可谓前途无量。同年,27岁的他迎娶了21岁的玛丽安娜·汉德舒。

还是个宝宝的"为什么先生"与哥哥鲁迪的合影

库尔特·哥德尔继承了他父亲和母亲的某些特质。哥哥鲁迪记忆中的父亲是个"相当沉闷和严肃的人",他"精力充沛,行事高效,考虑任何事都会从实际出发",虽然不善于表达感情,但对妻儿关怀备至且耐心大度。鲁迪后来发现,父母的婚姻并非出于情投意合的爱情,不过"他们一直在相互扶持,相敬如宾"。鲁道夫跟天底下的绝大多数父亲一样,"尽力满足孩子的所有愿望,而且非常慷慨地支持孩子去维也纳求学",尽管他自己小时候并不擅长学习。鲁道夫曾被送到布吕恩的文科中学学习,但面对用拉丁语和希腊语授课的古典课程,他表现得"既没有天赋也没有兴趣",不得不在12岁时转学到镇上的工业专科学校。从专科学校毕业后,鲁道夫应招进入了雷德利希的工厂。

相比之下,负责操持家务和照料家人生活的玛丽安娜比在外打拼的丈夫更像个文化人。她会学习一些有趣的育儿经验,比如最好的亲子关系是朋友关系。玛丽安娜显然非常乐于当丈夫的贤内助,她把做饭、打扫屋子和给孩子上文化课等事项分别安排给家里的保姆、用人和女家庭教师,这样她就能更轻松地扮演孩子们的朋友的角色了。鲁迪把他与母亲之间的关系形容为"温暖的同袍之情",他和弟弟都非常爱母亲,这种感情即使在他们成年后也没有变淡。

哥德尔一家:玛丽安娜,库尔特,鲁道夫,鲁迪

童年时代贫困和艰辛的生活让玛丽安娜的父亲一直保留着不好

相处和顽固的一面,古斯塔夫·汉德舒曾经是一名手工纺织工人,工业革命开始后被机器抢走了饭碗,于是他暗下决心,有朝一日一定要出人头地。他在工作的同时兼顾学业,但因为买不起书,只能整本整本地徒手抄写从别人那里借来的课本。或许正是童年的艰苦求学经历让古斯塔夫深知美好生活得来不易,所以玛丽安娜才能在幸福的家庭里成长为一个性格开朗、人见人爱的姑娘。玛丽安娜在文科中学里成绩优异,擅长滑冰,也弹得一手好钢琴,闲暇时会给家人和朋友弹奏舒伯特、施特劳斯的抒情曲。此外,玛丽安娜还喜欢看书,尤其喜爱德语文学经典,一生都对歌德和海涅的诗歌烂熟于心。鲁迪记得母亲有一批珍藏的德语文学经典,总共70册,其中许多都是初版书。大量的阅读不仅让她对事物有自己的见解,也使她有了捍卫自己观点的信心,不至于人云亦云、随波逐流。

当然,惬意的生活并非尽善尽美,家家都有本难念的经。而对中产阶级来说,最大的苦恼往往是某些与家人有关的难言之隐。鲁道夫的父亲年纪轻轻就寻了短见,家人对此心知肚明却又讳莫如深,谁也不愿主动提起。父亲自杀后,鲁道夫从维也纳回到了布吕恩,跟着姑姑安娜生活。年轻的鲁道夫事业发展蒸蒸日上,母亲和母亲的娘家人犹如抱上了一棵摇钱树,对他提出诸多要求,最终鲁道夫不堪其扰,与生母断绝了来往。玛丽安娜家也有类似的恩怨,她的一个不成器的兄弟因负债累累而被军队开除,后来又把从鲁道夫那儿借来的一大笔钱挥霍一空,并且只字不提还钱的事;她的另一个兄弟则经常在事业有成的鲁道夫背后说三道四。"这就是为什么父亲后来几乎不跟任何亲戚来往。"鲁迪长大后渐渐明白了家族里的这些恩怨纠葛。

1913年,鲁道夫在斯皮尔博街买下了一块地,背靠通向斯皮尔博城堡的林荫斜道，任日后世界如何风云变幻，这里始终是这个家庭温馨的避风港。鲁道夫在第一次世界大战爆发前夕为家人修建了一栋三层高的别墅，复古的山墙赏心悦目，采光充足的窗户可以俯瞰屋后的整个花园，花园占地约1/3英亩①，一到春天就满园芳菲，从房子的正门还可以远眺整座城市和河谷的景色。房子内部的装修也很考究，起居室中间摆放着一架钢琴，它出自当时维也纳最好也是奥地利皇帝的御用制琴师贝森朵夫之手。一楼入口处是一个巨大的门廊，门廊的地板和墙面以天然木材铺成。家具是颇有品位的新艺术运动风格，椅面上雕刻着精美的手工图案，反映了世纪之交在维也纳兴起的一股崇尚和复兴前工业革命时代手工艺的浪潮。但讽刺的是，正是由于以布吕恩为代表的工业城镇的崛起，才导致传统手工业日渐式微。

"为什么先生"

当时的布吕恩是个连空气里都弥漫着科学和技术进步气味的地方。从哥德尔家出发，往山下的方向走大约10分钟，就可以到达老布吕恩城区的奥古斯丁修道院。格雷戈尔·孟德尔曾在这里蛰居10年，潜心研究了10 000株豌豆的花朵、豆荚和种子，一丝不苟地反复做着杂交、分类和计数的工作，由此奠定了现代遗传学的基础。1910年，人们在修道院花园前的广场上立起了一尊孟德尔的大理石雕像，上面刻有"科学界友人赠"几个字，全欧洲的知名生物学家纷纷到布吕恩瞻仰这座雕像。

---

① 1英亩≈0.004平方千米。——编者注

从哥德尔家往另一个方向同样步行大约10分钟，就可以到达布吕恩市立剧院。它于1883年竣工启用，是全欧洲第一家配备电灯的剧院。富有远见的布吕恩市议会为此找到托马斯·爱迪生，经过多次协商和洽谈才敲定了合同。1911年，爱迪生特地到布吕恩参观了自己的设计成果。布吕恩于1900年正式开通有轨电车，比曼哈顿还早了一年。

库尔特·哥德尔的家人在他小时候就看出他天资聪颖，哥德尔4岁时他们给他起过一个外号——"为什么先生"。在哥哥鲁迪的记忆中，哥德尔"总有问不完的问题，总想打破砂锅问到底"。哥德尔本人对此的回忆和评述不同于家人口中的温馨故事，显得有些尖锐甚至是轻蔑。大约半个世纪后，哥德尔在普林斯顿告诉他的精神科医生，他从小就"好奇心旺盛，质疑权威，渴望理性"，这也是他在青春期与父亲闹僵的原因之一。青少年时期的哥德尔经常不参加家庭例行的周日郊游活动，而是独自待在家里埋头看书。[5]

"我人生的终极理想（青春期定下的），"多年之后哥德尔写道，"就是追求认知上的愉悦。"哥德尔清楚地记得科学的火苗第一次在他心中点燃的时间及当时的情景。15岁那年，哥德尔同家人去捷克斯洛伐克西部山区度假，他特意选了一本歌德的传记作为旅途读物。1946年夏，哥德尔在寄给母亲的一封信中写道：

> 您在信中提到张伯伦的那本《歌德传》，让我想起了很多童年往事。我是在马林巴德森林里读的这本书（真巧，正好是25年前），当时的情景依稀浮现在眼前，我仿佛又置身于那片开满奇异紫花的林地。谁能说得清为什么那番情景能在一个人的脑海中留下如此深刻的印象呢……歌德的传记引发了我对他与牛

顿在色彩理论上的论战的浓厚兴趣,并间接引导我后来走上学术道路。命运的纺轮从未停歇,唯有岁月的流逝才能叫人看清它到底在编织什么样的图案。

1941年,在缅因州布鲁克林休假的哥德尔又一次看到了那样的紫花,他情不自禁地写道:"看到它让我莫名动容。"[6]

这份对童年的感怀将伴随他一生。无忧无虑的童年生活无疑是哥德尔人生中幸福和安全的完美代名词,日后的动荡岁月和颠沛的个人际遇将这一点体现得淋漓尽致。哥德尔和哥哥鲁迪的感情很好,4岁的年龄差消除了手足之间的许多摩擦。他们总是形影不离,在花园里跟两条宠物狗(一条杜宾犬和一条狸犬)一玩就是几小时,在家庭女教师的指导下打理小菜园,还会在冬天下雪的时候到城堡周围探险、在积雪的斜坡上玩耍("没错,我记得很清楚,那时候玩雪橇也是我的兴趣所在。"他在50年后写给母亲的信里说道)。兄弟俩还经常玩"如果我是"的游戏,畅想各自未来的职业,年届50的哥德尔回忆起这个游戏时依旧津津乐道:

> 哥哥,你还记得有一次我们假装管理一座城市吗?你是工厂主而我是市长那次。我们把时间设定在1950年,畅想我们都成了有钱人。其实当时的我对1950年没有任何概念,只觉得它遥不可及。看看现在的我们,你不是工厂主,我也不是市长,我们都没有腰缠万贯,但日子过得也不错,没什么可抱怨的。[7]

哥德尔家的阁楼里塞满了两兄弟的玩具,其中不乏价格昂贵的科学道具：一架望远镜，用它可以看清大教堂屋顶上的雕刻；各式各样的玩具火车；一支由800个锡皮玩具兵组成的军队，以及配套的锡皮马车和马匹。每年圣诞节，两兄弟都可以从维也纳玩具店（穆尔哈森或尼斯纳）诱人的玩具目录里挑选一件自己心仪的商品作为礼物，他们的母亲形容这个选购礼物的过程"毫无诗意可言"，但哥德尔却认为这是一段值得铭记的美好童年时光。数十年后，有一次母亲问他想要什么礼物，哥德尔问母亲能否给他寄一份穆尔哈森或尼斯纳（如果还有人在经营这两家玩具店的话）的商品目录。"我很想看看在过去的45年里，玩具的生产工艺到底有什么样的进步。"他告诉母亲，后面还加上了一句（多少流露出他对自己小时候收集的军队玩具的怀念），"现在的小孩子是不是都已经玩上迷你原子弹了？"[8]

科学和材料工业的进步似乎很快就让愚昧的迷信变成了历史的糟粕。哥德尔的两兄弟受宗教的影响并不深，玛丽安娜虽然成长于一个信仰新教的家庭，但用鲁迪的话说，母亲的家庭对宗教信仰秉持着一种"开明的虔诚"态度。鲁道夫虽然是老派天主教会成员，但自打成年，除了举办婚礼那天，鲁道夫几乎从未去过教堂，是个有名无实的教徒。

库尔特和鲁迪都曾在一定程度上懊悔过，没能在相对开放自由的家庭氛围里抓住深入了解和体验宗教生活的机会。"当亲人的亡故和命运的考验降临到我们家时，我才第一次意识到宗教信仰对一个人的精神支持有多重要，可惜为时已晚。"时年80岁的鲁迪不无悲伤地说。[9]内敛理性的库尔特·哥德尔对人的天性不曾怀有太多的成见和看法，但终其一生他都毫不掩饰自己对教义这种荒谬逻辑和宗教这种组织形式的鄙夷，并视它们为追求精神体验的真正阻碍。"我听说布吕恩在圣周六①庆祝了复活节,是真的吗?"哥德尔曾在写给母亲的一封信中以嘲弄和疑惑的语气写道,"在布吕恩的路德会教堂里的确什么怪事都有可能发生,但提前一晚庆祝复活节可太叫人意外了。"[10] 后来有一次玛丽安娜从书上读到,爱因斯坦是因为小时候在天主教会小学的宗教课上受到启发,才有了后来的某些理论设想,她向儿子求证这件事,哥德尔回复母亲说:

> 据我所知,您信中提及的关于爱因斯坦传记的内容是准确无误的……爱因斯坦确实是因为学习了宗教课程,才在心里种下了要构建宇宙大统一理论的种子。我猜他上的宗教课应该非常有趣,因为就我自己的经历而言,我很难想象布吕恩的宗教课能给我带来什么启发。[11]

"宗教信仰的体系大多是不好的,"哥德尔多年后在笔记中写道,"信仰本身则不然。"[12]

哥德尔曾在老布吕恩城区的路德会教堂接受过受洗仪式,他的教父是鲁道夫从前的雇主、后来的工厂合伙人弗里德里希·雷德利希。雷德利希继承了家里的纺织厂,还有长辈的名字。1867年,奥地利帝国颁布的新政令废止了此前限制犹太人就业和定居的法案,摆脱了最后一道法律枷锁的犹太人纷纷走上社会并取得了巨大的成功,他们中的许多人成了布吕恩有头有脸的工业家,弗里德里希·雷德利希就是其中之一。约瑟夫二世是第一个以实际行动减少对犹太人限制的皇帝,他鼓励犹太人在摩拉维亚建设工厂,同时要求犹太

---

① 圣周六指复活节的前一天。——编者注

人将子女送到德语学校就读,促进他们与奥地利社会的融合。不过,他还是保留了部分苛政,尤其是臭名昭著的"家庭法"。它是一种限制犹太人口数量的政策,规定生活在波希米亚、摩拉维亚和西里西亚的犹太人只有在获得国家签发的人口编号后才能结婚,而人口编号通常只能由去世的父亲传给长子。在长达400年的时间里,布吕恩一直都有禁止犹太人落户定居的法令,直到1848年才将其废除。[13]

仅过了半个世纪,到1900年,布吕恩就建立起了欣欣向荣的犹太社区,那里居住着大约8 000个犹太人,占德语人口总数的10%左右。几乎所有布吕恩的犹太居民都认同德语和德语文化,还有很多像弗里德里希·雷德利希这样的人改信新教,在他们看来,信仰上的皈依是与本地其他种族达成文化和身份认同的最后一步,可保证自己不受排挤,并巩固自己的社会地位。弗里德里希·雷德利希的儿子弗利茨·雷德利希比库尔特大13岁,1939年3月,当纳粹德国的军队浩浩荡荡地踏上捷克斯洛伐克的领土,宣告第三帝国对波希米亚和摩拉维亚的"保护权"时,弗利茨深切地感受到父辈们争取的"社会地位"只是昙花一现、脆弱不堪。即使他为奥地利参加过第一次世界大战并获得了代表作战英勇的铁十字勋章,即使他在信仰上皈依了新教,他仍然没能免遭纳粹的毒手。纳粹对像弗利茨父亲那样在成年后才受洗并皈依新教的犹太人有一个轻蔑的称谓——"站着受洗的人",这些犹太人在他们眼里统统不算自己人。纳粹在布吕恩只承认了一万多名犹太人,而包括弗利茨·雷德利希在内的其他犹太人于1942年被押往捷克的特雷津集中营,两年后又被押送到奥斯威辛集中营,并在那里走向了人生的终点。自此以后,布吕恩和平美好的少年时光就只存在于哥德尔的回忆里。[14]

布吕恩变成了"布尔诺"

1919年,协约国在巴黎和会上重新划定各国边界,把苏台德地区及生活在该区域内一直希望被并入德国的300万德裔,划入了刚刚诞生的捷克斯洛伐克。时任美国总统伍德罗·威尔逊提出了民族自决原则,本意是为相关国家解决民族认同和经济利益等问题留下些许回旋余地,结果却正中捷克代表团下怀。他们充分利用该原则的精神,以波希米亚及摩拉维亚历来是奥匈帝国的领土为由四处游说,意图将这两块地区纳入新捷克共和国的势力范围。居住在这两个地区的德裔曾直接给威尔逊总统写信,恳请允许他们利用民族自决原则赋予的权利,摆脱新捷克政权的控制。捷克代表团为了压制反对的声音,反复表态会把捷克斯洛伐克治理成一个"类似"瑞士、让各个民族在联邦制下享受平等权利的国家。

但在国内,捷克斯洛伐克的政客毫不避讳地露出了另一副嘴脸。临时政府的主要领导人之一阿洛伊斯·拉辛,不仅拒绝讨论德裔要求自治的政治请求,还轻蔑地宣称:"我从不跟叛乱分子谈判。"捷克斯洛伐克的建国元勋、受人景仰的托马斯·马萨里克,尖锐地把波希米亚和摩拉维亚的德裔居民称为"外来者和殖民者"。在捷克领导层的怂恿和授意下,波希米亚、摩拉维亚和斯洛伐克地区的城市居民集体涌上街头,撕毁悬挂在公共建筑和学校外墙上的皇家双头鹰徽记,推倒或挪走哈布斯堡统治者和战争英雄的雕像。地方政府更是加班加点,用捷克语重新命名本地的街道和广场。布吕恩变成了"布尔诺",市政府把它周围23个小市镇的政府全部吸纳收编,以本市人口几乎翻倍为代价,来确保捷克裔居民成为当地的多数种族。[15]

奥匈帝国最后一次意在缓和民族矛盾的努力不仅没有奏效，反而弄巧成拙，加剧了敏感地区的身份对抗意识。1905年，摩拉维亚立法机构内部达成了《摩拉维亚妥协方案》，规定在该省的立法院内以捷克语和德语划分选举团，并给两个阵营分别分配一定数量的议席。这是一次旨在缓解民族矛盾的积极尝试，但在历史学家彼得·贾德森看来，这种做法适得其反，因为阵营划分把"从前在民族主义争端中保持中立的人"也拉进了旋涡，他们不得不面对"二选一"的尴尬局面。比如，有人想在新法实施后以"奥地利人"、"天主教徒"或"哈布斯堡效忠者"的身份登记注册，却不能如愿，最终只好给自己贴上"德裔"的标签。[16]

德裔人口数量的激增给人一种德裔势力壮大的感觉，再加上日渐式微的政治安全感，苏台德地区孕育出了自哈布斯堡王朝诞生以来最狂热的德裔民族主义群体。"一战"爆发后，很多苏台德地区的居民志愿加入军队，他们为奥匈帝国献身的热情甚至超过了为德意志帝国献身的热情。最终有超过10万人牺牲在战场上，阵亡率约为3.45%，这个数字比德奥两军的平均阵亡率高出2.5个百分点。[17]

以1905年《摩拉维亚妥协方案》付诸实施为标志，捷克斯洛伐克政权正式诞生了。虽然它允许各个民族继续使用自己的语言，但也首开先河地赋予了人口普查员根据"客观"特征"修正"被调查者自我报告所属民族的权利。不仅如此，一旦发现"故意"错报民族的情况，人口普查员还有权对当事人施以重罚——最高罚金相当于当时普通工人的周薪。由于这项政策，约有40万名德裔居民在1921年被新政府改成了捷克裔，德裔人口的锐减导致德语学校式微，也动摇了德裔社区的社会地位。可以说，捷克斯洛伐克的建国史就是一部反德力量不遗余力地抹除德意志文化影响的历史。比如，作为一个多党制的联合政府，在1926年以前，捷克斯洛伐克议会里从来没有一位德国政党的代表能担任部长一级的职务。[18]

对一直以来都养尊处优的布尔诺德裔精英阶层来说，这样的政治气候显得尤为艰难。《凡尔赛和约》规定，奥匈帝国解体后，原本生活在奥匈帝国境内的公民有权根据自己的"种族"或"民族"，选择最符合自己利益的继承国，并成为该国公民。（实际执行效果很有限，比如，新的奥地利政府不人道地将7.5万名未被划入新国界的犹太人拒之门外，这些人都会讲德语，但新政府以他们不是"德意志人"为由拒绝他们加入奥地利国籍。）[19]

与战后爆发经济危机的奥地利不同，毗邻的捷克斯洛伐克虽然也百废待兴，但在所有因为哈布斯堡王朝覆灭而诞生的继承国里，捷克斯洛伐克是相对富裕的国家，战争对它的影响也最小。即便战争结束了，战时的食物短缺和定额配给制度仍在奥地利和捷克斯洛伐克延续了数年之久，但后者的情况比前者要好得多。捷克斯洛伐克不仅有充足的煤炭供应，还有广阔的良田沃土，保证了粮食的自给自足。除了拥有最高的粮食自给率之外，它还继承了奥地利帝国的绝大部分工业领土，以及大约2/3的工业生产能力，钢铁产量超过中欧其他国家的产能总和。[20]

第一次世界大战停战协议生效的第二天，新的奥地利共和国临时政府宣布成立。奥地利临时政府代表团满怀期望地动身前往巴黎，他们认为作为哈布斯堡王朝解体后诞生的新国家，不应当独自承担战争赔款的责任，每个曾与奥匈帝国并肩作战的地区都应当分担一部分赔偿金额。但事与愿违，代表团很快发现他们的据理力争是徒劳的，坐在会场里的他们就像身处一座小宫殿的囚犯，周边是铁丝牢笼，根本没有人听取他们的意见。德国和奥地利的经济在战后双双陷入恶性通胀，奥地利克朗的价值一下子暴跌到战前的1/13 000。而此时，捷克斯洛伐克又对奥地利实行了煤炭禁运（奥地利共和国的煤炭主要依赖进口，其中99%来自奥地利帝国的其他各个地区）。内外交困之下，奥地利国内的供暖与交通行业遭遇了严重的能源短缺问题，间接加剧了粮食供应不足的问题。[21]

1919年，鲁迪·哥德尔搬到维也纳，开始在维也纳大学学习医学。饥荒和结核病扼住了这座城市的喉咙，斯蒂芬·茨威格曾凭着记忆描绘过在"一战"结束后的头几年里，维也纳的物资短缺究竟到了何种地步，他把这座城市称为"奥匈帝国毫无生气的灰色都城"：

> 在那个时期去维也纳，你必须按照到北极探险的标准做准备。一定要穿保暖的衣物，内衣也要穿羊毛的，因为谁都知道进了奥地利国境就没有煤烧了，尤其是在凛冬将至的时节。给自己准备一双合脚的新鞋，一旦穿过边境，你能买到或找到的就只有木头做的拖鞋。带上食物和巧克力，（边境官员）允许你带多少就带多少，这样你才能在没拿到面包和食用油的配给票之前，确保自己不挨饿。给行李上的保金越高越好，因为绝大多数行李车都会在半路上被洗劫一空，所以每只鞋、每件衣物都是不可替代的。[22]

维也纳和布尔诺之间的火车从前只需要行驶两三个小时，而后来往返两地的人则要颠簸11~15个小时。即便如此，鲁迪的父母仍然一有空就去维也纳看儿子，从富裕得多的捷克斯洛伐克给他带去食物和日常用品，让他不至于挨饿受冻。

战争债券的贬值致使鲁道夫的大部分积蓄都打了水漂，但捷克斯洛伐克快速回暖的经济让哥德尔家挽回了一部分损失。库尔特·哥德尔认为自己的家庭"还算比较富裕"，1920年，他的父亲成为国内第一批购置汽车的人，一家人每个周日都乘着一辆蓝灰色的克莱斯勒，由司机驾驶去乡间游玩。跟战前一样，哥德尔家还是会在每年夏天去奢华的旅游胜地避暑，比如曾属于奥匈帝国的玛丽亚温泉市、位于波希米亚西部山区的弗朗齐歇克矿泉村，以及位于亚得里亚海岸的奥帕提亚。根据鲁迪的回忆，他们的母亲"过着名媛般的生活"，经常到剧院看戏，和朋友一起去咖啡馆谈天说地，去火车站对面的大酒店吃晚餐，她还是音乐会的常客。

虽然鲁道夫的工厂很快就焕发生机，但库尔特和鲁迪两兄弟注定不会留在当地享清福，到维也纳去才会有光明的未来。捷克斯洛伐克的新政权让国内的德裔青年非常失望，它把从奥匈帝国独立出来作为宣扬自己合法性的主要理由，把在语言文化上压制从前强势的德裔当作自己的丰功伟绩，这导致大批对自己的未来产生怀疑的年轻德裔捷克人背井离乡。"我才是真正的维也纳人，"两兄弟的布吕恩老乡利奥·斯莱扎克在回忆往事时幽默地说道，"真正的维也纳人都来自布吕恩。"[23]

数学"不错"的库尔特

库尔特·哥德尔就读于福音派小学，在4年的学校生活中，他经常因为生病而请假。库尔特8岁时患了严重的风湿热，大病一场后，他一直认为自己的心脏受到了永久性损伤，机能无法完全恢复。在母亲看来，这场病可能是小儿子疑病症的诱因。几年后，他又接受了一次阑尾切除术,那场手术非常顺利,没有出现任何并发症。[24]

库尔特在学校取得了近乎完美的成绩,有一句俗语叫"样样拿第一的孩子",用它来形容库尔特真是再贴切不过了。在以 1~5 分来评判学生课业表现的福音派小学,他的成绩总是代表最高等级的"1"。在 1916 年 7 月颁发的小学毕业证书上,库尔特的每个大项都获得了最高评价("优异"),比如宗教、语言、算术,操行评定也是"值得表扬"。[25]同年秋天,他进入布吕恩当地的一所实科中学就读,这所中学的全名是帝国皇家国立德语实科中学。

实科中学是奥地利帝国 19 世纪教育改革的产物,是高中阶段的三种升学体系之一。在教育体制改革之前,所有奥地利帝国的高中生只能上文科中学,课程以经典内容为主,课业负担重,而且是考

布吕恩的实科中学(左),沿街远眺,可以看到雷德利希纺织厂的烟囱

取大学的唯一途径；另一种专科学校虽然也提供高中阶段的教学，但它主要在假期授课，并且以培养基本的写作、外语和数学能力为主，目的是培训店员、技工以及其他非学术或专职人员；实科中学与文科中学相似，也教授大学预科课程，但两者的区别是，在实科中学的课程设置里，科学和现代外语所占比重更高，拉丁语和希腊语则退居次要。

布吕恩的实科中学位于瓦夫拉大街上，沿斯皮尔博街向下山方向走10分钟即可到达实科中学。雷德利希纺织厂也在这条大街上，两者相隔几个街区。在一张当年拍摄的照片里，从中学门前的街角不仅能看到学校，还能清楚地看到背景中雷德利希纺织厂高耸的烟囱。

哥德尔在实科中学度过了8年时光，高中阶段的课程包括拉丁语、法语、德语、数学、物理学、化学、地理学，以及历史、博物学、徒手绘画和宗教。除此之外，哥德尔还选修了英语和加贝尔斯贝格速记法。[26] 在课余时间，鲁道夫还聘请了私教给两兄弟上英语课。

进入高年级后，库尔特没有上学校的捷克语课，而是上了一门速记课。在他的同学和朋友哈里·克莱佩塔尔的印象中，库尔特似乎是整个学校里唯一一个完全不会说本地语（捷克语）的学生，就连最简单的词语也听不懂。虽然哥德尔对捷克语提不起兴趣，但并不像母亲那样对它满怀厌恶和成见。许多年后，哥德尔还谴责过母亲对捷克人的态度，他在一封信里写道："您说得知我对斯拉夫人有好感让您备感震惊，但您讨厌他们的那些原因都是建立在偏见之上的，您在上一封信提到的事就是最好的例证。"（哥德尔母亲说的那件事是：在第二次世界大战期间，他们家花园里的几棵树被人砍倒了，她当时认定那是几个捷克人干的，但事后又承认其实是自家园丁的过失。）从哥德尔选修的课程可以看出，当时的他已经有离开故乡出去闯荡的念头了，虽然这一步他迈得并不大，但非常坚定。"他一直把自己看作奥地利人，"克莱佩塔尔说，"只是暂时流亡于捷克斯洛伐克。"[27]

哥德尔非常熟练地掌握了加贝尔斯贝格速记法，这在日后的方方面面都对他有所助益。这种速记法在奥地利帝国曾风靡一时，不仅速记员和店员会用，许多学者和专业人士也会在工作中使用这种高效且能兼容个人习惯的记笔记方法。当库尔特于1924年毕业时，教育系统宣布加贝尔斯贝格速记法不再有效，并代之以一种新的"统一"速记法，同时还废除了当时流行于德国和奥地利的其他几种速记法。不过，哥德尔与很多同时代的人一样，终生保留了使用加贝尔斯贝格速记法的习惯，他有很多个笔记本，里面记录了他的哲学思考、与朋友的谈话、潦草的数学证明和运算，当然还有一些个人化的想法和感受（比如，因为自我意识过剩而在社交时感觉不自在，因为发现自己的缺点而懊恼，对性的疑惑，为能否找到一个稳定的职位并实现学术抱负而焦虑）。

与帝国时期相比，犹太人对教育的推崇和热情丝毫未减。在犹太人仅占布尔诺德语人口10%的情况下，犹太学生（校方在每年的总结汇报里总是委婉地将他们称为以色列宗教信仰者）的数量占到了实科中学全体在校生的40%。

哥德尔在学校结交了一些亲密的犹太朋友，令人惊奇的是，他们后来全都奇迹般地挺过了"二战"。哈里·克莱佩塔尔去了布拉格，成为当地一家主流德语报纸《布拉格新闻报》政治版面的编辑。后来他因为公开批评纳粹而不得不逃亡到上海，在那里生活了9年，于

20世纪50年代搬到纽约,并重新联系上了学生时代的老友。此后,他加入了一个为犹太人争取战争赔偿的组织。[28]

阿道夫·霍赫瓦尔德是库尔特在校期间的棋友,他原本生活在一个人丁兴旺的大家庭里,但最终成了家族里唯一逃出纳粹魔掌的人。1939年,霍赫瓦尔德惊险地逃出生天,他先去了瑞士,然后返回布拉格,之后又逃到瑞士,并先后辗转于西班牙、葡萄牙、海地和加拿大,最终于1941年取道波士顿,经普莱西德湖到达纽约。此后霍赫瓦尔德一直以研究者的身份在一所州立结核病医院工作,最终因心脏病发倒在了工作岗位上,年仅50岁。霍赫瓦尔德生前还在联合国善后救济总署担任医生,他也和克莱佩塔尔一样,为帮助战后的纳粹受害者贡献着自己的力量。[29]

还有弗朗茨·洛·贝尔,他出身于一个富裕家庭,父母是成功的犹太工业家,从事纺织业和制糖业。贝尔有一个名叫格丽塔·图根德哈特的表亲,曾聘请德国建筑大师密斯·凡德罗为她设计了一栋现代主义风格的住宅,这座地标建筑至今仍矗立在布尔诺郊外。贝尔后来也到了纽约,从事亚洲艺术品交易。他很快就成了享誉世界的收藏家,还发表了许多关于中国漆器的学术文章,并且广受好评。

除了这几位挚友外,哥德尔的其他犹太同学就没有这么幸运了。"有人在筹办25周年的中学同学会,但没有几个人能来。"1949年,哥德尔伤心地对母亲说,"没来的人是不想来、来不了,还是已经不在了呢?霍赫瓦尔德对此非常悲观。"[30]

完美主义的执念自始至终都困扰着哥德尔的精神和心绪,这从他的学业成绩单里就可以看出端倪。他的每门功课都是"优异",除了中学一年级的数学成绩是"良好"。根据鲁迪的回忆,他的弟弟是

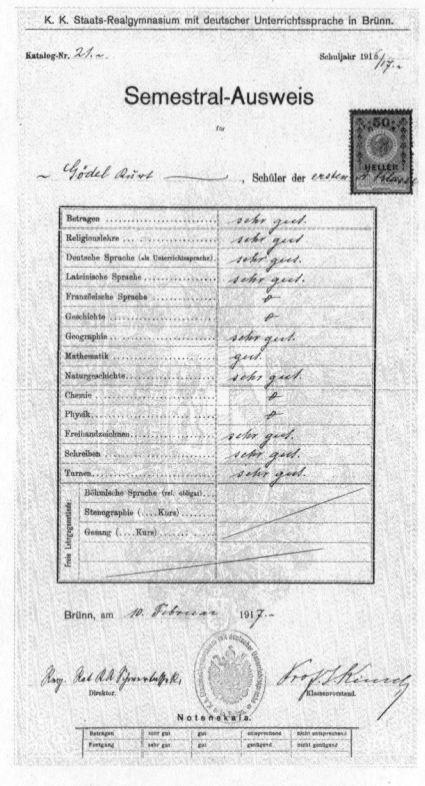

哥德尔11岁时的学业成绩单

学校历史上唯一一个在8年的拉丁语学习中没有犯过任何语法错误的学生,后来这成为学校里的一段佳话。

哈里·克莱佩塔尔曾告诉哥德尔的传记作者约翰·道森,他认为布吕恩的实科中学"不管是在奥地利帝国还是在捷克斯洛伐克,都是最顶尖的中学之一"。但哥德尔对此有不同的看法。有一次,母亲寄给哥德尔一本有关布吕恩的书,他兴味索然地说作者应该多介绍一下镇上的文科中学,至于"布吕恩的实科中学,写一个字都是多余!这所学校过去大概不怎么样,甚至有可能不光彩,单从我上学时候的情况看,我认为并非没有这种可能性"。[31]

不管怎么样,可以确定的是,哥德尔14岁时就已经沉迷于数学和哲学而无法自拔了。他自学了微积分和大学阶段的其他数学专业课,并在16岁时第一次阅读了康德的作品。[32]鲁迪认为,哥德尔在智力上的早熟或许"可以解释他当时为什么会被年长的女性吸引。还是一名高中生的弟弟跟比他年长10岁的女士打得火热,这件事在我们家里闹出了不小的风波"。在男女感情方面,哥德尔的抉择总是很大胆。

　　1924年，从中学毕业的哥德尔加入了德裔捷克人的移民大军，一心前往已经成为历史的奥地利帝国曾经的首都维也纳。他搬进了哥哥鲁迪的公寓，在距离维也纳大学5个街区的地方开始了全新的生活。

第3章

1924年的维也纳

有首无身的国家

"生活还要继续,权当躯干上的脑袋还在。"这是"一战"结束后弗洛伊德对奥匈帝国四分五裂的看法。许多维也纳人对自己生活的看法则刚好相反:首都还在,帝国却不然,他们生活的城市犹如一颗"失去了躯干的脑袋"。奥地利其他地区的居民自然对这种居高临下的认知不屑一顾,他们称帝国的都城为"积水的脑袋"。[1]

无论是好脑袋还是坏脑袋,都是失去了躯干的脑袋,维也纳的前途迷茫是所有人都不会否认的事实。和平的降临未能扫除卡尔·克劳斯所说的末日情绪,"一战"结束数年后,他发表了讽刺剧《人类最后的日子》。("如果用地球的时间算,这部剧的演出会持续大约10天,但在火星的剧院里,它的时长正好。"他在剧本的序言里如此解释道。)战争结束后,致命的大流感接踵而至,维也纳分离派的许多

第3章 / 1924年的维也纳

杰出艺术家（如古斯塔夫·克里姆特、埃贡·席勒和弗洛伊德的女儿苏菲）及24 000名其他奥地利人，再加上200多万欧洲人，都因此命丧黄泉。[2]

"我从小到大生活的维也纳仍极力把自己伪装成一座繁华包容的国际化大都会。"作家乔治·克莱尔回忆道，"但除去帝国表面的浮华光鲜，就只剩下丧气、贫穷和恐慌。巴洛克式石墙背后是阴暗潮湿的门廊，里面散发着煮烂的白菜与人身上的汗臭混合而成的酸腐气味，还有一种难以描述的人与人之间相互嫉恨的氛围。"政治前途未卜的不安定感弥漫在街头巷尾的空气里，朝野上下几乎所有人都认为缩水后的奥地利注定是一个无法存续的临时政权，终有一天要被并入德意志联邦，不过是时间早晚的问题，这种广泛的共识加剧了人们对未来的迷茫和不安。奥地利国内的恶性通胀把普通人一辈子的积蓄稀释得一文不值，流通纸币的面额加上了一个又一个零，让人感觉社会马上就要崩塌了。"根本没法谈价格，"德国物理学家马克斯·冯·劳厄在1922年访问维也纳时发现，"一句话还没说完，物价又涨了。"[3]

1924年，奥地利政府推动货币改革，以1∶10 000的汇率发行奥地利先令，取代了奥地利克朗。当时的维也纳政府由社会主义者主宰，与新货币政策一同公布的还有租金管制：维也纳所有房屋的租金都不受货币更迭的影响，原来是多少克朗，之后就是多少先令。房屋租赁市场是少数因恶性通胀而受益的行业。在著名经济学家卡尔·门格尔（Carl Menger）的儿子、哥德尔日后的良师益友——数学家卡尔·门格尔（Karl Menger）的记忆中，上述政策在一定程度上使"房屋变成了一种奢侈品"。维也纳大学周边有很多建于20世纪初的四层公寓楼，施工扎实、格调小资，哥德尔和鲁迪最初租住在弗洛里安巷42号,此后每年,两兄弟都会在附近的公寓楼间辗转,从一间屋子搬到另一间。除此之外,租金管制的另一个后果是,长久以来困扰维也纳的住房短缺问题变本加厉。面对回报丰厚的租赁市场,土地所有者失去了新建房屋的动力,也不想对已有的房屋进行必要的维护和保养。门格尔还险些因为年久失修的大楼而丧命:一块大约半吨重的外墙涂料从楼上脱落,掉到人行道上,差点儿砸中从那儿经过的门格尔。[4]

不过,到了20世纪20年代中期,"从前的乐观情绪再次在维也纳城蔓延开来。"门格尔回忆道。协约国提供的巨额贷款稳住了奥地利先令的面值,增加了奥地利独立的可能性,使其免于被并入德意志联邦。虽然从1920年开始,奥地利政府由一众基督教社会主义党派主宰(这些党派在农村地区一直拥有广泛而扎实的民众基础),但维也纳市议会仍由社会民主党掌权,并最终决定把偏向社会主义的维也纳从偏向保守主义的下奥地利邦中分离出来,成为奥地利的第7个独立邦。在他们划出的势力范围内,维也纳的社会民主主义者凭借手中牢固的政治权力,在维也纳推行了一系列循序渐进的改革政策,这个特色鲜明的历史时期就是为后人津津乐道的"红色维也纳"时期。以逐步增加的房地产税和奢侈品税为资金来源,维也纳的城市建设呈现出一幅社会主义的田园画卷:多个巨型住宅区的建成,解决了大约6万个工人家庭的住房需要,这些社区的配套设施都很完善,有洗衣房、日托机构和教室等;政府更是大力推动公共卫生和职业安全公益项目;此外,还出台了一项堪称典范的成人教育政策,旨在向公众普及文学、文化和科学知识,在大学教职稀缺的战后时期,这项举措帮助哥德尔的许多同事找到了工作。[5]

维也纳大学周围有各式各样的咖啡馆,数学教师们喜欢在这里

大学附近的长廊咖啡馆

闲聊。比如，紧挨大学的长廊咖啡馆（店名源于门口的长廊）夏天会为客人提供户外的餐位，让他们享受惬意舒适的时光；多走几个街区，可以去议会咖啡馆和装修华丽的中央咖啡馆；从中央咖啡馆再走几步，就到了赫伦霍夫咖啡馆，这里的家具极富新艺术风格，天花板上镶嵌着明亮的黄色玻璃，墙上有窗口式的壁龛，雪白的大理石桌面因为方便书写公式而广受数学家好评。赫伦霍夫咖啡馆的常客安东·库曾形容它"宽敞、明亮、华丽而热闹"，在欣欣向荣的红色维也纳城里，"弗洛伊德医生曾是赫伦霍夫咖啡馆的守护神"，他把政治和改革观点大相径庭的各路人聚集在这里喝咖啡。咖啡馆昔日的热闹景象又回来了，人们七嘴八舌地讨论生活或密谋各自的大事小情。赫伦霍夫咖啡馆的常客里不乏有名有姓的人物，比如小说家罗伯特·穆齐尔、约瑟夫·罗特和赫尔曼·布洛赫（哥德尔在维

爱因斯坦在维也纳，1921年

也纳大学数学系学习期间最晚入学的同学，他从小就对数学充满热情，人到中年时毅然决定放弃自己的事业，转投数学研究的怀抱）。咖啡馆里经常有年轻人聚会，他们大多专注于某个领域，隔三岔五聚到一起探讨问题。包括哥德尔在内的这群年轻人将在接下来的几年里不断进行学术上的切磋，并在这个过程中建立起深厚的情谊。哪怕他们当时大多羽翼未丰，但已有迹象表明其中一些人会跻身20世纪数学和科学哲学领域的顶尖研究者行列，比如卡尔·门格尔、鲁道夫·卡尔纳普、奥尔加·陶斯基、赫伯特·费格尔和阿尔弗雷德·塔尔斯基等。[6]

如果说当年的布吕恩就连空气里都飘着科学的气味，那么相比之下，科学已经完全渗入了20世纪20年代维也纳的血脉。公众对科学进步的热情不仅没有被战争和帝国解体的现实摧毁，反倒大有与维也纳历史更悠久的那些传统（包括音乐、戏剧和文学）齐头并进的趋势。1921年，阿尔伯特·爱因斯坦打算到维也纳举办一场关于相对论的公开演讲，民众热切的反应迫使主办方不得不临时更换场地，把原定在乌拉尼亚天文台（也是当地的公共教育中心）的一间有600个座位的报告厅举行的演讲，改到了维也纳大剧院的大音乐厅，这个音乐厅是城里最大的音乐厅，有2 000个座位。短短两天内，包括2 000个观众席位、额外增加的座位和站位在内的所有门票销售一空。根据事后本地报纸的报道，实际入场人数接近3 000人。[7]

数年后，卡尔·门格尔在维也纳也举办了一系列主题为"精确科学的危机与重构"的演讲，首次向公众介绍了哥德尔的不完备性定理，他由此成为最早公开阐释和支持该理论的数学家之一，并引起了相当热烈的反响。他在组织讲座过程中的遭遇与爱因斯坦类似：讲座的门票价格高到与著名的维也纳歌剧院的门票相当，但立刻被热情高涨的维也纳公众抢购一空。人们不仅热衷于戏剧表演，也对"是否存在无穷"或"直觉的危机"之类的科学话题来者不拒。正如门格尔所说："许多法律、金融和商业界的从业者，以及出版从业者、记者、医师和工程师，都对各个学术领域的研究进展有浓厚的兴趣。这些人的存在让维也纳形成了一种崇尚知识的氛围，我一直认为，世界上没有哪个城市能拥有如此良好的文化风气。"[8]

与盛产学术巨擘相对应，20世纪20年代的维也纳也是一个怪人、偏执狂、自大狂和阴谋论者扎堆的地方。比如，约瑟夫·阿道夫·兰茨原本是一名修道士，后来因为提出一系列性学和优生学理论而收获了众多追随者；尤其是他开创的"种族价值指数"，与此相关的小册子和书籍受众颇多，其中心思想是警告"德意志女性"要提防"满脑子只有原始肉欲的半猴们"。维也纳工程师汉斯·戈尔茨耶曾公开宣称，包括牛顿的万有引力定律在内的所有现代科学发现都是错误的理论，他认为掌控物理世界的本源的应当是电。另一位维也纳工程师汉斯·赫尔比格的怪异理论曾给阿道夫·希特勒留下了深刻印象，他主张"冰宇宙演化论"，在没有任何实证的情况下，赫尔比格断言整个宇宙的物质基础是"宇宙冰"。另外，他认为北欧日耳曼人是生活在北部极寒地带亚特兰蒂斯人的后裔。不要说普通的阴谋论和伪科学信徒,即便是博学多才的埃贡·弗里德尔也相信历史每2 100年就会轮回一次,一切事物都在循环里周而复始。不少从事严肃科学研究的人亦如此,比如哥德尔的导师、杰出数学家汉斯·哈恩,他认为可以把降神会等通灵现象纳入科学领域,并有必要对其进行严谨的研究。[9]

不管是真理还是谬论,稳居这股社会风潮中心的无疑是维也纳大学,它一如既往地在哲学、医学、法学和数学领域享有无与伦比的国际声誉。彼时,相对论和量子力学正在物理学领域掀起一场革命;马赫与玻耳兹曼的支持者将哲学的边界扩展到纯粹科学的范畴;在数学领域,数学家朝着最核心的问题一路高歌猛进,德国的数学

"哲学家的阶梯",位于维也纳大学主楼内

学科领头人大卫·希尔伯特认为，依靠"纯粹的推理"就可以解决每个数学问题。"在数学领域，"希尔伯特宣称，"没有什么是不可知的！"[10] 数学的堡垒眼看着就要被人类攻下了。简言之，如果能在这个时期到已有500年历史的维也纳大学读书，真可谓人生的一大幸事。

"没有人会关心你在 8 个学期里到底做了什么"

维也纳大学的新生突然发现，中学时代那种有人全天候督导的日子一去不返了。突然之间，学习成了一件自主的差事，不管是谁，一开始面对这种唐突的转变都会感到错愕不已。维也纳大学没有固定的培养课程，不布置需要评分的课后作业，不安排考试，在学生自行与教授建立起直接联系之前，甚至不会有人对他们进行任何形式的指导。"入学的时候，"陶斯基回忆说，"学校会给新生发两本小册子。小的那本是学生证，里面有学生的照片，在校期间必须随身携带……另一本用来记录学生注册的课程。虽然学校对最低完成课时有规定，但其实没人会费劲地检查学生到底有没有去上课。"所有人文和科学专业都归属维也纳大学的哲学院，而它只颁发博士这一种学位。学生在完成 8 个学期的课程后需要提出一个论点，如果该论点被认为具有深入探讨的价值，学校就会安排答辩，由两名该学生主修专业的教授、一名副课的教授和两名哲学系的教授组成答辩小组。"一般来讲，"陶斯基说，"只要能通过答辩，没有人会关心你在 8 个学期里到底做了什么。"[11]

1925 年秋季学期开学后，初来乍到的陶斯基很快就认识了比她早一年入学的哥德尔。两人都选了数理哲学导论这门研究讨论课，

那个学期该课程的主要内容是探讨伯特兰·罗素的新书《数理哲学导论》(德文版),由时年43岁的摩里兹·石里克授课,他对与哥德尔同时代的维也纳年轻学者产生了深远而持续的影响。

用她自己的话说,陶斯基个性上"严肃、勤奋",经历上"曲折、悲惨"。陶斯基出生于摩拉维亚的中部城镇奥洛穆茨的一个犹太家庭,该城镇位于布吕恩的东北部,两者相距约40英里。陶斯基的父亲总是鼓励女儿好好学习,在学校做个好学生。作为一名酷爱写作和学习的工业化学家,父亲恳切地希望自己的3个女儿能进入艺术领域,哪怕成不了艺术家也行。陶斯基从少年时代就喜欢上了数学,为它的浪漫和创造性而深深着迷。但在她上中学的最后一年,父亲突然离世,家里没有了收入来源,只能靠积蓄度日。关于前程,母亲认为最好的办法是让奥尔加像姐姐一样接手父亲的咨询业务,而且姐妹俩早早就在这方面显示出不俗的天赋。那个暑假,陶斯基偶然同一个家里的熟人聊了聊天,那位上了年纪的女士坦言她也曾梦想过研究数学。"但当年身不由己啊。"陶斯基记得那位女士当时是这么说的。她马上想到自己将来也可能会对其他年轻姑娘懊悔地说出同样的话,这让她觉得"无法接受"。于是,陶斯基决定坚持自己的选择。[12]

研究讨论课开始后的第二周,哥德尔第一次注意到专注的低年级同学陶斯基。当时,顶着一头深色短卷发的陶斯基鼓起勇气问了

第 3 章 / 1924 年的维也纳

一个关于几何定理与数论定理之间关系的问题。下课之前，石里克想找个学生把当天课堂上的讨论内容整理出来，在下次讨论开始前做一个总结报告，哥德尔略微迟疑后主动接下了这项任务。第三周上课时，哥德尔的开场白是："上周，有人问了这样一个问题……"不过他很快就知道了陶斯基的名字，并和她成了朋友。在陶斯基的印象中，虽然哥德尔"寡言少语"，但他总是热心地帮助其他同学解决数学问题，那些同学也"非常希望得到他的帮助"。"那时我一遇到问题，就会很自然地给他住的地方打电话。"陶斯基说。后来因为不同的职业选择和动荡的时局，二人时隔 10 年才再次在普林斯顿重聚，"但一切如故，我们还是好朋友"。[13]

哥德尔原本想研究物理学，在大学的前两年，他把每周的课程都安排得满满当当，如饥似渴地学习各种专业课程，比如电学理论、理论物理学、变形体力学、实验物理学、偏微分方程的物理学应用、物质运动论和相对论等。[14]

许多年后，哥德尔提到有两位老师促使他放弃了物理，转投更抽象的纯粹数学。[15] 第一位是海因里希·贡培兹，他在维也纳大学主讲一门介绍哲学主要命题的概论课程。贡培兹最为人称道的事迹是，数年前他在恩斯特·马赫决定回到维也纳这件事上扮演了关键的推手角色。海因里希·贡培兹的父亲西奥多·贡培兹是一位出生于布吕恩的犹太人，在维也纳大学担任古典文学教授。西奥多不屑于继承家里的银行生意，于是弃商从学，最终成为希腊哲学领域当仁不让的权威人士。海因里希十分钦佩马赫并称其为"科学精神的化身"，他曾劝说父亲支持哲学院聘请这位物理学家的决定。[16]

不过，真正让哥德尔的天平发生倾斜的是魅力非凡的菲利普·富特文勒。这位自学成才的数论学家开设了一门大课，吸引了

400名学生来听课,远远超过了讲堂的座位数量。菲利普·富特文勒的一位堂兄弟是知名的交响乐指挥家,也许冥冥之中有着某种联系,他天生就是一个台风出众的老师。虽然他身体有残疾,必须在手杖和两名助手的帮助下才能走路,但这种思想和躯体间的反差给他的教学平添了几分抓人眼球的戏剧感。讲台上的菲利普·富特文勒能够滔滔不绝地脱稿讲课,他的助手则同步在黑板上书写演算公式。奥尔加·陶斯基有时也会客串富特文勒助手的角色,据她所说,这项任务极具挑战性。[17]

菲利普·富特文勒

数论是数学的分支之一,它的研究对象是数学最基本的单位。比如整数及整数之间的关系。它研究的问题包括:如何确定一个平方数(比如4、9、25)是不是另外两个平方数之和?形如N^2+1的质数是否有无限多个?每个大于2的整数是否都能被表示成两个质数之和的形式?数论探讨的都是与整数性质有关的问题,算得上是最基础的数学领域。

虽然有志投身物理学,但从哥德尔后来选修的课程和进行的大量

学生时代的哥德尔

第 3 章 / 1924 年的维也纳

课外阅读来看,他已经深深陷入了数学和哲学领域。哥德尔会在笔记里做自我批评,罗列出他的想法的错误或与他人的谈话中犯下的错。1937—1938年是哥德尔人生的关键转折期。其间他在笔记本中用加贝尔斯贝格速记法进行了反思,痛斥自己干什么都"浅尝辄止"的毛病:

> 你干什么都是草草了事(不够持久),尤其是在掌握知识(学习)方面。如果是你想严格论证的命题,你就得把它们写到笔记里,然后决定(必须是透彻且有条理地)哪些是要记在脑子里的……
>
> 评论:对他人价值观的依赖(比如崇拜他人等)部分源于对自我价值观的不自信。[18]

与其说是懒散懈怠,不如说这种自我审视的姿态反映了哥德尔追求完美的性格。但凡与哥德尔共过事的人,都会惊讶于他渊博的学识:无论是同班同学如何苦思冥想也解不出来的数学题,还是他对爱因斯坦广义相对论公式颇具新意的论证,抑或是曾经无解的集合论基础命题,甚至是他出于好奇而涉足的领域(比如经济理论、烟雾形成的统计学规律、黑格尔的哲学著作等),只要是哥德尔想认真对待的问题,他都能取得丰硕的成果。哥德尔还孜孜不倦地阅读了《世界年鉴》,把大量的地理事实和政治事件熟记于心。总之,没有一个认识哥德尔的人会评价他是求多不求精、做事不能持之以恒的人。[19]

事实上,哥德尔从高中时代就迫不及待地自学微积分和康德哲学,他确信自己有能力独立弄清楚各种各样的事物。刚上大学,哥

汉斯·哈恩

德尔就开始读一些艰深晦涩的书，并从物理学研究的实体世界一点点进入了纯理论的抽象之境。哥德尔不仅通读了欧几里得、欧拉和拉格朗日的数学经典著作，也会阅读最新的研究成果，比如偏微分方程和康德的《自然科学的形而上学基础》。[20]

出于务实的考虑，哥德尔在大学期间也上了很多备战"教师资格考试"的课程。教师资格考试在德国是一种难度极高的考试，从某种程度上说，想在奥地利当上一个文科或实科中学的老师，比攻读博士学位还折磨人。哥德尔的大学时代正值奥地利经济非常不景气的时期，许多极有天赋的人最后都去中学当了老师："一战"到"二战"期间，如果不去中学教书，很多博士毕业生根本找不到谋生的出路。哥德尔在大学的前6个学期一丝不苟地完成了报考物理学教师资格必修的课程，比如实验室培训、历史、教育学理论、数学教学、儿童心理学，还有校园卫生学。虽然只是一条备选的后路，且他已经做出了从物理学转向数学研究的重大决定，但哥德尔仍一丝不苟地完成了眼前应当完成的课程。

哥德尔最终是在1926—1927学年伊始做出了主攻数学的决定。大约10年间，一小群人聚在一起进行学术交流的现象蔚然成风，不断涌现的新哲学思潮使维也纳成为世界上最令人心驰神往的学术之都。这股潮流的中流砥柱之一正是哥德尔的答辩导师汉斯·哈恩，哈恩的身边聚集着许多才华横溢的年轻思想者，充沛的精力和创造的欲望让他们之间的碰撞迸射出耀眼的火花，最终推倒了横亘在哲学和科学之间的高墙。如果不是哈恩的小圈子，就不会有那么多人注意到路德维希·维特根斯坦及其惊世骇俗却发人深省的哲学理论，更不会出现用自己的思想反哺他人的杰出学者，比如提出可证伪性的卡尔·波普尔和提出不可证明性的哥德尔。"有关谋杀和自杀的传闻，有关恋情和失恋的八卦，有谁受了政治迫害，有谁有惊无险地脱身，维也纳就像一个包罗万象的万花筒，任何话题都能在各种圈子里找到它的一席之地。"数学家、史学家卡尔·西格蒙德写道，"但主流永远是人与人之间的激烈争论。"[21] 很少有哪个城市能像维也纳这样，无所不包却又硕果累累。

从学生时代开始，哈恩就产生了一种把严肃的哲学研究与自己感兴趣的数学分支领域联系起来的渴望。"我不是个多愁善感的人，"1909年，他在寄给大学时代的同窗老友保罗·埃伦费斯特（身在圣彼得堡）的信中写道，"但面对你这位远方的老朋友，我不得不承认，每当我读到亚里士多德的哲学思想，都深深地为其博大精深所震撼。不过，对他的形而上学思想，我只能浅尝辄止，却没有机会深入思索它的精髓，实在懊悔不已。"[22]

写这封信的时候，哈恩也身在远离维也纳的地方——切尔诺维茨大学，这是他从维也纳大学毕业并完成博士后研究后得到的第一份教职。切尔诺维茨是布科维纳的首府，在奥匈帝国的最东端，从维也纳出发要坐26个小时的火车才能到达。动身前，好友们在维也纳的一间咖啡馆里为哈恩举办了欢送会，他意气风发地向所有人保证自己将以维也纳大学教授的身份荣归，到那时他们这群"咖啡厅哲学家"就又可以聚在一起探讨问题了，他还会邀请一位真正的

"大学哲学家"加入他们的行列,帮助他们梳理想法、解答问题。[23]

10多年后,哈恩在母校的数学系争取到一个教职,实现了当年誓言的一半。第二年,也就是1922年,他利用自己身为教授的影响力,把摩里兹·石里克也请到了维也纳,填补了哲学院的一个教职空缺。就这样,石里克成了他们寻觅多年的"大学哲学家",哈恩也全部兑现了自己离开维也纳时立下的誓言。摩里兹·石里克是爱因斯坦的亲密合作伙伴,也是恩斯特·马赫经验主义传统的继承人;他的加入让哈恩终于有了深入思考哲学命题的机会。哈恩发现自己身处的圈子对哲学命题的探讨十分离经叛道,没有抽象的概念,也没有生僻的术语,完全颠覆了德语圈子"遗世独立、自命不凡"的哲学风气,并认为知识的唯一来源就是现实世界的经验。"任何凭借纯思维得到的知识,"哈恩说,"于我而言都显得太过神秘而不可捉摸。"[24]

回到维也纳没多久,哈恩就开始废寝忘食地研究符号逻辑学,他认为这是哲学命题在严谨的逻辑范畴内立足的基础,能够帮助其摆脱因为缺乏精确性而难有进步的困境。哥德尔在大学的第一学期上过哈恩的一门关于伯特兰·罗素的研究讨论课,课程的主要阅读材料是《数学原理》,这套由罗素及其恩师阿尔弗雷德·诺尔斯·怀特海合作完成的巨著阐释了逻辑命题是所有数学命题的本源。哈恩不仅认为罗素的这部著作探讨的完全是哲学问题,而且敢于公开发文,声称总有一天罗素将被奉为最重要的哲学家之一。但当时,整个欧洲其实没有几个搞哲学研究的人读过罗素的作品。[25]哈恩在哲学研究方面的独到眼光与不落窠臼由此可见一斑。

哈恩不但在学术观点上与罗素惺惺相惜,两人的政治观念也很接近,都秉持着"左倾"的和平主义价值观。哈恩曾在奥地利军队服过役,上过战场,也受过重伤。1915年,在意大利前线作战时,

第 3 章 / 1924 年的维也纳

一颗子弹打穿了哈恩的肺。当时切尔诺维茨已经落入俄国之手,导致退伍后的哈恩没了着落。1917年,他接到任命前往波恩大学,但很快因为散发反战传单而成为众矢之的。同一时间在英格兰,罗素因为煽动反战情绪而被判在布里克斯顿监狱服刑6个月。虽然要忍受牢狱之苦,但事后罗素称这是一段"从很多方面看都相当惬意"的时光,他充分利用这段不自由却无人打扰的时光撰写了新书《数理哲学导论》。[26]

20世纪初,数学和哲学领域都弥漫着积极的气息,哈恩好似这种乐观气氛的缩影。卡尔·门格尔是哈恩指导的1924届博士毕业生,他形容自己的老师是"一个身体强壮、性格外向、口齿清晰且嗓音洪亮的人"。卡尔·波普尔一直因为哈恩当年对微积分的透彻讲解而心怀感激,多亏了哈恩,他才能牢牢地掌握这门课,在波普尔眼里,哈恩是"一个十分自律的人"。[27] 同富特文勒一样,哈恩的每堂课都经过精心准备。"我从未在他处见过那样的教学方式,"门格尔说,"他总能引导学生在不知不觉间一步步地深入,往往听了一个小时后,大家才会突然反应过来他已经讲完很多内容了。"除了拥有极高的教学天赋,哈恩还具有吸引天才的特质。用门格尔的话说,哈恩"透彻的批评、对观点清晰的阐述和高超的呈现技巧",使他成为一座火箭发射平台,许多青年才俊都是在他的帮助下一飞冲天的。[28]

哈恩的学生库尔特·哥德尔也以相似的特质影响着他周围的人,在他们的印象中,哥德尔对他探索的问题总是"力求精确",并能从复杂纷乱的事物中梳理出头绪。许多年后哥德尔告诉他的哲学家朋友王浩(Hao Wang),正是这种"对精确性的追求"才促使他在1926年从物理学领域转到了数学领域。1949年,好友奥斯卡·摩根斯特恩发现,哥德尔当时的一项关于相对论的研究震惊了学界,于是他在日记里写道："每个人都为他在物理学上的深厚造诣而感到惊讶。他们不知道这其实是他的老本行，只不过对他来说物理学的逻辑混乱不堪，所以他才转了专业。这是几年前哥德尔亲口告诉我的。"研究方向从物理学转到数学是哥德尔在学术上背离马赫、哈恩和石里克等经验主义前辈的征兆，他深信并不是所有事实都依附于经验主义，一些更动人也更经得起推敲的真相很可能隐藏在抽象的概念中。而要找到它们，仅凭有形的感官是不够的，还要借助纯粹的思维。[29]

哥德尔的某本笔记本里的一段话尤其能够反映上述心路历程，他反思了自己为何对追寻科学和生命的本源如此执着：

> 显然，我不擅长也不喜欢组合式思维（比如棋牌游戏），我真正拿手并且感兴趣的是概念式思维。我向来只在意事物运行和发生的原理（而不是它们实际发生的过程和结果）。因此，我应当专心研究科学（还有哲学）的基础问题，不仅是物理学、生物学和数学的基础问题，还有社会学、心理学、历史学（世界、地球、人类史）……我感兴趣的一直是以更凝练的概念和更广泛的规律解释各种日常生活现象，换句话说，我想研究的其实就是物理学。

"于是他转到了逻辑学领域，"摩根斯特恩在旁边加了一条调侃的批注，"结果发现逻辑学一样缺乏逻辑！"即便如此，对哥德尔来说，现实世界的纷乱时常让他充满焦虑，数学领域的纯粹逻辑不啻一剂凝神静气的良药，除了美好的童年时光，成年后没有什么其他东西能让哥德尔产生这样的安全感，所以他时常感怀小时候的日子，想念从前的岁月。多年之后，已届59岁的哥德尔阅读了他小时候喜欢的童话故事，并在寄给母亲的信中落寞地写道："您曾说童话故事在所有艺术形式里堪比绿洲，您是对的。因为它们总在探讨事物的应然，赋予世界原本的意义。相比之下，悲剧是为了凸显英雄的壮烈，喜剧则是在强调事物的荒谬（进而凸显它们的糟糕之处）。"[30]

希尔伯特的号召

奥尔加·陶斯基当然不是唯一一个向往成为数学家的人。赫尔曼·布洛赫本是一名富家子弟，因为家族产业兴旺发达，他每天只能不情不愿地帮忙料理纺织厂的生意。在这样的情况下他创作了人生中的第一首诗《数学的玄机》，字里行间洋溢着他对数学连接万物真理的敬畏之情：

　　无砖无瓦，有灵有形，
　　雕栏玉砌，拔地而起；
　　上至九天会繁星，
　　光耀大地渺神明。

1933年，布洛赫重拾数学和哲学研究已经有5年时间了（其间他上了很多库尔特·哥德尔也修过的课程），这一年他完成并出版了《未知量》，同罗伯特·穆齐尔的《没有个性的人》一样，这部小说的主人公也是一位数学家。书中还有一个人一直在质疑主角的信念，他不明白数学到底有怎样的魅力。主人公为了形容数学的美丽和强大，用复杂的纺织打了一个比方："数学于我而言意味着什么？它是光芒万丈的现实事物的相互交织,闪耀着熠熠光彩无限延伸,而平凡的我们只能靠触摸一个个线头去勉强感受它的伟大。没错,数学就是这样,一块工艺超凡的宇宙绫罗,一匹映射世界的华美绸缎。只有通过数学,人类才能抓住现实的本质。"[31]

布洛赫在这本小说里还把数学比作一个肉眼看不见的平行世界,但数学在他眼中如同上帝在信徒眼中一样触手可及。这段叙述看上去更能得到库尔特·哥德尔的认同,却会让凡事都讲求物理体验与经验主义的哈恩不以为然:

> 在他耕耘和探索的数学世界里,充斥着各种各样的代数符号、纯理论的数组关系、小到无穷小或大到无穷大的视角,相较于实实在在的现实世界,这些充其量是描绘事实的粗糙言辞。至于人类呕心沥血构建的物理学,虽然它有严谨精妙的实验,以及一整套用于量化实验现象的计算规则,但总体上它只能算作数学众多分支中的一个。数学的目的是探究隐藏在现实世界表象之下的统一规律,它们超越现实本身,放之四海皆准,但又见诸万事万物、一叶一花,无处不在。相比之下,作为一种理论科学的物理学则显得狭隘和不充分。[32]

大卫·希尔伯特是当时德语文化圈中当仁不让的数学领头人,而且敢于公开承认自己对数学的热爱。希尔伯特喜欢给别人讲述一个曾经放弃数学的学生的故事。"那个学生姓施密特,他不具备研究数学所需的想象力。"希尔伯特不无挖苦地评价道,"现在他成了一名诗人,对他来说也算不错的出路了。"[33]

1900年,希尔伯特在巴黎举办的第二届国际数学家大会上发表了一场著名的演讲，直抒作为数学家的浪漫情怀，并对数学在新世纪的前景进行了乐观的展望，仿若布洛赫笔下那位富有诗意的数学家：

我们当中有谁不乐见那块遮掩数学未来的面纱被掀起，从而一窥下一世代的科学会有怎样的进步，以及如何实现这些进步！……

无论这些目标看上去有多遥远，也不管眼下我们在这些问题面前显得多么无助，我们心里都明白，所有命题最终均可通过有穷步的纯粹的逻辑推理得到解决……这种任何命题都可解的信念是对数学工作者的巨大激励。我们听到了来自内心深处的声音：问题就在这里，去寻找它的答案吧。你可以用纯粹推理的方法解决任何问题，因为在数学里没有什么是不可知的……

数学源于人类精确认知自然现象的需要，数学理论源于自然科学且自成一体，这是它作为一门学科从诞生之日起便拥有的特质。数学是最有可能帮助人类完全认识自然的学科，希望在新世纪能有更多人不负韶华地投身其中，从而涌现出更多热情积极的学科领头羊。

随后，希尔伯特向听众发出挑战，他罗列了10个尚待解决的重要数学问题，号召大家努力攻克它们。第二年，当希尔伯特的演讲稿付梓之时，清单上的问题数量增加到23个。希尔伯特在演讲时还劝诫与会的数学家，不要把数学当成一种只有专业学者才有资格探讨的东西；数学应当像艺术和音乐一样，任何感兴趣并为之努力的人都可以享受它带来的乐趣。他对在场的所有数学家说道："除非你在街上随便拉一个人都能把一个数学理论给他解释得清清楚楚，否则这个理论就不能算作研究透彻的完备理论。"[34]

他总结说，数学的永恒之美在于它的内涵不会枯竭。每种解法都是一颗孕育新想法和新问题的种子，结论催生问题，问题又催生结论。

希尔伯特凭借一己之力，让哥廷根在长达40年的时间里稳居世界数学之都的位置，他培养的很多学生都成了各个领域的骨干，并时常在不同国家的同行之间发起极具启发性的挑战，这一切都让希尔伯特的数学研究如英雄史诗般伟大。除了出众的学术和教学能力，希尔伯特还是一个热爱生活、精力充沛的人，与人们对数学家孤独木讷的刻板印象截然相反。当然，希尔伯特偶尔也会有意志消沉、情绪低落的时候，不过这是绝大多数优秀的数学家必须付出的代价。他的同事理查德·库朗曾评价说："我认识的优秀科学家几乎都会经历类似的深度抑郁。"关于希尔伯特遭受的周期性低潮，库朗写道："对像他一样多产的人来说，生活中总有陷入困境的时候，让他觉得自己大不如前了。这无异于巨大的打击。"[35]

但总体而言，乐观是希尔伯特性格的真正内核，正如玩世不恭是他的生活态度一样。夏日炎炎，身为教授的他却喜欢戴着一顶时髦的草帽、穿着短袖出门；他还喜欢跳舞和参加派对，热衷于跟年轻的女性搭讪，跟她们聊与数学有关的话题。45岁那年，童心未泯的他第一次骑上了新潮的自行车。另外，只要条件允许，希尔伯特就会在自家的花园里办公，还在邻居家的墙上挂了一块大黑板。"如果你一转眼找不到教授了，"他家的女佣会指着花园对来访者说，"没准儿他正在哪棵树上呢。"[36]

希尔伯特出生于柯尼斯堡，这座位于普鲁士最东端的前哨城市即便在康德去世一个世纪后仍保有他的精神和意志。希尔伯特在成长过程中经常看到康德的那句墓志铭：有两种东西历久弥新，令人敬畏。一是头顶的璀璨星空，仰之弥高；二是内心的道德法则，钻之弥坚。[37]

1928年9月，哥德尔的两位导师汉斯·哈恩与卡尔·门格尔前往意大利波隆那参加四年一度的国际数学家大会。从多个角度来看，这次会议都意义非凡。1916年，国际数学家大会因为第一次世界大战而停办。战争结束后，组织和管理该会议的法国人依然无法与"一战"中的敌国冰释前嫌，在他们的影响下，1920年和1924年的两届大会均禁止德国、奥地利的数学家出席，于是1928年的大会就成了这两国学者的首次回归。

当然，并不是所有人都能欣然接受这扇重新打开的大门，一些德国数学家对被前两届大会拒之门外的遭遇仍耿耿于怀，余怒未消的他们强烈要求自己的同胞拒绝参加这届大会，以示抗议。但希尔伯特对他们的愤恨不以为意，还以个人名义组织了一个包含67名德国数学家的代表团前往波隆那。为了表达和解的善意，就像28年前的巴黎大会那样，主办方特意邀请希尔伯特为大会致开幕辞。希尔伯特在演讲稿里写道："数学是不分种族的……就数学而言，没有文化和国家的区别。"当希尔伯特率领的德国代表团走进会场时，在片刻的鸦雀无声后，所有与会听众自发起立，会场里随即响起热烈的掌声。[38]

在号召抵制此次大会的人当中，荷兰数学家鲁伊兹·布劳威尔是最卖力的一个。不只是对参加数学大会的态度不同，早在大会之前，他与希尔伯特就已经因为在"数学证明"概念上的根本性分歧而水火不容了。"一战"结束后没几年，国际数学联合会陆续发布了一系列反德声明，而布劳威尔公开呼吁联合会撤回这些言论，并要求终结国际数学联合会在国际会议和事务中的官方地位。布劳威尔好斗的言行让希尔伯特火冒三丈,后者强硬地通知布劳威尔两人之间再无合作的可能。随后,希尔伯特将布劳威尔从知名期刊《数学年鉴》的编辑部中除了名。可想而知,此举进一步加深了两位学科带头人对彼此的憎恶。[39]

在演讲的最后,希尔伯特一如既往地向与会的数学同行提出了一系列新问题,这些问题都与当时困扰数学界的"动摇根基的危机"有关。希尔伯特在演讲里把它们称作"为数学奠定基础的问题",他认为只要解决了这四个问题,数学就可以拥有无懈可击且不可动摇的理论基础。[40]

前两个问题旨在建立数学系统的"自洽性",也就是消除数学理论相互之间的矛盾。第三个问题涉及以完备性为前提的衍生性质,即同一系统内所有为真的陈述都可以由该系统包含的基本公理推导得出。第四个也是最后一个问题是,证明逻辑系统的基础——一阶逻辑或谓词逻辑——的完备性。至于为何要解决这几个问题,希尔伯特的解释是,这样就可以"一劳永逸"地排除任何对数学基础理论可靠性的质疑,未来的数学家只需放心大胆地把精力全部放在推理和寻找新成果上。讲到这里,希尔伯特环顾四周,然后对"有志投身于数学研究的年轻数学家"说,想要完全解决这些具有里程碑意义的问题,需要他们"通力合作"。[41]

22岁的哥德尔没有浪费分毫的时间,立即着手解决这些问题。不到6个月,他在博士毕业论文答辩中解决了希尔伯特提出的第四个问题。更令人震惊的是,哥德尔在一年后证明了试图解决前三个问题的努力是徒劳,这个研究成果最终确立了他在数学界的地位,也颠覆了数学家此前的期望——构建一个兼具自洽性与完备性的数学理论系统。

"熊窝"

对维也纳大学哲学院的大多数人来说,汉斯·哈恩对不食人间烟火的哲学提出的批判并没有预示着新时代的来临。20世纪20年代,他们加剧了奥地利的政治裂痕,前仆后继地冲在反闪米特的第一线,在这些人眼里,哈恩的做法不是在推动学科前进,而是在砸他们的饭碗。卡尔·西格蒙德曾对哈恩、石里克及其不断壮大的门徒圈子有一个非常精准的评价:他们是生活在一个右翼国家的一个左翼城镇的一所右翼大学的一群左翼学者。哈恩身为一个犹太人,但在当时的时局下却敢于直言,这自然引来了许多保守者的口诛笔伐。由于学院里思想保守的学者横行,他们依仗在舆论方面的主流地位,立即给任何与保守主义价值观及传统习俗相悖的想法扣上"犹太"和"不德国"的帽子。在这样的状况和风气下,实证主义、心理动力学和经济学中的边际效应理论都成了保守主义者针对的主要对象,他们指责这些学说是"个人主义"的歪理邪说和反国家主义的"犹太科学",并认为这些学说对老一辈人口中浪漫的"整体论"思想贻害无穷。[42]

在维也纳大学法律与政治科学学院任教期间,卡尔·门格尔提出了革命性的经济行为学理论。而此时该学院的负责人是经济学家奥特马尔·施潘,他不仅是一个极端民族主义者,而且公开指责所有关注个体需求和意愿的研究,称其为"不德国"。除了保守主义者外,维也纳大学里的另一股主要力量是"基督教世界观"的支持者,在他们看来,哲学家唯一能研究的领域就是哲学史。[43] 1927年出版的一套旅行丛书《比贝德克尔还好的旅行指南》中有一本是关于维也纳的,这本书里有一个名为"入乡随俗,见怪别怪"的栏目,它给游客的建议之一是不要做任何"太有趣或太独特的事,否则你马上就会被当作是犹太人"。[44]

奥地利的大学一直以来都是滋生和供养德国民族主义、反闪米特主义的温床。历史学家布鲁斯·波利说:"正是奥地利各地的大学洗白了反闪米特主义。"从19世纪70年代,奥地利的大学生纷纷加入了追捧德意志相关事物的兄弟会。他们总是咋咋呼呼、吵吵闹闹,到处寻衅滋事,喝得烂醉如泥,鼓吹军国主义,并以这些行为为荣,而以议会民主制度、自由主义和自由放任的资本主义为耻。当时许多人都是高举"新科学"大旗的反闪米特主义的拥趸,他们觉得犹太人身上有许多令人厌恶的特征,并认为这是犹太种族的天性。[45]

进入20世纪20年代,中产阶级的不安情绪点燃了奥地利的反闪米特主义,并迅速在大学里云集。许多去上大学的年轻人都是小商人和手工艺人的儿子,他们通常是家族里第一个考上大学的人,并且一心想成为政府公务员或大学教授。而他们面对的却是政府日益收紧的政策、居高不下的失业率、用力过猛的大学扩招,以及相比其他行业竞争尤其激烈的学术岗位。社会学家马克斯·韦伯在1917年发表的一次演讲中就警告说,任何人都想在科学界搞学术的风气是一场"失智的灾难"。而对于犹太学生,韦伯说给他们的唯一建议就是那句刻在但丁地狱之门上的话:放弃所有希望。[46]

接下来的几年,情况变得越来越糟。维也纳大学里有影响力的组织纷纷将矛头指向各个院系的犹太学生,对他们的恫吓威胁屡见不鲜、愈演愈烈。1923年,一个名为德意志学生联盟的组织要求把图书馆里犹太人写的书全部贴上"大卫之星"的标志。维也纳的《新自由报》曾刊登过一篇报道,称到维也纳大学的主建筑群附近走走,随处可见反闪米特主义者和宣扬仇恨的文学作品,比如臭名昭

反闪米特主义者袭击学校的解剖实验室,学生们不得不四散躲避

著的阴谋论作品《锡安长老会纪要》(在大学校长的许可下,可以堂而皇之地公开售卖)。德意志学生联盟草拟了一份黑名单,罗列出"不受欢迎"的教授,并以传单的形式分发给在校学生,警告他们不要选报这些教授的课。"整个大学充斥着该死的自由主义,犹太化的趋势越来越明显",对这种现象深恶痛绝的德意志学生联盟发表了一份题为《种族与科学》的公开声明,号召所有人抵制声明中罗列的200位犹太裔和自由派教授,其中包括西格蒙德·弗洛伊德、法律学家和奥地利共和国宪法的起草者汉斯·凯尔森,卡尔·门格尔和摩里兹·石里克也赫然在列。[47]

由德国学生组成的兄弟会经常开展反犹太运动且乐此不疲,这种"传统"可以追溯到1875年,他们尤其喜欢针对犹太学生占比极高的医学院,把医学生和医学实验室当作重点攻击目标。如果说从前只是小打小闹的骚扰，此时已然升级成了暴力事件。医学院的解剖学研究所是暴徒们的核心目标之一，时任所长尤利乌斯·坦德勒是红色维也纳时期全市公共卫生体系建设的主要推动者。1927年，一群德意志民族主义学生袭击了解剖学研究所，导致该所数名学生身受重伤，多间教室被毁。但这只是一系列暴力活动的序曲，接踵而至的袭击逐步升级，暴徒们甚至用上了指虎、鞭子、长刀和铁棍等凶器。[48]

频繁发生的暴力事件导致大学经常停课或关闭，严重扰乱了教学秩序，但学校的管理层默许甚至公开支持学生们的反闪米特运动，每次只是发表一份不疼不痒的谴责声明敷衍了事。除了天主教和德意志民族主义之外，另一股在大学教师和行政人员中占主流的意识形态力量是日耳曼共同体，它发誓要与所有"无政府主义倾向"斗争到底。虽然极其隐晦，但谁都知道他们其实指的是自由主义者和犹太人。从1920年起，奥地利的历届教育部长不是保守的教会领袖，就是德意志民族主义者，甚至还有纳粹分子。维也纳大学的校长一职虽然采取的是每年从各个学院轮流抽调的选拔制度，但当选者也是上述几类人。其中，温泽尔·格莱斯帕赫是一名法学家，后成为纳粹分子，他任校长期间推动颁布了"限额条例"，顾名思义就是限制犹太学生数量的政策；后来，奥地利的宪法法院废除了该条例，却在拥护德意志民族主义的学生中间引发了新一轮暴动。[49]

在如日中天的社会活动背后，隐藏着效率更高的反闪米特勾当。一些位高权重的哲学院教授组建了小圈子，相互勾结和袒护，阻挠学院聘用犹太和左翼教师，以此阻断他们的学术之路。哲学院的古植物学家奥瑟尼奥·亚伯笼络了该院的18名教授，他们总是在生物系的一间小教室里见面开会，由于那里面摆放着各种动物的骨架和标本，所以这个小型私密团体就有了一个外号——"熊窝"。在寄给一位天主教牧师朋友的信中，亚伯自吹自擂地写道："我们的反闪米特团体业已党坚势盛，能有这样团结的组织，我功不可没。虽然我为此花费了许多时间和精力，还将付出更多心血，但我坚信这份事业的重要性很可能不亚于著书立说。"[50]

"熊窝"

这个"党坚势盛"的小型团体曾为了把摩里兹·石里克扫地出门而要求校方调查他是不是犹太裔（结果他并不是）。虽然石里克有幸逃过一劫，但石里克的学生和门徒就没这么幸运了，任何犹太学生都无法在哲学院取得教职，许多犹太毕业生的论文答辩也无疾而终。哈恩和石里克的哲学小圈子里有一个学习数学、哲学和物理学的学生，名叫埃德加·齐尔塞尔，他就是在这个圈子里结识了哥德尔。齐尔塞尔不幸成为最早落入"熊窝"的受害者之一，他的教授资格论文（只要通过就可以获得大学授课资质的博士后答辩）被答辩委员会以"论述过于片面"、不是一篇合格的哲学论文为由驳回。[51]

哥德尔总是谨言慎行，很少向别人透露与数学无关的个人想法，也极少谈论自己的政治观点。他对绝大多数事情都持中立偏左的态度，而且多半放在心里，就连发生在校园里的动乱他也极少做出评价。但是，这种对政治浪潮敬而远之、退避三舍的处世态度并没能让他在10多年的暴力运动和极端政治环境中明哲保身、置身事外。哥德尔认识许多进步派人士和犹太裔学者，仅此一点就足以让他在当时的奥地利举步维艰：所有意识形态上的对立方都被视作敌人，而所有敌人都要被消灭。

民众袭击司法宫，1927年

维也纳大学里危险的认知裂隙是整个奥地利政治分裂的缩影，社会民主主义者与基督教社会主义者对奥地利的未来有完全不同的认知和规划,两者之间存在着难以调和的根本分歧,于是两大政治力量的博弈日益朝着逼迫对方就范的强硬方向发展。两党各自建立了出于"自卫"目的的准军事组织,擦枪走火、街头械斗的发生只是时间问题。1927年6月,维也纳大学的德裔学生又发起了一场暴动,学校再次临时关闭。此后不久,引爆奥地利政坛的导火线出现了。事件的起因是保安团的几名右翼民兵在维也纳东部的一个小村庄袭击了正在开会的保卫联盟及其支持者,导致一名儿童和一名残疾的退伍军人死亡。7月14日,3名被控谋杀的当事人在维也纳接受审判,陪审团却判决他们无罪并当庭释放。次日,大批工人涌上街头,主政维也纳市的社会民主党高层发现局面失控之后立即设法安抚民众,但群情激愤的社会民主党支持者放火烧掉了法院所在的维也纳司法宫。保守派主政的奥地利政府看到了立威的绝佳机会,他们马上给警察配发了步枪和机枪,并许可警队在"维护秩序"中可以使用致命性武器。警察赶到现场时,聚集在熊熊大火旁的民众正在散去,但警察们不由分说就开了火,导致89人丧命,另有600人严重受伤。[52]

当天,哥德尔与好友马塞尔·纳特金、赫伯特·费格尔曾被短暂困在骚乱现场。枪击事件的几天后,纳特金在写给哥德尔的一封信里不痛不痒地回顾了当天的遭遇,试图淡化这起事件的影响:"试想一下,如果费格尔周五那天未抽身离开,他就只能等到'革命'结束再回家了。还好,你们都安全到家了。"[53]

多年后,回首往事的他们应该清楚地看到,那起突发的流血事件标志着奥地利民主的猝死。"在7月15日之前,虽然机会很渺茫,但奥地利的左翼和右翼政党仍有寻求共存的可能性。"乔治·克莱尔在回忆年轻时代的维也纳时写道,"但在那天以后,希望彻底破灭了。"[54]

第 4 章

空中楼阁

学派之城

  1926年前后,哥德尔受到汉斯·哈恩的邀请,加入了对纯粹哲学话题的讨论中。这份邀请可谓一种殊荣:哈恩的讨论小组每隔一周在周四傍晚6点碰头,只有哈恩选定的成员才能参加,人数为10~20人。被公认为对20世纪的科学哲学影响最大的卡尔·波普尔从未受到哈恩的邀请,这件事即便过去了半个世纪,仍让波普尔难以释怀。[1]

  讨论小组成立于哥德尔受到邀约的两年前。摩里兹·石里克的两名深受他器重的学生——弗里德里希·魏斯曼和后来成为哥德尔好友的赫伯特·费格尔——强烈建议石里克仿照哈恩的做法,也建立一个探讨哲学话题的圈子,深挖哈恩讨论小组未尽的话题。他们幽默地把哈恩讨论小组称为"史前"讨论小组,不过这个"史前"的咖啡馆哲学家小组其实卧虎藏龙，不乏像物理学家菲利普·弗兰克和应用数学家理查德·冯·米塞斯这样的人，二人日后都任教于哈佛大学，并在那里功成身退；还有一个名叫奥托·纽拉特的人，他的经历也值得我们好好说说。[2]

纽拉特身材魁梧、精力旺盛，留着浓密的红色胡须，热情奔放。1919年，纽拉特出于政治原因在德国被判入狱数月，服刑期间他构思了一份振兴经济的规划纲要。后来，纽拉特与哈恩的妹妹奥尔加结为夫妻。奥尔加是最早在维也纳大学获得数学博士学位的女性之一，但不幸在22岁时双目失明。工作勤勉的纽拉特并没有因为自己的事业而冷落失明的妻子，他花费了大量时间帮助奥尔加继续从事数学逻辑方面的研究。纽拉特的脑海中充斥着各种构想，他渴望重塑社会的结构、普及大众教育，以及终结过时的形而上学思想。"他有点儿像饱经战事的退伍老兵，"罗伯特·穆齐尔在纽拉特获释当天见到了他，并在日记里写道，"但他破败的躯壳里蕴藏着爆炸性的能量。"[3]哥德尔有一个独特的习惯：他有一个专用笔记本，上面记满了想向同事提出的问题，每当得到满意的答案时，他就会郑重其事地把对应的问题划掉。

早在"一战"爆发之前，高知人士自发地聚到一起在小范围内

平静的摩里兹·石里克

探讨学术问题的做法就已风靡整个维也纳。他们关注的话题五花八门，其中许多都涉及形形色色的哲学流派：有讨论康德、克尔凯郭尔、托尔斯泰的，也有探讨现象学和宗教哲学的。一个新组建的小圈子因为具有很强的数理背景而在众多哲学讨论小组里显得尤为独特。"所有成员都有科研背景，"卡尔·门格尔说，"都信奉科学的方法论，都希望用科学的世界观构建自洽的'世界蓝图'。"在那个奥地利高知人群还被分成三六九等的时代，石里克建立的小组是少数几个没有老少之别、男女之分，也没有本国和外国之分，成员之间可以平等对话与辩论的学术圈子。[4]

约瑟夫咖啡馆，1927—1928年哥德尔就租住在这家咖啡馆楼上的公寓里

当哥德尔应邀加入讨论小组时，石里克已经开始主持每期话题的讨论了，因此他们碰头的地点定在了数学与物理研究所一楼的

第 4 章 / 空中楼阁

一个挨着石里克办公室的房间,门格尔将其形容为"又暗又脏的小屋"。数学与物理研究所在"一战"爆发前刚刚落成,位于新规划的玻耳兹曼街上,距离维也纳大学的主建筑群约半英里,旁边是著名的斯特鲁德霍夫阶梯。库尔特和鲁迪曾在数学与物理研究所对面的瓦宁格街33号住过一年,他们公寓楼的一层有一家约瑟夫咖啡馆,讨论小组的成员除了正式会面以外,经常来这里探讨问题。

石里克的主持风格严肃但也不失随意,给门格尔留下了深刻的印象:

> 先到会的成员负责把黑板前的椅子和桌子挪走,因为发言者通常会用到黑板。他们利用腾出的空间,把黑板前的椅子摆成椭圆形,然后放上一张长桌,供带着书本、想抽烟或记笔记的人使用。
>
> 讨论开始前,大家三三两两地站着,随意谈论些什么,石里克会拍手提醒大家非正式讨论结束了。之后,所有人就座,石里克通常坐在长桌靠近黑板的一端,随后他会宣布当晚要讨论的主题,以及是讲论文、做报告还是直接开始讨论。[5]

根据门格尔的描述,石里克是一个"彬彬有礼,有点儿内向的人","为人十分真诚和低调","浑身散发着自信",非常愿意在学习新知识的同时反思和改进自己的观点,"说空话和华而不实的自吹自擂跟他扯不上半点儿关系"。石里克凭借高质量的学术论文、解释相对论及阐释其对哲学领域影响的通俗读物,赢得了爱因斯坦的尊敬。石里克回到维也纳大学没多久就给爱因斯坦写信说:"现在在维也纳,探讨哲学问题的气氛很浓。我希望很快就可以给你选出一两个有趣的话题，相信你一定会感兴趣。"[6]

"石里克学派"中的一些人成了哥德尔最亲密无间的朋友。他在讨论会上相继认识了费格尔和纳特金，他们俩都是他一生的好友。他和门格尔的友谊也源于讨论小组，但在纳粹占领维也纳后，门格尔因为哥德尔对时局过分天真的认识而顿感心灰意冷，两人的关系也不复从前。[7]

两人初次见面是在1927年，当时门格尔刚从阿姆斯特丹回到维也纳。此前，门格尔获得了洛克菲勒基金会的奖学金，去荷兰跟随数学家布劳威尔学习。在阿姆斯特丹求学的3年可谓麻烦不断，最后门格尔还与他的同门师兄帕维尔·乌雷松在一项拓扑学研究上陷入了一场艰苦的署名权之争。不幸的是，乌雷松因为一场致命的游泳事故早逝，年仅26岁。

门格尔从小心里就有一个文学梦。他的一个同班同学是著名维也纳剧作家、文学家阿图尔·施尼茨勒的儿子。17岁时，门格尔非常冒失地给施尼茨勒寄去了他自己写的剧本，内容是关于女教宗琼安的传奇故事。施尼茨勒在日记里写道："这个年轻人很有才华，但不是在文学创作上……他真正的用武之地是物理学。我问他关于人生的长远打算，他回答是：'我最想做的事就是自

卡尔·门格尔在得克萨斯州奥斯汀，1931年

我了结.'他的聪明才智毋庸置疑,但也有些不同寻常。"后来他还补充道:"他或许是个奇才,但自视过高、不太好相处。"[8]

门格尔确实是个不缺乏自信心的人。哈恩开设过一门名为"曲线概念的最新进展"的课,门格尔上完第一节课后就利用周末时间热火朝天地研究出一种定义维度的方法。几天后,他贸然地走进哈恩的办公室,想向他展示自己的成果。按照惯例,学生是不应该擅自闯入教授的办公室、打扰他们的日常工作的。但哈恩是个没有架子的人,门格尔回忆说,"我进门时他连头都没抬,继续看自己的书",但"随着我的讲述,他表现出越来越大的兴趣"。关于维度的研究后来成为门格尔的毕业论文主题,也是他在数学领域做出的主要贡献之一。[9]

"我在维也纳大学获得教职后没多久,"门格尔回忆道,"于1927年秋开了一门反响还不错的课,主题是关于维数论,来上课的学生就包括库尔特·哥德尔。"

> 他很瘦,是个十分文静的年轻人。我不记得自己在课堂上跟他说过话。
>
> 后来我在石里克的讨论小组再次遇到他……我从未见过哥德尔在小组里发言或参与任何讨论;但从肢体动作可以看出他并非心不在焉,他时而表示认同,时而表示怀疑,时而表示反对。[10]

哥德尔和门格尔都不是讨论小组的核心哲学观点的拥趸,相比之下,哈恩、纽拉特和刚刚加入他们的德国哲学家、逻辑学家鲁道夫·卡尔纳普等人则是逻辑实证主义的忠实信徒。"我在石里克学派的成员中间不算太活跃的,"战后,哥德尔的母亲因为在一篇关于石里克和学派成员的专访里没有看到自己的儿子而问他缘由,哥德尔如是回答,"不仅不活跃,从某种程度上说我甚至反对学派的一些主流观点。"比如,对于"知识只能来源于经验和对自然现象的观察"这种实证主义色彩浓厚的观点,哥德尔实在无法苟同,对他来说,数学研究的对象和先验事实都是真实的存在,同任何感官直接感受到的东西一样。[11]

在卡尔纳普看来,哲学领域关于伦理、价值和美学的探讨都是"伪命题",它们本身就没有任何意义,所以无须区分真假,他后来把这种观点称为"物理主义"。卡尔纳普比其他任何人都更认同讨论小组的理论精神和观点,他于1936年远赴芝加哥大学,后来跻身20世纪最伟大的美国哲学家行列。同哈恩一样,饱受战争摧残的卡尔纳普也成了一名和平主义者。他在石里克的指导下完成了教授资格答辩,题目是"世界的逻辑结构"。卡尔纳普的论文借用了罗素和怀特海在《数学原理》中提出的符号逻辑系统,展示了如何对经验主义的事实进行重构,使其与现实相符,该作品出版后成为20世纪的经典哲学读物。逻辑并不是逻辑学家和数学家的专利,而是"哲学不可或缺的一部分"。卡尔纳普坚持认为,如果不拘泥于字面意义,只从逻辑语法的角度研究语言,很多困扰形而上学者的不可名状之物(他们只能用"上帝""无意识"等"语言镇静剂"进行自我安慰)就不复存在了,相关的难题也能迎刃而解。卡尔纳普第一次在讨论小组里做主讲人时选择的主题是

鲁道夫·卡尔纳普

第 4 章 / 空中楼阁

"如何用逻辑重构知识体系",费格尔评价说,这就仿佛在听"一名工程师介绍一台机器的运作方式"。[12]

纽拉特身上散发着石里克学派的两种核心气质:一是敢于破旧立新,二是对迂腐的哲学传统充满鄙夷。他崇尚乌托邦的理想主义,经常发表愤世嫉俗的批判观点,却过着波希米亚式的简朴生活(他住在维也纳工人聚居区的一栋破败的公寓里)。可以说,纽拉特本人就是小组精神的化身。有一次,一名哲学系学生去公寓拜访他,纽拉特问这名学生如何看待自己研究的东西。

"我在研究哲学,纯粹的哲学。"学生回答道。

"你怎么能研究这么令人作呕的东西呢?"纽拉特反问道,"研究纯粹的哲学还不如直接去研究神学呢!"[13]

赫伯特·费格尔在多年之后承认,他们当年的确表现得有些自大和武断,以致招来了没有必要的敌意:但凡有人表示不能理解他们的见解,这个人就会被他们视为异类,小组成员因此四处树敌。"我们以为自己找到了哲学之源,并认为大家再也不需要探讨其他形式的哲学了。"费格尔说道。[14]

门格尔指出,对讨论小组的成员来说,"他们最讨厌的就是对先验事实的模糊表述了。"[15]纽拉特有一长串禁忌用语,包括"想法""理想""现实"等,但凡有人提到其中一个,他就会生气地挥起拳头把桌子砸得"砰砰"响,以强调这些说法和措辞禁止在讨论中出现。他的做法就连富有耐心的石里克都看不下去了,石里克总会恳切地予以劝说:"亲爱的纽拉特,请你不要再跟我们斤斤计较了!"纽拉特本人后来也想出了一个应对办法,他做了一张小卡片,在上面写了一个字母"M"。一旦讨论偏离正轨,开始触及形而上学的东西,纽拉特就会默默地把这张卡片举起来。又过了几个星期,纽拉特说:"我觉得这种操作还有简化的空间,应该弄一张写有'非M'的卡片,只要没人提及形而上学的东西,我就把它举起来,反而更省事。"[16]

按照讨论小组的理念,所有知识都能通过可验证的事实与纯粹的逻辑推导获得,但这并不是世俗世界看待知识的方法。哈恩有一次不无挖苦地说,想让别人理解他们的理念的确不是一件容易的事:"如果我们把窗户打开,让路过的人听到我们的谈话,那么我们的下场可能不是锒铛入狱,就是被送去精神病院了。"[17]

表述不可表述之事

正是纽拉特满脑子试图改变社会的想法,在1929年迫使哥德尔与石里克学派渐行渐远。趁着石里克去美国的那个学期,纽拉特成了讨论小组的主持人。针对讨论小组在社会上的定位和形象,他代表所有人匆忙发布了一则宣言,它的内容非常翔实,包含明确的社会和政治目标。一年前,恩斯特·马赫协会成立,它的成员积极地开展社会活动,出版了一系列畅销书,派发了形形色色的小册子,还举办了多场演讲。[18]这个协会是石里克学派的分支组织,在纽拉特的积极推动下成立。在纽拉特的宣言中,他把石里克的讨论小组命名为"维也纳学派",宣称"科学的世界观是为生活服务的,而生活应当接纳科学的世界观"。类似的宣传语还有很多,它们的中心思想就是反抗形而上学、神学和资本主义的压迫,解放社会底层的无产阶级。

"石里克学派的所有成员都对社会和政治进程有极大的兴趣。"卡尔纳普回忆说,"绝大多数成员,包括我在内,都是社会主义者。"

哥德尔亦然，他曾经告诉卡尔纳普自己读过托洛茨基的作品，并且"非常支持社会主义，还对社会影响如何产生、金融资本如何影响政治等问题感兴趣"。[19]

与门格尔、石里克乃至坚定的社会主义者哈恩一样，哥德尔十分反对纽拉特把研究工作政治化的做法。[20]除此之外，哥德尔发现每当探讨的话题即将越过数学逻辑的边界而进入哲学领域时，他与别人的看法就会从原本的不谋而合变成格格不入。他的这种感受得到了其他人的证实，因为他们对路德维希·维特根斯坦的哲学思想推崇备至，尤其是后者对语言所扮演角色的思考。当石里克、卡尔纳普、费格尔、哈恩及其他小组成员阅读维特根斯坦的《逻辑哲学论》时，他们如同找到了寻觅已久的珍宝。虽然《逻辑哲学论》在现代被奉为哲学经典著作，但当时它只是一部晦涩难懂、无人问津的书，而石里克学派成员认为该书讲述了"神秘真理"。[21]

石里克学派成员是最早一批被维特根斯坦折服的人，但他们绝对不是最后一批。路德维希·维特根斯坦的父亲是奥地利君主立宪时期的钢铁大亨，他十分富有，相当于德国的克虏伯和美国的安德鲁·卡内基。路德维希一家住在维也纳繁华市中心的一座公馆里，有奢华的大理石楼梯，门廊两侧摆放着雕像，门廊的墙上精心绘制着《仲夏夜之梦》的场景。公馆临街的一侧位于

路德维希·维特根斯坦认真严肃的样子

弄堂巷,这条巷全长约50码[①],两端分别有一个考究的拱形通道,作为进入房屋的玄关。约翰内斯·勃拉姆斯和理查德·施特劳斯是维特根斯坦家庭音乐会之夜的常客。路德维希从小就在家里接受私人教师的指导,直到升入高中,才到林茨的实科中学上了3年公立学校,那是一段对他来说非常不适应和不开心的经历。更糟糕的是,他的同班同学里有一个只跟他同窗一年的人,相比维特根斯坦的不愉快,这个同学日后会让世界上的很多人都更不适应和痛苦,他就是阿道夫·希特勒。同他的兄弟姐妹一样,路德维希·维特根斯坦从小就形成了自力更生的观念,他在社交方面拒人千里,难以建立和维持与他人的亲密关系,这些特质伴随了他一生。[22]

维特根斯坦最初想当一名工程师,于是他在1908年动身前往英国的曼彻斯特,到那里的一家航空研究所工作和学习,希望能亲自设计一架飞机。正是在航空研究所里,维特根斯坦对数学的兴趣与日俱增,还偶然读了罗素的《数学原理》。维特根斯坦决定转行并启程前往剑桥大学,贸然地拜访了罗素。匆忙做完自我介绍后,维特根斯坦告诉罗素他想把哲学当作终生的事业,如果他有这个荣幸的话。

罗素起初觉得这个年轻的崇拜者有点儿热情得过头,有些烦他。几周后,罗素在一封寄给情人奥托琳·莫瑞尔的信中写道:"我这位德国工程师朋友非常喜欢辩论,惹人讨厌。"接着,他在第二天的信里写道:"我觉得这个德国工程师是个傻瓜,他认为任何来自实证和经验的东西都不可知。我想让他承认在我们探讨问题的房间里没有犀牛,但他死活不肯。"维特根斯坦喜欢缠着罗素,有一阵子,他每

[①] 1码≈0.9米。——编者注

天午夜都会出现在罗素面前,"像头焦躁的野兽一样在房间里走来走去,整整三个小时一句话也不说。"罗素如此记录道。

"你到底是在思考逻辑学还是在反思你犯下的错?"罗素有一次问维特根斯坦。

"兼而有之。"维特根斯坦回答说,然后继续沉默地走来走去。[23]

在第一个学期结束时,维特根斯坦找到罗素并质问他:"你觉得我是个白痴吗?"罗素(此时他对维特根斯坦的态度已有所缓和)反过来问维特根斯坦:"你为什么这么问?"

"因为如果我做不了这门学问,我就应该回去当一名飞行员,但如果我有这个能耐,我就应该成为一位哲学家。"

"我亲爱的朋友,"罗素说,"我也不知道你到底是不是个白痴,但如果你能利用假期的时间,选择任意一个你觉得有意思的哲学话题写一篇论文,我愿意读一读并告诉你我的看法。"

当罗素读到维特根斯坦的论文的第一句话时,他的心里就有了答案。罗素后来是这样形容维特根斯坦的,"他或许是我认识的人中最接近传统意义上的天才的一个,他充满热情、思想深邃、工作勤奋、极富个人感染力",而且不食人间烟火,这有时会让他的行为显得异常笨拙和粗鲁,但他本人的道德水平无疑是崇高的。[24] 1914年年初,维特根斯坦前往挪威的一处峡湾,拜访罗素在剑桥大学的同事、数学家乔治·爱德华·摩尔。当时,摩尔已经在那个偏远地方的一间小屋里过了两年的隐居生活。维特根斯坦当着摩尔的面大声朗读了他的逻辑学论文,后来摩尔却写信告诉维特根斯坦他的论文不合格,不能授予他文科学士学位,因为大学有规定,毕业论文的开头必须附一篇说明性的序言。听完摩尔的解释,维特根斯坦火冒三丈。

> 亲爱的摩尔，你的来信令我不甚烦恼。我在写逻辑学论文的时候查阅的文献可不是校规，所以为了公平起见，我觉得你在评判我的学位论文时也不应该过分参照校规的内容！……如果我的论文不值得你在一些愚蠢的琐碎细节上网开一面，那我不如直接见鬼去了；如果我的论文值得，你却偏偏不这么做，你就应该见鬼去。[25]

维特根斯坦在这篇毕业论文里对语言和逻辑学进行了深入的探讨，10多年后，当维也纳学派发现他的这篇文章时备感震惊。这篇论文的第一句话就直截了当地说出了他的核心观点：

> 逻辑学中所谓的命题，是一种借助语言的逻辑性反映宇宙的逻辑性的工具，而不是为了表达语意。[26]

在《逻辑哲学论》的最后一句，维特根斯坦呼应了他在序言里点明的中心思想："若你无法言明，你就应当保持沉默。"

1914年8月，维特根斯坦在"一战"爆发后应征加入奥地利军队，与其说他是出于爱国的热情，不如说是出于个人追求，因为他在日记里写道："希望靠近死亡能让我感受到生命的意义。"维特根斯坦数次因为作战表现英勇而被授予勋章，就在"一战"停火前一周，以军官身份驻守南线战场的他被俘入狱。接下来的几个月，他一直被关押在意大利境内的战俘营。维特根斯坦利用这段时间为《逻辑哲学论》的出版做准备，他曾经告诉罗素这本书解决了哲学领域的所有重大问题："虽然这样说听起来似乎不知道天高地厚，但我的确这么觉得。"[27]

第 4 章 / 空中楼阁

《逻辑哲学论》的行文和措辞采用了神谕宣言的形式，编排采用了类似论文的分层结构。维特根斯坦几乎没有在论证和论据上花费笔墨，而是以一种高高在上且不容置疑的口吻直接亮出每个命题。"就像沙皇颁布诏谕一样。"罗素曾如此挖苦道。1924—1927年，维也纳学派成员把维特根斯坦的这本巨著认真地研究和探讨了两遍，每次都是一字不落。[28]

石里克激动地告诉爱因斯坦，他们发现了一个名叫维特根斯坦的人以及他的哲学观点，"这是我一生中最极致的学术体验"。

> 我认为这是目前哲学领域内最深刻也最接近于事实的书，只是读起来很费劲。这本书的作者似乎没有再写任何东西的打算了，他真是一个与众不同但又令人着迷的天才……在我看来，他的基本观点应该足以解决目前数学面临的基础理论危机。[29]

虽然石里克多次尝试当面拜访他的新偶像，但都被维特根斯坦婉拒了。维特根斯坦当时在奥地利一个非常不起眼的小村庄里当老师，在此之前，他已经捐出了自己的全部财产。维特根斯坦认为，物质上再富裕也比不上成为一位哲学家，用他自己的话说，只有这样，他才能"体面地咽下最后一口气"。1926年4月，石里克带着几名学生坐了很长时间的火车，专程到奥特尔塔尔去拜访维特根斯坦。他们舟车劳顿地赶到那里，却发现维特根斯坦因为采取了不同寻常的教学方式而招致所有人的厌恶，他不得不四处辗转，最后彻底放弃了教书这个行当。一位奥特尔塔尔的村民多年后回忆说："那个家伙简直是疯了，他竟然想给小学生讲高等数学。"不仅如此，维特根斯坦易怒的脾气加上学生欠佳的天资，还引发了一场事故：维特根斯坦照着一名11岁学生的脑袋挥了一拳，使其当场不省人事。石里克一行人到达奥特尔塔尔的时候，维特根斯坦已经不辞而别了，他回到维也纳，在城外的一所修道院里做园丁。就这样，石里克同维特根斯坦的会面再次泡汤了。[30]

1926年年末，维特根斯坦总算回到了维也纳城里，埋头为姐姐玛格丽特·斯通伯勒设计一栋大房子，而他的新目标是成为一名现代主义风格的建筑师。在玛格丽特的帮助下，石里克终于得偿所愿，见到了维特根斯坦。"我们都觉得对方一定是疯了。"维特根斯坦说。即便如此，石里克后来还是想方设法让维特根斯坦进入了自己的核心小圈子，这些石里克学派成员的精英，每周一晚上都会聚在一起，有时在石里克家里，有时在咖啡馆里。石里克向维特根斯坦许诺，他只需要出席，不需要发表任何有关哲学的见解（这也是维特根斯坦本人的意愿，既然放弃了哲学，他就下定决心永远不再回头）。[31]

转机出现在1928年3月的一场由哈恩筹办的公开演讲上，哲学界尤其是语言逻辑学界终于迎来了维特根斯坦回归的重大时刻。那场演讲的嘉宾是希尔伯特厌恶的布劳威尔，费格尔和魏斯曼好说歹说才让维特根斯坦答应了参加这个活动。当天，哥德尔也出现在演讲现场。维特根斯坦一进入演讲厅，哈恩就兴奋地从讲台上径直走到他身边，并向他做了自我介绍。根据门格尔的回忆，维特根斯坦"脸上挂着似有似无的笑容，他感谢了哈恩，然后就在第五排找了个位置坐下了"。演讲结束后，众人聚集在咖啡馆里。费格尔回忆说："一件不可思议的事情发生了。突然之间，维特根斯坦开始滔滔不绝地讲起了哲学，而且一口气讲了很多。"大坝终于开闸了。[32]

布劳威尔认为数学是一套完全由人类臆想和构造出来的系统，这一激进的观点得到了维特根斯坦的认同。布劳威尔还对"数学反映了'客观'事实"的观点嗤之以鼻,在这一点上,他立场鲜明地反对柏拉图主义者对数学的认知;后者认为数学概念代表了理想世界的规则,是所有现象背后的万物本源,它们客观存在,不以人的意志为转移,只等我们逐一发现。

研究哥德尔的学者已经为他晚年的数学研究是否偏离了柏拉图主义争论了许多年。哥德尔曾在1976年写道,他从1925年开始就是一个坚定的柏拉图主义者("一个研究概念和数学的实在论者"),但也有人对此提出异议,认为哥德尔并不像他自己宣称的那样始终如一。[33]

无论如何,早年的哥德尔对维也纳学派的主流观点(尤其是众多成员对维特根斯坦哲学的追捧)显然无法苟同。在1928年的某次咖啡馆讨论会中,哥德尔对卡尔纳普说,他不明白为什么像"无穷"这样抽象的数学概念必须与实证主义中的物理现实相联系才算有意义;哥德尔认为这些抽象概念本身就是另一种现实。[34]相反,维特根斯坦认为数学跟语言一样,只是一种由语法和句法组成的工具,本身并没有什么意义。这个观点得到了很多人的支持,但哥德尔坦率地表达了自己对它的不认同。在20世纪50年代,为了驳斥卡尔纳普的看法,哥德尔花了大量时间撰写一个题为"数学只是一种语言句法吗?"的章节,其间反复地推翻重来。哥德尔最终放弃了这项努力,除了因为他厌烦了反复修改却始终写不出一个满意的版本之外,更重要的原因是他想到"这可能是个很愚蠢的问题,不值得花那么多的时间与精力去反驳"。[35]在他晚年的一封回答问询的信中,哥德尔写道:

> 我认为我的研究不能"代表20世纪初的学术潮流之一",

恰恰相反,它与当时的主流背道而驰。我对数学基础理论的研究兴趣确实与我加入"维也纳学派"有关,但就我的理论成果而言,无论是它们对哲学的影响,还是推理它们的过程和原则,都与维也纳学派强调的实证和经验主义无关……所以,我工作的意义在于,它指向了一个不同的新世界……另外,维也纳学派开始探讨数学基础理论的时间远比维特根斯坦的《逻辑哲学论》要早。[36]

无论数学概念有多么晦涩难懂,哥德尔终其一生都把它们当作自己追寻的真理,或者更确切地说,他认为这个世界上存在不以人的意志为转移的先验事实,它们同后验事实一样是现实的一部分。这种哲学理念与19世纪甚至是17世纪的思想更接近,与20世纪的主流观点互不相容,尤其是维特根斯坦和维也纳学派的观点。

就连对自己的哲学思想非常热忱的维特根斯坦,有时都会打趣石里克那种狂热的崇拜态度。哥德尔的朋友纳特金在1927年7月给他写信说:"随信附上一篇石里克的论文,聊表慰藉。这篇论文的主旨是阐述为何只有探讨某些没有意义的事物才是有意义的。我不知道费格尔有没有跟你提过石里克与维特根斯坦最近的一场谈话,他们花了几个小时讨论那些无法用语言表述的事物,并且乐在其中。"[37]

到了1929年,哥德尔已经不再出席小组隔周周四晚上的讨论会了。石里克、哈恩、纽拉特和魏斯曼曾在一次讨论会上就语言这个话题发表了长篇大论,而在场的哥德尔和门格尔一个字也没有说。会后,门格尔在回家的路上对他年轻的同伴说:"今天,我们两个又没有跟上这些'维特根斯坦学家'的'维特根斯坦学',只能默默地听着。"

"我越思考语言这种东西，"哥德尔回答道，"就越惊讶于人跟人之间竟然可以互相理解和交流。"[38]

讨喜的天真

1928—1929学年，在多位学生的请求下，门格尔组织并主持了一个专门探究各种数学话题的研讨班。哥德尔发现在这个研讨班上他能更自由和舒服地表达他的观点，也更容易对其他人敞开心扉，这和他在石里克讨论小组给人的感受完全不同。门格尔回忆道：

> 1929年年末，我邀请了哥德尔来参加研讨会，从此他就成了那里的常客。只要他人在维也纳且身体康健，就一定会按时出席，没有落下一次。从第一次参会就能看出他非常喜欢这个小团体，经常能在研讨会之外看到他和其他成员交谈，尤其是格奥尔格·内贝林、弗朗茨·阿尔特和奥尔加·陶斯基（只要她在维也纳）。后来，哥德尔还经常跟亚布拉罕·瓦尔德及许多来访学者交流。他对研讨会的许多话题都充满热情。不管是口语还是书面文字，哥德尔都力求以言简意赅的精练陈述传达自己的想法和观点。而对于非数学话题，他往往不太积极且惜字如金。[39]

奥尔加·陶斯基也发现了哥德尔在日常社交中谨小慎微的内向性格。她经常邀请哥德尔及研讨会中其他研究数学的朋友（偶尔还有来维也纳大学访学的同道中人）到她和家人在维也纳的公寓共进下午茶。按照陶斯基的说法，虽然哥德尔"喜欢热闹的聚会"，但他"相当沉默,不会参与非数学话题的讨论"。不过,陶斯基又补充说:"如果你有机会与他独处,你也可以跟他聊其他话题,他思路清晰、观点明确,会让你获益良多。只是这样的机会可遇而不可求。"40

卡尔·门格尔、外国的访学者及奥尔加·陶斯基共进下午茶

哥德尔曾在1937—1938年的日记里提到过自己的社交焦虑:一是害怕向别人袒露心声,二是担心经不起别人的吹捧。

为什么被别人知道我的一切会让我无地自容?因为这是对我进行价值评判的基础,而对一个人的价值评判不外乎以下两种,不管是哪一种都会让我备感尴尬:

1. 对我的过高评价(他们把自己的期望带入了评价,让我感觉束手束脚),一旦辜负了别人的期待,我就会觉得尴尬;

2. 对我知根知底,这意味着没有尊重可言,会让我感到难堪。

他为自己的缺点而自责:早上赖床,对自己评价太高而对他人评价太低,"笑和说话的声音太大,做鬼脸",遇事不够果断,"与他人相处时过于胆怯和紧张"。他的自我总结是:"我这个人做事太'不靠谱',没人想变成我这种人(其实正好相反),这导致我为别人着想的心意永远无法实现。"然后他补充道:"奇怪了,似乎只要向别人清楚地坦承自己的坏品质,那种无地自容的感觉就消失不见了。"[41]

但是,只要哥德尔和让他感觉舒服的人待在一起,他就仿佛变成了另外一个人:温暖贴心,温柔幽默,真诚可靠。他总是愿意帮助他人解决数学问题,对自己的成就和工作表现得极其谦虚。门格尔回忆道:

> 哥德尔非常喜欢参加研讨会,他对其他与会者的逻辑学和数学问题知无不言、言无不尽。他总能很快抓住问题的关键,给提问者打开新的思路。哥德尔的表达能力很强,但他的性格有点儿害羞,这反而让听过他讲话的人觉得他魅力十足,因为他总是让人如沐春风。[42]

"讨喜的天真"是卡尔·西格蒙德对哥德尔性格的恰当描述,正是这个特质把许多人吸引到他身边。哥德尔在普林斯顿的最后一年已然变成了一个性格孤僻又古怪的人,这几乎导致他一辈子的好口碑和好形象毁于一旦。但他的朋友们知道,除了人生最后几年的悲惨时光之外,库尔特·哥德尔从来不是一个孤僻和脑中充满被害妄想的偏执狂。好友费格尔对哥德尔的评价是,即便"他拥有一流的才智和头脑",依然"非常谦虚和不做作"。费格尔的父亲虽然是犹太人,却是个热情的无神论者,他凭借熟练的纺织技术,在一家波希米亚纺织厂从纺织工一路干到了管理层。费格尔就是在这样一个不信教且极富文化气息的家庭里长大,并考入了慕尼黑大学学习物理学、哲学和数学。哥德尔在石里克学派活动中结识了好友马塞尔·纳特金,这位来自罗兹市的哲学奇才也是费格尔的好友,他们三人"经常一起去维也纳的公园散步。他们也时常在咖啡馆会面,不知疲倦地探讨逻辑学、数学、认知论、科学哲学等话题,甚至会聊到深夜"。在彼此分开25年后,1957年,三个人得以在纽约重聚,场面甚是感人。[43]

"他待人友好,内向而幽默,这些品质都非常吸引人。"哥德尔的好友奥斯卡·摩根斯特恩在日记里写道。哥德尔是个对家人感情深厚的人,这一点深深打动了摩根斯特恩。在摩根斯特恩的儿子卡尔上高中和大学期间,哥德尔花了大量时间跟卡尔聊天,激发他对数学的兴趣。哥德尔的谦虚言行之下,隐藏着一颗"伟大的头脑"。"与他谈话总能让人有所收获。哥德尔看上去总是一副一本正经的样子,但同严肃的谈话内容相反,他骨子里是一个非常热情的人。"[44]

数学家和科幻作家鲁迪·拉克曾数次到普林斯顿"朝拜"哥德尔,还特意写了一段文字描述哥德尔的"说话声和笑声":

> 他说话的声调很高,而且抑扬顿挫。他常常在一句话的末尾提高音量,让整句话充满了质疑的意味。他有时说着说着声音就变得越来越小,最后变成一种有趣的嘟哝声。让人印象最深刻的是他的笑声——突然发出的复杂但又颇具节奏感的大笑。[45]

不管是同好友的谈话,还是寄回家的书信,都表明哥德尔是个很幽默的人。虽然他的幽默让好友和家人非常受用,但对其他人来说有点儿难以理解。杰拉德·萨克斯是哈佛大学的一名逻辑学家,分别于1961—1962年及1974—1975年两次以访问学者的身份造访普林斯顿高等研究院。根据萨克斯的回忆,他曾经想用哥德尔的偶像戈特弗里德·莱布尼茨的哲学观点打哥德尔一个措手不及:

> 我问他如何看待单子论,因为我知道在他眼中莱布尼茨是一个哲学巨擘。我说,我觉得"宇宙是由许多不可分割且互不相关的单子组成的"这个理论非常奇怪,毕竟我们已经看到这么多事物之间相互关联的现象和证据了,单子论显然有悖常识。而莱布尼茨为了解释那些明显的关联,提出是上帝造就了单子之间的联系。于是,我问他如何看待这个理论。他说:"莱布尼茨错了。很明显,任何事物都在影响其他事物。这是科学内涵的一部分。"他又说道:"顺便提一句,莱布尼茨的理论没有一个是对的。"
>
> 他说到这里停了一下,然后接着说:"但是,要做到在所有事情上都出错跟做到在所有事情上都正确,两者其实一样难。"
>
> 他说这些话的时候没有笑,我听完之后却莫名想笑。我还想着,哥德尔居然开了一个玩笑,他是在开玩笑,没错吧?

这是一段不易被人察觉的玩笑话,体现了典型的哥德尔式幽默。萨克斯没有听错,只不过它太隐晦了,稍纵即逝。即使到了晚年,萨克斯眼中的哥德尔依然"热爱生活",而且创意不断。"他对数学、逻辑学和哲学的新进展始终充满了好奇心和兴奋感。"萨克斯觉得同哥德尔谈话就像在跟一个"聪明的11岁男孩"聊天。[46]

哥德尔天真单纯的性格激起了很多认识和关心他的朋友的保护欲，其中的典型代表就是卡尔·门格尔、约翰·冯·诺依曼和奥斯卡·摩根斯特恩。虽然这些人都只比哥德尔年长几岁，却对他关怀备至，像父亲疼爱儿子一样。门格尔和冯·诺依曼本可以理所当然地把这个"神童"看作学术上的竞争对手，但他们没有这样做，而是经常力所能及地帮助和提携哥德尔，避免他沉沦在自己天真的世界里。他们为他寻找各种出路，确保他经济无虞，能维持他的学术生涯。在功成名就的道路上，门格尔和冯·诺依曼作为过来人，深知做数学研究的不易。摩根斯特恩对哥德尔十分耐心，陪伴他渡过了许多难关，并一次次借助自己的影响力让哥德尔收获应得的认可和荣誉。

当然，哥德尔的男孩气质不只是对同性有吸引力。奥尔加·陶斯基发现，虽然哥德尔在社交方面害羞又胆小，但他也会因为获得异性的好感而飘飘然。有一次，陶斯基正在数学研究所的一间小教室里工作，其间一个穿着时髦的漂亮女孩走进教室，找了个位置坐了下来。几分钟后，哥德尔也进来了，大摇大摆地带着这个女孩离开了。"库尔特就是想出风头，这太明显了。"陶斯基说。[47]

但这个女孩很快就跟哥德尔分手了，理由是受不了他像"首席女高音"一样早上赖床的生活习惯。虽然这段恋情无疾而终，但没过不久哥德尔又遇到了一个年纪稍大的女人，而她可不会轻言放弃。1928年，哥德尔和哥哥搬到了长巷72号三楼的一间公寓里。在他们公寓楼正对面的长巷67号，住着一位29岁的女士，名叫阿黛尔·宁博斯基，她的父亲是一个不得志的艺术家。当时阿黛尔刚结束一段短暂而不愉快的婚姻，回到了父母身边。她曾经是"夜蛾"夜总会的舞女，现在靠给人做按摩和足部保健谋生。虽然曾经的夜总会女

第 4 章 / 空中楼阁

哥德尔与阿黛尔在维也纳的一家露天咖啡馆

19 岁的阿黛尔在舞台上表演

郎和现在的女按摩师听上去让人想入非非，但事实并非如此。在20世纪二三十年代的维也纳，尽管打着舞女和女按摩师的名号做皮肉生意的人随处可见，但也有很多人做的是名副其实的正经生意，阿黛尔在市政地址簿上登记的营业地址是她父亲的家，而她的父亲是一个严厉而保守的天主教徒。[48]

阿黛尔没有念过多少书，但行事果决、意志坚定。在接下来的10年里，哥德尔发现自己越来越离不开这个比他大7岁的女人，甚至有时他自己也想不明白原因，而他的家人自然是极力反对。

根基的动摇

在1928年的国际数学家大会上，希尔伯特提出了4个亟待解决的数学问题，哥德尔决定立即着手研究其中的第4个问题。这个决定将他置于一场围绕数学理论根基的风暴，风暴的始作俑者是伯特兰·罗素。20世纪初，罗素在撰写《数学原理》时有了一个震惊数学界的发现，它严重破坏了当时的数学理论根基。罗素的本意是将一切数学问题向下追溯到明确且无可争议的基本逻辑原则，以此作为数学坚实的理论基础。倘若如此，即使是最简单的运算也不能想当然，而必须借助罗素所谓的"原始"事实对其进行复杂的定义。举个例子，如果要追根溯源，就连"数字"的概念也会产生疑问。在罗素的构想下，所有过去的数学方法论和符号都显得不够严谨。比如，"1+1=2"的算式其实是一个需要用长达700页的论证过程才能证明的结论，而花费如此大的气力得出的结果，在罗素和怀特海看来也只是"偶尔才用得上"的东西。[49]

要把数字的抽象概念简化为明确具体的逻辑，方法之一就是借助集合论。所谓集合（罗素称之为"类"），是对一群事物的统称。同一个集合里的元素之间可以没有关联，仅通过枚举产生；但它们也可以具有某种共同的性质，用某种定义描述和涵盖，比如由所有黑色车辆组成的集合，由原色组成的集合，由数字1、7、23组成的集合，由所有奇数组成的集合，由所有在总统竞选中失败的候选人组成的集合，等等。基于德国数学家戈特洛布·弗雷格早先的研究工作，罗素提出数字"2"可以用所有包含"一对"元素的集合来定义，同理，其他数字也可以用构建相应集合的方式来定义。

　　罗素的这个朴实无华的想法很快就把他带入了深不见底的泥潭。问题的关键就在于集合论，因为它规定集合本身也可以组成集合。举个例子，一个集合的元素是一对夫妻，比如{拿破仑，约瑟芬}；在此基础上，如果我们把每个这样的"夫妻集合"都视为一个单独的元素，就可以用它们组成一个集合的集合，比如{{拿破仑，约瑟芬}，{艾维斯，普瑞希拉}，{比尔，希拉里}，{鲍勃，卡罗尔}，{泰德，爱丽丝}，……}。罗素发现，当集合可以成为另一个集合的元素时，有的集合本身就可以成为自己的元素。比如，有一个集合的元素是"所有包含两个以上元素的集合"，显然，符合这个条件的集合肯定不止两个。就我们构造的这个集合而言，它本身也是自己的元素。再举个例子，维基百科上有一篇文章的题目是"所有以'所'字开头的文章汇总"，显然，这里面也包含这篇文章本身。在这样的情景下，罗素提出了一个看似自然且无害的问题：如果把所有不属于自己的集合放在一起组成一个新集合，那么这个新集合是属于它自己，还是不属于它自己呢？如果它不属于自己，那么根据它的元素是"不属于自己的集合"的定义，它应当被算作自己的元素之一，也就是说"它属于自己"；但如果它属于自己，又会与"它不属于自己"的条件相悖。

这就是著名的"罗素悖论",它并非罗素首创,早在古代就已经有了类似的悖论。它的原型可以追溯到说谎者悖论,提出者是埃庇米尼得斯。埃庇米尼得斯是一名克里特岛诗人,他曾断言:"所有克里特岛人都是骗子。"罗素意识到这与如下情景非常相似:假设有一张纸,它的正反面各写了一句话,正面写的是"这张纸反面写的那句话是错的",而反面写的是"这张纸正面写的那句话是对的"。

罗素后来回忆道:"对一个要在社会上讨生活的成年人来说,这么琐碎的问题似乎根本不值得花费太多的时间。起初我觉得自己很快就能解开这个悖论,找出推理过程中不起眼的小瑕疵。"但他越琢磨就越觉得这并不是什么小瑕疵,而是深深根植于整个理论核心的重要问题,绝对无法敷衍了事。当时弗雷格恰巧要出版一本关于数学基础理论的书,将他毕生的学术成果总结归纳,而半路杀出的罗素悖论几乎让他彻底崩溃。尽管如此,高尚的弗雷格大度地在他的作品后面添加了一个附录,坦承"自己对数学基础理论的设想有误",并对罗素的新发现表示感谢。罗素后来评价弗雷格的这种做法简直"超越了凡人所能"。[50]

但罗素悖论并未得到解决。弗雷格悲伤地发现,深受打击的人不止他一个:

> 同病相怜实乃对不幸者的莫大安慰,幸好我还有能抱团取暖的人,即那些像我一样,把现有的概念、类和集合论作为论证方法的人。这不仅推翻了与数学基础理论相关的工作,而且关乎数学能否建立在逻辑基础之上。[51]

第 4 章 / 空中楼阁

1913年，罗伯特·穆齐尔发表了一篇题为《数学人》的论文，集中阐释了由于逻辑学本身存在瑕疵，它将无法作为数学理论基础这一令人不安的可能性。虽然文章的措辞很温和，但依旧难掩现实情况的危急：

> 就在一切都进展顺利，理论大厦越建越华美的时候，突然之间，数学家（那些苦思冥想事物本质的人）却发现在数学理论根基上，有一些他们怎么也说不通的东西。这就好比他们原本以为自己身处一栋高楼大厦，一低头才发现那其实是座空中楼阁，脚底下什么都没有。

穆齐尔写道："数学家并没有对理论上的瑕疵遮遮掩掩、百般抵赖，是因为他们对自己的头脑有一种近乎狂妄的自信和骄傲。"[52]

从某种程度上说，罗素就是这样一个"狂妄"的数学家，他最后以预先排除悖论的方式解决了罗素悖论。他提出了"类型论"，它的主要作用是通过构建具有层级关系的类型，避免集合的自我指涉。类型论不是凭空捏造出来的规则，它确实有一定的逻辑基础。比如，图书馆要给全部馆藏编写一本目录，在编写完成以前，这本目录本身不能算作图书馆的馆藏，也就不需要把自己加到目录里。不过，许多人后来都发现罗素的解决方案还是不太令人满意，哥德尔认为类型论作为一种解决悖论的手段有点儿"极端"。"他虽然把病治好了，"德国著名数学家赫尔曼·外尔同意哥德尔的看法，"但……患者也只剩下半口气了。"[53]

就算把理论上的不完美放在一边，整个研究过程也有不少其他方面的麻烦，罗素费了九牛二虎之力才完成的书稿，付梓后不久就遇到了问题。罗素的书稿页数实在太多,要用一辆四轮马车才能把所有稿件拉到剑桥大学出版社的办公室,加上书稿里还有大量手写的复杂符号和注释,出版成本非常高。而出版社对这本书的销售前景非常悲观,要求作者自掏腰包,支付600英镑以弥补他们可以预见的损失。即便后来有英国皇家学会和其他机构的资助,"这本两人呕心沥血10年才完成的作品"仍然让罗素和怀特海"每人倒贴了50英镑"。"据我所知,能坚持读到这部著作后半部分的只有6个人,"数年后,罗素以一种自嘲的语气告诉一位朋友,"它打破了《失乐园》的记录。"[54]

哥德尔就是其中之一,他于1928年夏花费385捷克克朗(以21世纪初的购买力衡量,相当于150美元)购买了(《数学原理》)第一卷。然后在这个夏天剩下的时间里他哪儿也没去,就窝在父母家里废寝忘食地把书读完了。同罗素一样,哥德尔也非常失望。"有点儿名不副实,未能达到我的预期。"夏天结束时,他在写给费格尔的信中如此评价道。[55]

总体而言,罗素想把数学建立在逻辑基础之上的努力(在研究数学基础理论的三大学派中,这一派被称为"逻辑主义"),只能说取得了部分成功。原因是,在支撑逻辑主义的集合论公理中,有些勉强可以算作公理,比如"有的集合不包含任何元素",而有些则不行。其中至少有两条公理的逻辑远未达到不证自明的地步:第一个是无穷性公理,它假定存在包含无穷多个元素的集合;第二个是选择公理,它假定在由无穷多个非空集合组成的集合里,总能找到一种方式,使得我们能从每个子集合中恰好选出一个元素。无穷性公理和选择公理都是非逻辑公理且缺乏实证基础,这两点导致逻辑主义常年受到另外两个学派的诟病和攻击,它们分别是以希尔伯特为代表的形式主义和以布劳威尔为代表的直觉主义。[56]

上帝根本不需要数学

为了解决罗素悖论，希尔伯特选择支持"形式主义"学派，他采取了一种与逻辑主义学派完全不同的思路和手段。希尔伯特认为，只要能构建一个系统，完全依靠数学手段推导所有数学命题而不产生任何矛盾，它就可以被视为一个可靠的公理系统。形式主义讲求把数学命题转化为符号和规则，希尔伯特将他对证明的看法总结为"证明论"，而这种用数学证明的方式研究数学本身的手段后来被称为"元数学"。"我在数学基础理论的研究方面只想达成一个结果，即构建一个完整的系统，用于确保数学推理过程的严谨性与可靠性，以及彻底消除所有针对推论本身的怀疑。"希尔伯特说，相比他的设想，当时数学面临的状况可谓"令人无法忍受"。希尔伯特曾经恼怒地问道，如果"连数学思维都行不通"，那么这个世界上还有什么东西是可靠的？还会有真相这种东西吗？[57]

对于三大学派的努力，维特根斯坦毫无兴趣。他后来表达了自己的观点："数学要理论基础做什么？……数学想要研究所谓的'数学理论基础'，无异于在一座五彩的石塔上费力地区分到底哪一块彩色石头才是支撑这座塔的根基。"在维特根斯坦看来，所有构建数学理论基础的努力都是徒劳的，没有任何意义和价值。[58]

维特根斯坦认为逻辑只是一堆恒真句的组合，也叫"套套逻辑"，它指的是在不增加与世界有关的新知识的前提下，仅以不同的方式表述同一个在任何情况下都为真的命题。哥德尔的论文导师汉斯·哈恩认为当时数学研究的现状也是如此。"你很难相信，人类通过卓绝的努力建立的数学公理系统及其推导出的众多惊人成果都逃不出套套逻辑的范畴。"哈恩说道，"即使这种说法是对的，它也忽略了一个小细节，即我们并非全知全能者。"对全知全能者来说，"24×31"和"744"只是表述同一事实的不同形式，但对人类来说，我们需要付出一定的努力才能意识到这一点。哈恩认为："全知全能者既不需要逻辑，也不需要数学。"柏拉图曾说"上帝总在做几何题"，而哈恩反驳说"上帝根本不需要数学"。[59]

就算上帝真的不需要数学，也不能让希尔伯特感到宽慰，特别是在他面对布劳威尔学派向形式主义发起猛烈攻击的情况下。希尔伯特想要向世人证明，眼前这座耗费数学家多年时间建立的数学大厦是绝对安全和值得信赖的。布劳威尔却不以为然，为了解决数学基础理论危机，他的策略是干脆把摇摇欲坠的旧大厦推倒，然后运用更严谨的规则重建一栋高楼。布劳威尔认为，通过这种方式构建的数学系统虽然不像以前那么宏大和雄伟，但它的根基更牢固、更可靠。

布劳威尔是直觉主义的代表人物，而直觉主义是结构主义的细分领域之一，与以罗素为代表的逻辑主义和以希尔伯特为代表的形式主义大相径庭，它否定了现代数学的相当一部分研究内容。布劳威尔一直是数学逻辑领域里一个让人头疼的人物。1908年，他在一篇题为《论逻辑原则的不可靠性》的论文中否定了始于亚里士多德的有着两千年悠久历史的逻辑推理传统。布劳威尔住在阿姆斯特丹郊外一个艺术家的聚居区，在与数学家同行休战的日子里，他就在那间花园小棚屋里工作，里面只有一张桌子、一把椅子和一架钢琴。[60]

结构主义者认为，既然所有的数学客体和概念——从整数、集合到几何形状——都是人类主观意识的产物，那么明确地构造数学对象是证明该对象存在的必要前提。结构主义者尤其反对在数学证明中滥用排中律。数学证明的常规流程是先假设目标命题的相反命题，只要能推导出相反命题是自我矛盾的，就可以反过来证明原命题。由于形式极其简洁，这种"不涉及明确构造"的证明方式在数学里可谓俯拾皆是。比如，假设一个房间里有367个人，要证明其中至少有两人的生日相同，我们无须枚举这367个人生日的所有可能组合，而只需证明"他们的生日不可能都不相同"。如果367个人的生日都不相同，就需要367个不同的日期，而这显然是不可能的。公元前300年，欧几里得正是利用反证法证明了不存在"最大"的素数。素数是指那些只能被1和其自身整除的正整数（大于1），大于1的非素数（合数）则都能表示成若干个素数相乘的形式。根据这个定义，"9"可以表示成"3×3"，所以它不是素数；同理，"50"也不是素数，因为它可以表示成"$2 \times 5 \times 5$"。在此基础上，欧几里得的证明过程如下：假设存在最大的素数p，把从2到p的每个素数乘起来（每个数只乘一次），就可以得到一个比p更大的数，然后给这个更大的数加上1。这样一来，你用已知的任意一个素数去除这个新得到的数都会产生余数1。因此，它也是一个素数，而且是比p更大的素数（或者，如果它不是素数，它就一定能被某个大于p的素数整除，依然可以推导出"p不是最大的素数"的结论）。

排中律的基本形式如下：默认命题A和命题非A中有且只有一个为真，只要能证伪命题非A，就等于证真命题A。当研究有穷集合时，结构主义者姑且能忍受基于排中律的逻辑推导过程，但如果研究对象是无穷集合，以布劳威尔为代表的数学家坚持认为，排中律的严密性已经不足以支撑证明对象的存在了。布劳威尔最喜欢（也是维特根斯坦后来经常引用）的一个例子是，你要如何证明在圆周率π无限不循环的小数部分里，不存在像"7777"这样的数字序列？因为无论你数到π的小数点后多少位，即便你一直没有发现这个目标序列，你也无法否定"只是数的位数不够多"这种可能性。[61]

罗素曾用一个异想天开的例子来类比滥用排中律的现象："现任法兰西国王是个秃子。"法兰西国王这个头衔早就不存在了，所以这句话显然是个伪命题。但它并不影响排中律对其做相反的假设，即"现任法兰西国王不是个秃子"。[62]布劳威尔之所以反对在涉及无穷的命题中滥用排中律，原因同罗素举的例子类似，那就是排中律可能会导致我们默认某个根本不存在（无权构造）的前提而不自知。正如哥德尔后来指出的那样，对不经明确构造的对象进行贸然的间接论证，往往会得到"奇怪的结论……比如，我们先假设一个性质，然后通过推理证明具有该性质的整数是存在的，但事实上谁也没见过这样的整数，甚至没人能说出通过怎样的手段和步骤才能找到这种数"。[63]

针对布劳威尔的质疑和攻击，希尔伯特最常用的反驳理由是把排中律比作数学家不可或缺的装备。"让数学家弃用排中律，"希尔伯特声称，"就相当于劝天文学家不要用望远镜，或者禁止拳击手使用自己的拳头！"19世纪末，格奥尔格·康托尔关于无穷集合的研究被公认为集合论与数学基础理论研究的里程碑。希尔伯特在提到他的工作时曾信誓旦旦地说："没有人可以把我们从康托尔建立的极乐园中赶出去！"[64]当布劳威尔在哥廷根提出他的主张时，感觉自己的信念遭到诋毁的希尔伯特站起身，冷冰冰地说道："按照你的想法，我们势必要放弃现代数学的绝大多数成果。我希望数学能枯木逢春，而不是自断双臂。"希尔伯特对布劳威尔的评价极低：他自诩为数学革命的领袖，其实只是个跳梁小丑。"现在，数学王国兵强马壮、人才济济……（布劳威尔等人）从一开始就注定会失败。"[65]

布劳威尔很快对希尔伯特的话给出了机智的回应，他认为"直觉主义对形式主义有益无害……因此，形式主义学派的数学家应该把一部分成果归功于直觉主义者，而不是反唇相讥"。他还尖锐地指出："到目前为止，在形式主义的理论框架内，没有任何东西能盖棺论定。"正如他所言，布劳威尔1928年在维也纳举办的一场演讲对形式主义产生了积极的影响。彼时的希尔伯特正在苦心孤诣地构建坚实可靠的数学基础理论，布劳威尔的演讲不仅触及了希尔伯特形式主义方法论的核心问题，还为哥德尔日后提出石破天惊的理论带来了重要的提示和启发。布劳威尔指出，强调"正确性"意味着减少由公理系统推导出错误命题的可能性，强调"自洽性"则意味着公理系统不能同时推导出"命题A"与"命题非A"这两个相互矛盾的命题。一个数学系统的正确性和自洽性本质上是完全不同的两个方面：正确性是对"语义"的要求，而自洽性是对"句法"的要求。希尔伯特试图建立一个完备的形式主义数学系统，他虽然没有强调布劳威尔所说的正确性和自洽性，但确实有一对与之相当的概念，即完备性和可判定性。所谓完备性，是指它可以推导出所有正确的命题；所谓可判定性（又叫"句法完备性"或"正反完备性"），则是指对任何命题A，A与非A有且仅有一个能成立。①, 66

按照布劳威尔的定义，希尔伯特的形式主义数学系统是一个纯粹的句法系统，这样的看法是正确的，而且富有远见。如果用工厂来打比方，希尔伯特努力的方向就是省去对工厂生产的每件产品进行质量检查的麻烦，而他的研究目的则是"确保工厂里各台机器运作的可靠性"。因此，希尔伯特要做的就是向别人展示工厂里的机

---

① 与"可判定性"内涵类似的一个术语是"判定问题"，后者是计算机科学领域的一个问题，指一段计算机程序或任何形式的算法能否通过有穷步的计算判定一个命题的真假。1936年，阿兰·图灵指出这样的通用算法是不存在的。

器——数学系统中的所有公理和推论——都在严格按照它们的设计初衷正常地运作，而且绝对不会发生齿轮卡壳的问题。[67]他的证明论不需要弄清楚命题A和非A到底哪个是事实上的真命题，而只需要保证在正确的推理规则下只有一个命题为真。

哥德尔后来解释说，问题的关键在于，保证句法规则自洽并不等于保证语义正确，就像检测机器不等于检验产品一样。"我们不必在意一个系统中每个符号的具体含义，因为推理规则与符号意义之间没有必然的联系。"比如，假设我们证明了命题A为真，只要A隐含B，我们就可以直接说B命题也成立，在这样的推理规则下，你甚至根本不需要知道A和B具体指什么。所以，形式主义的规则"就是纯粹的形式"。哥德尔指出："即便一个人不知道某些符号的具体含义，也可以仅凭规则就将其应用于实践。我们甚至可以设计一台机器，它的唯一功能就是根据公理和规则不断地生产正确的推论，你要多少，它就可以生产多少。"[68]

哥德尔无意间提到的这台"机器"极富预见性，它把他的工作与后来阿兰·图灵、约翰·冯·诺依曼的计算机理论紧密地联系在一起。10年后，图灵和冯·诺依曼的研究将奠定数字计算机的基础。哥德尔一生中向数学逻辑的池塘里丢了很多石块，其中每块都激起了影响深远的涟漪，上述工作就是其中之一。

第 5 章

不可判定的真理

为完备性欢呼

1929年2月,距离希尔伯特在波隆那大会上号召大家解决那4个问题还不到半年,哥德尔就提交了自己的毕业论文。显然,他在提交之前并没有让论文导师汉斯·哈恩过目。[1] 在希尔伯特的号召下涌现的"有志于投身数学研究的年轻数学家"中,哥德尔通过证明一阶逻辑的完备性,推动形式主义迈进了一大步,他的贡献超过了其他人的总和。

哥德尔的论文《论逻辑演算的完备性》于1929年7月13日由哈恩和富特文勒教授评审通过。1930年2月,23岁的哥德尔获得了博士学位。这篇论文的篇幅很短,当年晚些时候,它被刊发在《数学与物理学月刊》上,全文仅有两页。[2]

命题逻辑是最基本的逻辑形式,由最基础的逻辑命题(原子命题）和逻辑连词构成，逻辑连词包括"和""或""非""若""即"等。一阶命题是在命题逻辑的形式基础上，加入了代表量词的符号，让"有的""全部"等可用于限定命题范围的逻辑成为可能。为了实现这个目的，弗雷格首次提出了两个逻辑量词。假设一个集合包含了所有的猫，x 是其中任意一个元素，再假设函数 $F(x)$ 表示命题"x 是黑色的"，如果我们要用符号语言表示命题"有些猫是黑色的"，就需要引入存在量词"∃"，形式如下：

$$(\exists x) F(x)$$

这个符号表达式的字面意思是"存在 x，使得函数关系 $F(x)$ 成立"。类似地，如果我们要表示命题"所有猫都是黑色的"，就需要引入全称量词"∀"。用这个符号替换上面表达式中的存在量词，它的字面意思就是"对所有 x，函数关系 $F(x)$ 均成立"。在一阶逻辑里，代表"有的"和"全部"的逻辑量词可用于形容逻辑的对象（比如"所有的猫""有的数字""有的集合"等），但不能用于形容对象的性质或由同类对象组成的集合。也就是说，如下命题就不属于一阶逻辑命题："两只猫身上的某些颜色是一样的"，或者"有几只猫的集合里包含了黑猫"。除了在这类命题上力有不逮之外，一阶逻辑是一个非常强大的系统，在希尔伯特想要构建的牢固的数学基础理论中，有相当一部分就建立在一阶逻辑的基础之上。

哥德尔在毕业论文中论证和阐述了一阶逻辑系统不仅适用于推导所有的逻辑命题，而且它的各个公理之间相互独立且无法相互推导，因此一阶逻辑系统内的每个公理都是不可或缺的。

虽然让哥德尔震惊数学界并名扬天下的其实是他在几个月后发表的不完备性定理，但仍有一些逻辑学家认为知名度较低的完备性定理更加重要。"完备性定理非常强大,至今仍有基于它的新推论被发现。"杰拉德·萨克斯在2007年评论说,"它可以从一个很简单的假设出发,搭建出非常坚实的数学理论系统。它还适用于其他领域,不只是专属于数学研究。"[3]

从哈恩对哥德尔毕业论文的中规中矩的评语里可以看出,他当时可能并未意识到哥德尔所做工作的重大意义。"本文是对逻辑算法研究的宝贵贡献,所有方面都达到了博士论文的要求,而且正文部分有发表价值。"哥德尔的论文导师哈恩写道。

1929年2月23日,当哥德尔埋头写毕业论文时,他的父亲突然去世了。哥德尔的父亲罹患前列腺肿大多年,病情不断恶化,痛苦不堪。他后来不得不接受手术,但在那个抗生素尚未普及且手术器械落后的年代,进行外科手术意味着有20%的死亡风险。由于术后发生了严重感染,哥德尔的父亲在55岁生日的前几天撒手人寰。"对我们尤其是母亲来说,整个天都塌下来了。"鲁迪·哥德尔说。[4]库尔特的好友赫伯特·费格尔几周后听闻了这个消息,给他写了一封信:

最亲爱的哥德尔!

我今天才得知这个不幸的变故,你的悲痛我感同身受。可怜的家伙,你现在肯定非常难受,请节哀顺变。

请告诉我你是否还会回到维也纳,我当然非常愿意和你当面聊聊。如果有什么事是我能为你做的,但说无妨。[5]

费格尔将这封信寄到了哥德尔的老家布尔诺,由此可见,哥德尔当时肯定是回家奔丧去了。不过,哥德尔当时是什么心情我们不得而知,在他留存至今的信件中,没有一封是写于这个时间段或提到他的感受的。只在一篇记述内心最深处想法的日记里,他罗列了自认为的失败和不足之处,其中之一便是对父亲身故之事无动于衷,而这篇日记写于父亲去世的7年后。即便如此,不管是跟家人还是其他任何人,哥德尔此后都绝少提起父亲,甚至不曾留下父亲的任何一张照片。直到大概30年后,他的母亲找到了一张丈夫的老照片并寄给了儿子,哥德尔回复道:"这张照片里的爸爸太年轻了,我现在能记起的他完全不是这个样子。最后那几年他的头发是灰白的,而这张照片里的他头发还是乌黑的……无论如何,我都很高兴能有父亲的照片,哪怕只有这一张也行。"[6]

父亲去世3天后,哥德尔切断了与故乡的最后一丝联系:他正式宣布放弃捷克国籍,并着手准备加入奥地利国籍的相关手续。[7]父亲留下了一栋别墅,雷德利希纺织厂也会按月给哥德尔的母亲发一笔数目不大的抚恤金,除此之外,哥德尔的母亲还继承了丈夫留下的可观遗产,足够她和两个儿子维持优渥的生活,至少眼前是这样。当年11月,母亲搬到维也纳同儿子们一起生活,他们租住的公寓在约瑟夫城大街上,距离著名的约瑟夫城剧院仅500英尺,距离议会咖啡馆1/4英里,公寓楼的一楼还有一家装修豪华的电影院。与他们同住的还有父亲的养母安娜,4个人在那里共同生活了8年。

母亲每个月能领到300奥地利先令(相当于50美元)的抚恤金,加上各种投资的收益,她每个月的收入约为300美元(放在21世纪初,这个数目相当于5 000美元),与她每月的生活花销基本持平。哥德尔每个月的生活费与母亲相当。根据他在20世纪30年代中期写的一张便条推测,哥德尔家的银行存款总额为20万奥地利先令左右,相当于当时的3万美元。此外,他们在股市和其他投资渠道里还有数千美元的资产。如果用2020年的购买力来衡量,哥德尔家的总资产相当于今天的50万美元，算得上生活无忧了。[8]

对哥德尔来说，殷实的家境使他在打拼的路上不需要为生计担心，能够心无旁骛地实现自己的目标：从竞争激烈的学术界脱颖而出，在维也纳的高知圈占得一席之地。哥德尔后来说过，他想在学术圈里站稳脚跟，以研究自己喜欢的东西为生，并实现经济独立。

一个相聚议会咖啡馆的夏夜

1930年9月，一场盛大的科学聚会在柯尼斯堡举行，这座位于波罗的海东岸的港口城市是希尔伯特的故乡。德国三大学术团体的年会同时在柯尼斯堡举办，分别是德国数学学会、德国物理学会，以及德国自然科学家与医师学会。一年前，趁着这三个学会在布拉格聚首，维也纳学派为了提高国际和公众影响力，在会议举办期间组织了一场"卫星分会"。哈恩、魏斯曼、纽拉特、费格尔、卡尔纳普、菲利普·弗兰克、理查德·冯·米塞斯等人都在分会上分享了各自的论文。有了这一次的成功经验，他们决定在9月5—7日的柯尼斯堡大会上如法炮制，向参会的科学家介绍逻辑经验主义的主张。[9]

第二次卫星会议的主题是"精密科学的认知论"，高潮部分当属会议的开幕环节，研究数学基础理论的三大学派纷纷派出代表，阐述各自的观点和理念。但罗素和布劳威尔不打算前往柯尼斯堡，而希尔伯特又受邀出席多个重要的会议，分身乏术。虽然三个学派的代表人物都不能到场，但代替他们发言的也都是各个阵营里有头有脸的人物：卡尔纳普是逻辑主义学派的代表，约翰·冯·诺依曼是形式主义学派的发言人，直觉主义学派的人选是布劳威尔最得意的学生阿恩特·海廷。三人发言之后，由魏斯曼代表维特根斯坦，论述数学在本质上属于套套逻辑的观点。[10]

和平时一样，凡事只要跟维特根斯坦扯上关系，哪怕他并未到场，也不会进展得那么顺利。维特根斯坦同意魏斯曼代表他发言，但必须在演讲开始前发表如下声明："魏斯曼引述和发表的任何观点，都与路德维希·维特根斯坦本人的看法无关。"[11]

按照会议日程，哥德尔会在第二天就他刚刚完成的研究论文发表演讲，题目是《逻辑演算的完备性》。在启程几天前的一个宜人的夏夜（1930年8月26日星期二），哥德尔与同去参会的其他几个人在议会咖啡馆碰头，商讨行程。卡尔纳普、费格尔和魏斯曼都在场，他们商定的路线是先坐火车到斯维内明德，再从那里乘蒸汽船到柯尼斯堡。

大约半年前，哥德尔曾向卡尔纳普透露，他的研究正处于一个艰难的阶段，需要解决的关键问题是：将自洽性和完备性的证明拓展到更复杂的数学系统中，比如罗素和怀特海在《数学原理》中构建的包含所有运算法则和数论的数学系统。显然，哥德尔打算把证明高阶逻辑系统的完备性作为解决该问题的切入点。[12] 与此同时，他透露出完备性的证明似乎遇到了某种障碍。卡尔纳普在1929年圣诞节前两天的日记里写道：

长廊咖啡馆，1929年12月23日，5：45—8：30。与哥德尔谈话。谈到了数学的不可穷尽性。布劳威尔在维也纳的演讲给了他灵感。数学无法完全形式化。他似乎是对的。[13]

就在1930年8月的那个夏夜，哥德尔第一次向外人表示他已经

第 5 章 / 不可判定的真理

解决了希尔伯特提出的问题。卡尔纳普日记里有关于这次会面的简短记录,也是数学史上关于这个重大时刻仅有的文字记录:

> 议会咖啡馆,1930年8月26日,星期二,6:00—8:30。哥德尔的发现:PM系统(《数学原理》一书中的系统)的不完备性。自洽性的证明遇到了问题。[14]

三天后,几个人又在议会咖啡馆见了一面,这次哥德尔透露了更多细节。不过,直到柯尼斯堡个人演讲的最后一分钟,哥德尔才第一次以"公开"的形式将他的发现和盘托出。(他的语速又快又急,说"昭告天下"有点儿言过其实。)介绍完完备性定理,他实事求是地说道:

> 倘若完备性定理也能在更高阶的逻辑系统(涵盖范围更广的泛函演算)内得到证明,逻辑的通用性就可以得到充分证实,可判定性也不言自明了……如此一来,任何能在《数学原理》中被明确表述的算法和分析问题,就都有了可解决性。
>
> 不过,根据我刚刚介绍的证明方法,完备性定理向高阶逻辑系统的扩展是不可能实现的。也就是说,有些数学问题虽然可以用《数学原理》的范式描述,但无法用它的逻辑手段解决。对这个问题的进一步阐述会大大偏离今天的主题,此处不做赘述。[15]

在早期的演讲文稿里,哥德尔最后一句话的措辞略有不同:"不过,这些问题还需要做进一步的研究和阐释,此处不能妄下结论。"这说明就在正式发言前的几周时间里,他的结论变得更加系统和成熟。发表演讲的第二天,在以数学基础理论研究为主题的闭幕总结会上,哥德尔又补充了一些细节。"我们甚至可以在经典数学的范畴里举出不完备性的例子,有些命题(比如哥德巴赫猜想和费马大定理)在实践中一直是真的,但至今无法在形式数学系统内得到严谨的证明。"他说道。[16]

哥德巴赫猜想和费马大定理是两个著名的数学猜想,虽然它们看起来很像真命题,但在长达数个世纪的时间里,所有试图在形式数学系统内证明它们的努力都以失败告终。克里斯蒂安·哥德巴赫本是一名学习法律和医学的学生,也是一名数学爱好者。1742年,他在写给伟大的数学家莱昂哈德·欧拉的一封信中提出了一个观点:所有大于2的偶数都可以表示成两个素数之和的形式。虽然迄今为止都没有人找到这个猜想的反例(计算机已经算到了17位数),但也没有人能给出这个猜想的证明。比哥德巴赫早一个世纪的法国数学家皮耶·德·费马,在丢番图的《算术》里写下了一句不起眼的神秘注释,宣称他想到了一种方法可以证明:当$n>2$时,等式$a^n+b^n=c^n$不存在正整数解。(费马在注释里说,因为证明的步骤太长,书页里写不下,但后人也没有在其他地方找到相关的文字记录。费马大定理最终在357年后的1994年得到了证明,用了129页的篇幅。)

哥德尔指出,不可判定命题的存在不仅关系到公理系统的完备性,还关系到整个数学系统的完备性。假设有一个命题F,它为真却无法得到证明,还有一个命题非F,它无法在同一个系统内被证伪,那么就算我们把非F视作公理也不会引起任何矛盾。这样的情况令数学家非常不安,"你确实得到了一个自洽性公理系统,但在该系统内,某些错误的命题却无法被证伪。"[17]

卫星分会的讨论内容被整理出版,刊登在下一期的《认识》上,这本学术期刊是维也纳学派创办的。哈恩让哥德尔给他的新发现写一篇简短的摘要,作为大会内容总结的一部分,而完整的证明过程则于次年发表在《数学与物理学月刊》上。[18]

随着哥德尔的工作在数学界内口耳相传,证明的细节日益为人所知。显而易见,这个证明对数学领域来说意义重大。它不仅得出了石破天惊的结论,它提出的概念和推导过程也令人肃然起敬。人类历史上不乏天才及其创造的成果,有些让人会心一笑,有些则让人拍案叫绝。大多数天才的作品并不难理解,你甚至可以看出它从跬步到千里、从小流到大川的发展脉络;但只有极少数才称得上登峰造极之作,它们的每个部分都相得益彰、恰如其分,让人难以相信它们出自凡人之手。就像巴赫赋格曲中对题绝妙的插入时机,以及莎士比亚十四行诗中每个诗节末尾那个集思考、韵律和韵脚突转于一身的点睛之词一样,哥德尔的证明具有毫不做作的天然气质,仿佛他一眼就看透了整个因果。

许多年后,哥德尔曾向鲁迪·拉克描述他思考数学的方式,犹如到一个充满数学对象的神秘世界里遨游一般。哥德尔解释说,"一个人必须设法切断所有不必要的感官",然后用思想和意念直接感受数字、无穷集合,以及其他存在于"纯抽象"世界中的"客观而绝对"的东西,不能"让日常生活中的常识混入,也不能只考虑物理对象之间的相互组合与置换"。哥德尔曾在一本笔记本里评价说,研究数学就是要矛盾地兼顾谦虚与自负,并在两者之间寻求平衡。"在面对数学定理时,无论它看上去多么微不足道、多么琐碎,只要反复地阅读和思考,就一定能有所得。"与此同时,在探索无人涉足的领域时,要对成功有百分之百的信心,这样才不会被眼前的问题似乎"毫无实际意义"的负面情绪压倒。要做到这一点,就必须坚信

"你正在做的事情是正确的,你选择的路径是正确的,你到目前为止的努力也是正确的"。[19]

哥德尔的证明之所以超凡脱俗,在很大程度上是因为它包含了一系列自我指涉的证明步骤,总是给人一种在最后一刻突然得到了预期结果的"神奇"体验。德国诗人、业余数学家汉斯·马格努斯·恩岑斯贝格尔在《向哥德尔致敬》这首诗里,将哥德尔同蒙赫豪森男爵做了一番对比。蒙赫豪森男爵有一次连人带马陷进了泥潭里,自作聪明的他竟然想出了拉着自己的头发脱困的"天才"方式:

> 蒙赫豪森定理——马、泥巴和头发——
> 听上去引人遐想,但要当心
> 蒙赫豪森说谎成性。

> 哥德尔定理,乍看之下
> 不知该如何评价,但细想之下
> 哥德尔说的一点儿也不假。
> ……
> 来呀,让我们抓紧这些命题
> 一起用力拉![20]

罗伯特·穆齐尔曾说数学是一座空中楼阁,如果要拿哥德尔定理打个比方,就更绝了。他的不完备性定理仅凭数学的内在逻辑就证明了数学的不可证明性,犹如一个人已经身处数学的空中楼阁,继而又把自己拉到了半空中。

可证明的不可证明性

就希尔伯特构建数学基础理论的研究而言，证明公理系统的自洽性可谓重中之重。1934年，哥德尔受邀参加了由纽约大学哲学学会组织的一场讨论会。哥德尔在会上的发言没有被报道和出版，甚至很少有人知道这场讨论会的存在，但那次发言可以说是哥德尔对不完备性定理的意义做出的最通俗的阐释之一——只要自洽，万事就成真。一旦命题A和它的反面非A能同时在某个数学系统内成立，哥德尔对此评论道，"就很容易得出推论：任何公式都有可能成立"，哪怕像"0 = 1"这样明显错误的公式也不例外。[21]

要在数学范畴内证明它本身的自洽性，其实就是一个先有鸡还是先有蛋的问题。"一个数学自洽性的证明过程如果想让人信服，"哥德尔指出，"我们就必须确保整个证明过程涉及的公理与推论总能得出正确的结论。但如果我们已经知道这些公理和推论是可靠的，而且确信所有推论都是正确的，也就无须再对自洽性做出证明了。"[22]

所以"关键问题"在于，形式系统自洽性的证明必须建立在"绝对无异议"的过程和方法的基础之上，换句话说，要让寸步不让的直觉主义者没有反驳的理由。[23]希尔伯特想要捍卫的许多现代数学成果都是以无穷集合为基础的。只是，希尔伯特"证明论"的核心思想其实不能预设"证明方法本身的正确性"，但我们要证明的恰恰是证明方法本身，哥德尔指出了这个问题。"眼下还没有人严肃地质疑过有穷数学的自洽性，所以只用有穷数学的方法在有穷数学的范围内证明自洽性即可，更何况有穷数学也属于构造主义的范畴，这种思路正好能满足多方的要求。"[24]

哥德尔设计了一种把证明过程的符号表述与整数的算术性质关

不完备性定理的证明文稿，上面有哥德尔做的标注联在一起的转化方式。如此一来，长篇大论的数学假设和推导过程就可以被转化成简洁的算术公式，而一旦成为公式，它就落到了数学的句法规则内。这种把元数学问题"降维"成纯粹数学命题的方法，是哥德尔在解决数学自我指涉这个核心问题的过程中耍的第一个小花招。

有了上述用数字替代推理过程的转化方法，《数学原理》中用于表述数学或逻辑公式的字符串就都可以转化成简单且独一无二的整数。罗素和怀特海在《数学原理》里特意规定了为数不多的"基本"符号，并且指出这些符号足以表述任何逻辑和数学命题，只是用这种方式表述的命题往往极其臃肿和复杂。哥德尔先给每个基本符号赋值，让它们分别等于一个整数。在不同场合解释不完备性定理时，哥德尔采用的编码系统也不一样。以1934年他在普林斯顿大学讲授的系列课程为例，哥德尔采用的编码方式如下：[25]

0	N	=	~	v	&	→	≡	∀	∃	∈	(	)
1	2	3	4	5	6	7	8	9	10	11	12	13

(有关这些符号的定义和哥德尔证明的细节，可参见附录。)

这种编码方式尤其值得称道的是它的可逆性。例如，对于给定的完整公式"$x = 0$"，符号在公式里的顺序决定了它的底数（素数），符号对应的赋值则代表它的指数，将每个符号对应的乘方相乘，哥德尔把由此得到的代表该公式的整数称为"f数"（公式数）。这个f数通过分解素因数，可以"破译"得到原来的公式"$x = 0$"。

通过分析f数的算术性质，我们就可以反推原公式是否具备某些特征。举个例子，如果一个f数可以被3^3（27）整除，而不能被3^4或更高次幂的数整除，那就意味着在它代表的表达式里，第二位（3是第二个素数）一定是那个赋值为"3"的符号（在这个例子里，3对应"="，符合这个特征的表达式有 $x = 0$ 或 $0 = 0$）。同理，如果一个表达式只有两个左括号而没有右括号，或者具备句法上的任何其他特征，就都能在 f 数的素因数分解里得到体现。如此一来，只要我们分析 f 数的算术性质，就能确定它代表的字符串是不是一个有意义的数学或逻辑陈述。由此可见，哥德尔的转化方式并不能证明一个命题的真伪，而只能证明一个表达式在某种形式系统内是否符合该系统的句法规则。

在此基础上，如果我们研究两个或多个 f 数之间的算术关系，就可以在给定的推理规则下，判断它们代表的表达式之间是否存在相互推导的关系。与许多其他形式数学系统一样，《数学原理》的基础包括两部分：一是公理，即不需要证明的推理过程的起点，比如"$0 = 0$"；二是推理规则，它的目的是保证推论之间的相互推导是合理可信的，比如从"$A = B$"可以推导出"$B = A$"，由"A 成立"与"$A \to B$（若 A 则 B）"可以推导出"B 成立"。假设一个数值公式包含了所有的推理步骤，但推理步骤再多，总归是有穷的，所以理论上这样的公式是存在且能写完的。事实上，能否写完这个公式并不重要，问题的关键在于哥德尔通过这种方式，成功地将对两个公式之间的逻辑关系的探讨转化成对两个数字之间的数值关系的探讨。

证明的准备工作还差最后一步，哥德尔的最终目的是把他的编码方式从单个公式拓展至完整的证明过程。证明就是一系列公式，所以完整的证明过程可以用一系列数字来表示。通过将各个公式对应的 f 数组合起来，哥德尔得到了一个代表整个证明过程的更大的 f 数。

不过哥德尔再次强调，这个数（证明数）能否代表整个证明过

第 5 章 / 不可判定的真理

程，完全取决于它的"纯粹算术性质"。[26] 因此，第一个 f 数（公式数）必须代表某条公理，最后一个 f 数必须代表得证的命题；介于两者之间的则是被哥德尔称为"推导链"的那些 f 数，它们必须遵从数值规则，数值规则代表着符号公式之间的有效推理。

按照哥德尔的编码方式，数论证明过程可以用数论命题来表示。哥德尔用德语单词"beweisbar"（可证明的）的缩写作为函数符号，又在上面加了一条数学中表示"非"的横线，构建出一个算术表达式，用于表述"证明数 x 不能代表 f 数为 z 的公式的整个证明过程"：

$$\overline{Bew}(z)$$

虽然 $\overline{Bew}(z)$ 代表的数值公式又长又复杂，但作为一个纯粹的算式，它一定能用《数学原理》规定的基本符号（包括若干括号、等号及变量 x 等）表示。这意味着同系统内的其他数学公式一样，命题 $\overline{Bew}(z)$ 也有一个 f 数。

就像哥德尔观察到的那样，"这产生了一些有趣的结论。"[27] 哥德尔最漂亮的绝招在这里亮了出来，这是一个犹如魔法般神奇的数学研究成果。他证明了，对于命题 $\overline{Bew}(z)$ 中的 z，总能找到一个值 g，使 $\overline{Bew}(z)$ 的 f 数正好是 g 本身，而非其他数。换句话说，哥德尔成功构建了一个命题 G：

$$\overline{Bew}(z) \quad 命题 G$$

它表示在一个给定的形式系统内，f 数 g 无法以该系统内的一个公理作为起点，依据该系统的可靠推理规则，并通过一系列证明步骤得到。但 g 又是命题 G 本身，换句话说，G 是不可证的。

哥德尔认为，这代表 G 在形式系统内是不可判定的，即在目标系统内，无法证明命题 G 或命题非 G 的真伪。

哥德尔在《不完备性定理》第一版的序言里，提到了该理论与说谎者悖论的诸多相似之处，并且明智地用数学里的"可证明性"替换了说谎者悖论里的"真话"概念。原因在于，从哥德尔的公式 G 中可以看出，虽然命题A与命题非A不可能同时为假命题，但它们有可能同时不可证。[28]

"这个命题是不可证的"，无论这句话是真是假，它都是个麻烦事儿。如果它是真的，它本身就是一个虽然为真却不可证的命题；而如果它是假的，就意味着它能够被公理系统证明，或者说它是一个可证明的假命题，细想一下，你会发现这种情况更麻烦。

哥德尔没有就此罢手，他进一步指出不仅是《数学原理》中的公理系统，任何包含算术的形式系统都天然带有这样的瑕疵。就算把命题 G 添加到公理中，即默认命题 G 是一个不需要证明的公理，也无济于事。原因在于，哥德尔证明了，这种做法会在系统内的其他地方产生另一个不可判定的新命题。

苦果和酸葡萄

哥德尔云淡风轻地向在柯尼斯堡的希尔伯特投掷了一枚重磅"炸弹"，就在哥德尔公开成果的两天后，希尔伯特出席了德国自然科学家与医师学会的年会并应邀做了演讲，哥德尔也在听众之列。从某种程度上说，这场演讲可以算作希尔伯特的告别演说。当时他已经68岁了，他的出生地柯尼斯堡打算授予他"荣誉市民"的称号，并筹备了相关仪式。所以，在柯尼斯堡年会上的演讲其实是希尔伯特对这项殊荣的回应，而且很可能是他最后一次在重大公共场合对数学的未来进行展望。

演讲结束后,希尔伯特在他人的陪同下来到会场附近的一家电台,参加一档广播节目,内容主要是复述演讲的要点。一段45转/分钟的录音被留存下来,在录音的最后,希尔伯特谈到了他在1900年发起的那场著名挑战,并以其作为结尾。对于那些立志追求科学真理的人,他坚称"没有什么是'不可知的'(ignorabimus)"。希尔伯特特意用了这个词,显然是在回应柏林大学校长、生理学家埃米尔·杜布瓦-雷蒙在1872年受同一学会邀请时所做的演讲。杜布瓦-雷蒙在演讲中说,作为一种人类活动的结果,科学知识具有主观思维和客观物质的双重极限,所以人类永远无法发现超出认知极限的真理。杜布瓦-雷蒙在演讲的最后引用了一句拉丁格言:*Ignoramus et ignorabimus*(我们不知道,我们也不会知道)。而希尔伯特在录音的结尾表达了完全相反的意思:"我们必须知道,我们一定会知道。"[29]希尔伯特于1943年去世后,这句话被刻在了他位于哥廷根的墓碑上:

WIR MÜSSEN WISSEN
WIR WERDEN WISSEN
(我们必须知道,我们一定会知道)

如果希尔伯特在发表演讲的两天前去听一听哥德尔的演讲,或许他会觉得有必要给自己的演讲稿加上注释。

哥德尔的成果很快散播开来,虽然很多人都不能第一时间弄明白他到底证明了什么,但显然人人都知道这个消息的意义非同小可。"哥德尔先生怎么了?"哲学家海因里希·舒尔茨在从明斯特寄给卡尔纳普的信中问道,"我听说发生了一件不得了的事,但直到现在也摸不着头脑。"从费格尔那里得知来龙去脉后,纳特金从巴黎给哥德尔寄来了贺信:

> 赫伯特上次来见我时跟我讲了许多关于你的事,管它合适不合适,我真是骄傲极了……所以,你真的证明了希尔伯特的公理系统存在不可解问题——这绝对不是件小事。[30]

哥德尔摧毁了数学以逻辑自洽性为基础的所有可能性,最早意识到这一惊天意义的人是约翰·冯·诺依曼,他在柯尼斯堡那场会议结束后立马找到哥德尔,深入询问和探究了后者的成果。冯·诺依曼当时也在研究数学的自洽性问题,而且几乎同时与哥德尔走上了同一条道路。冯·诺依曼在学术上是个非常令人敬畏的对手,坊间有很多关于他特殊能力的传言,比如又快又准的心算能力和过目不忘的记忆力。冯·诺依曼6岁的时候就能心算八位数除法;小时候他能用古希腊语和父亲谈笑风生;他只需要读一遍就能一字不差地把整本书背下来,甚至能一边背一边把文本翻译成另一种语言。有一次,他的同事赫尔曼·戈德斯坦想试试他的本事,就问他能否背出狄更斯的《双城记》的开头。在冯·诺依曼一口气背了15分钟之后,戈德斯坦表示心服口服。超群的记忆力让冯·诺依曼的脑子里装满了趣闻逸事,以及幽默的段子和打油诗,他会根据具体的场合信手拈来。按照戈德斯坦的回忆,在社交场合中和学术会议上,冯·诺依曼最拿手的就是妙语连珠,他可以让原本死气沉沉的现场气氛立即活跃起来。[31]

柯尼斯堡会议结束后过了大约两个月,1930年11月20日,

第 5 章 / 不可判定的真理

冯·诺依曼给哥德尔写了一封信。一方面，他对哥德尔定理的发表致以热烈的祝贺（盛赞其为"长久以来最伟大的逻辑学发现"）；另一方面，冯·诺依曼在信中称他从哥德尔定理出发，推导出了一个"重要"结论。他在信里附上了一个简化版的证明，按照这个证明，如果哥德尔的不完备性定理成立，我们就永远不可能证明任何自洽系统的自洽性。一时间，这封信令哥德尔寝食难安。[32]

哥德尔立刻写了回信，并告诉冯·诺依曼他其实已经得出了这个结论：

> 很遗憾，我不得不告知你，早在三个月前我就已经得出了你在信中所说的结论……之所以未在公开场合提及，是因为我觉得推导这个结论的详细证明过程不适合以口头汇报的形式呈现。如果急功近利地一吐为快，不够精确的表述很容易就会引起人们对这个结论的误解，进而引发对这一理论正确性的质疑。关于这个理论的发表和出版事宜，我会在1931年年初的《月刊》上发表一篇简短的摘要，主题是无矛盾性不可能在系统内证明（这篇论文的主体部分是证明系统中存在不可判定命题）。[33]

为了佐证自己的说法，哥德尔还随信寄去了一份文稿的复印件，那是他在1930年9月寄给维也纳科学院的一篇摘要。冯·诺依曼很快做出了回复："既然你已经建立了不可证明性定理，那么我会放弃发表该结论。"[34]

哥德尔并没有借机炫耀自己战胜了冯·诺依曼，他只是急匆匆地给原本要发表在《月刊》上的手稿增加了预告第二篇论文的相关内容，后一篇论文今天被称为"哥德尔第二不完备性定理"。除了在正文部分增加了新内容之外,哥德尔还在论文的标题里加上了罗马数字"I",表示他的证明并未结束,接下来还会有相关论文要发表。从结果看,哥德尔的做法并无必要:从来没有一个人怀疑哥德尔是不完备性定理的创立者,也没有人质疑过第二定理的内容。[35]

冯·诺依曼发自内心地敬重哥德尔的成就,甚至盖过了他对个人得失的懊恼。几年后,他曾向自己的数学家朋友斯坦尼斯拉夫·乌拉姆坦承,他因为没能率先发现不可判定命题而沮丧。但他同时也告诉赫尔曼·戈德斯坦,他其实一直没有找对方向,甚至差一点儿就证明了数学系统的自洽性,而这与哥德尔的结论背道而驰。在埋头研究这个问题的日子里,他曾经连续两个晚上梦见了解决某个难题的方法。每次他都兴奋地从梦里醒来,跳下床到桌子边验证梦里的想法;虽然每次都能取得些许进展,但依然没能解决所有问题。冯·诺依曼对戈德斯坦说:"算数学走运,第三晚我没再做梦!"[36]

20年后,冯·诺依曼在给哥德尔颁发爱因斯坦奖时,对他的成就给出的评价是:"非凡且不朽,甚至不朽都不足以形容。它是理论的丰碑,将在时间和空间的长河里熠熠生辉。"1930年秋,正在柏林上课的冯·诺依曼收到了哥德尔寄来的一份即将发表在《月刊》上的论文预印版。他的课原本探讨的主题是希尔伯特及其如何试图用有穷数学的方法拯救经典数学。"我记得事情的变化极具戏剧性。"当时上课的学生之一古斯塔夫·亨佩尔说,"当时正是深秋时节,我记得那天天气很好。冯·诺依曼走进教室说,他从一位年轻的维也纳数学家和逻辑学家那里收到了最新消息,希尔伯特的目标似乎永远都不可能实现。于是他决定从那天起不再讨论希尔伯特,而把剩余的课时都用来探讨哥德尔的学说。"[37]

1931年1月底,门格尔得知了哥德尔的发现,那时他正在美国得克萨斯州的莱斯研究所交流访学。就在两周前，哥德尔带着他的成果参加了一场数学座谈会，而一封来自维也纳的信把有关哥德尔和那场座谈会的消息带给了门格尔。根据数学家弗朗茨·阿尔特的回忆，当哥德尔的演讲结束时，现场一度鸦雀无声，直到有个人打破了尴尬的气氛，他说："你的观点非常有趣，应该投稿发表。"[38]

与冯·诺依曼一样，门格尔立刻决定舍弃原本的教学内容，转而介绍哥德尔的成果，他也因此成为把哥德尔定理引入美国的第一人。1932年，门格尔回到维也纳，组织了一系列公开学术演讲活动，每场演讲的门票价格都和戏剧演出的票价相当。在其中一场主题为"新逻辑"的演讲中，公众第一次从门格尔口中听说了不完备性定理及其重要性。[39]

与此同时，哥德尔的证明也招致了希尔伯特阵营的一些学者的不理解甚至是敌意，其中就包括希尔伯特本人。根据他的助手保罗·贝尔奈斯的说法，希尔伯特第一次得知哥德尔的研究后"略显愤怒"。[40]虽然希尔伯特在1939年把不完备性定理证明一字不落地加进了他的《数学基础》第二卷中，并认可了它的正确性，但他始终不承认形式主义学派的崩塌，以及它在证明数学基础理论自洽性方面的失败：

> 近来的观点认为根据哥德尔的研究结论，我的证明论是行不通的，但我想强调这种看法是错误的。哥德尔的结论只能说明在形式主义的基础领域，用有穷数学的方法证明数学基础理论的自洽性时必须比平时更加谨慎。[41]

贝尔奈斯虽然对哥德尔的研究不吝褒奖，但他一开始似乎并不明白哥德尔探讨的问题其实是"可证明性",而非"真伪性"。对逻辑学和集合论做出了重大贡献的德国数学家恩斯特·策梅洛也理解错了,但与贝尔奈斯不同,他仇视哥德尔的研究,还宣称找到了其中的一个漏洞。1931年9月,德国数学学会在巴特埃尔斯特举行了一场会议,奥尔加·陶斯基坚持邀请策梅洛同哥德尔当面对话,却遭到策梅洛的拒绝,而且他明确表示自己无意与那位在数学界崭露头角的年轻人碰面。随后,有人建议步行到附近的山上吃午餐,策梅洛却要求哥德尔不能去,一是因为哥德尔去了吃的就不够了,二是因为哥德尔肯定走不了山路。然后,策梅洛指着一个他误以为是哥德尔的人对陶斯基说,他一点儿也不想跟一脸蠢相的人说话。然而,最终策梅洛和哥德尔还是阴差阳错地碰了面,就在初次相识的几秒钟内,陶斯基写道:"两位学者都深深地沉浸在思考里,策梅洛一直到了山上才回过神来。"[42]

即便如此,在两人随后的通信中,策梅洛依然想推翻哥德尔的证明,他抓住哥德尔构建的函数 *Bew* 不放,认为它是整个证明的漏洞所在。策梅洛的理由是,只要把 *Bew* 定义里的"可证明性"换成"真伪性",它就会产生类似罗素悖论的结果,而这恰恰是哥德尔特意规避的问题。在长达数年的时间里,类似的质疑声从未停息,甚至只是因为哥德尔在论文的序言里打了一个不太贴切的比方,他们就认定哥德尔定义和建立了一个自我矛盾的函数。但事实上,哥德尔凭借一己之力,让他所在的领域取得了迅猛的发展和众人瞩目的进步。[43]

最酸溜溜的人要数布劳威尔,他不无哀怨地说他是唯一一个不觉得哥德尔的证明出乎意料的人,而且哥德尔的结论完全没有改变他以往的看法,他始终不相信数学能够或应该建立在一套完善的形式系统的基础之上。[44]

最令人唏嘘的人莫过于美国逻辑学家埃米尔·莱昂·波斯特,他从20世纪20年代初就开始研究不可判定命题,哥德尔却比他先取得了成果。波斯特宣称,他在研究中已经"预见"了哥德尔的成果。1938年,两人在纽约初次见面,事后波斯特给哥德尔写了一封真挚的信,略带懊悔地向哥德尔道歉,并表示见面后他的内心久久无法平静。"整整15年,"他解释道,"我一直坚信自己能用一种前无古人的想法撼动数学界,只是后来实现这一梦想的人不是我。与击碎我的梦想的人会面,我实在无法控制自己的感受,请你原谅。"在信的结尾,波斯特写道:"虽然我有很多豪言壮语,但其中最能代表我心情的一句大概是:如果我是哥德尔,我早在1921年就能证明哥德尔定理了。"[45]

不过,波斯特依旧是这个领域的巨擘,他后来为哥德尔定理的演绎做出了重要贡献。在两篇几乎同时发表的论文里,他和阿兰·图灵独立地论证并严谨地定义了一种形式运算系统,它可以把问题拆分成一系列基本的机械运算步骤。作为现代计算机的原型,"图灵机"正是基于这个概念模型创建的。哥德尔和图灵从未见过面,但在新生的计算机领域内,两人都非常认可对方的贡献和成就。哥德尔也非常欣赏波斯特和图灵的工作,称他们构建了一个"广泛适用的形式系统,并给出了精确且充分的系统定义",相当于把他的证明推广到"每个与有穷数论相关的自洽的形式系统"中,证明了其适用性。[46]波斯特和图灵各自提出了一种概念机,它在最基础的层面只执行二选一的二进制操作,但只要遵循特定且有穷的操作步骤(程序),就能完成任何计算任务。他们打了一个比方,这样的概念机能在一条纸带上做三件事:一是在纸带上打上方框;二是擦掉已经打上的方框；三是沿纸带左右移动，每次移动一个方框的距离，然后识别和读取当前位置上是否有方框。这种概念机的提出反映了他们对哥德尔定理的深刻理解，一方面，他们意识到任何形式数学系统都可以类比成这种重复的机械计算过程；另一方面，他们发现如果把哥德尔所说的不可判定命题放到概念机的范畴里，它就相当于一个永远无法得出结论的计算程序，会导致概念机永不停歇地运行下去。[47]

除了波斯特和图灵等人之外，哥德尔也一直在思考他的定理对数学和哲学的整体影响和意义。虽然他晚年悲观地认为他一辈子只是在"证伪可能性"，但此时乃至此后很长一段时间内，哥德尔都为他发现的惊人结论感到欢欣鼓舞。他认为，这个结果表明数学理论是"无法穷尽的"：人类的头脑总是可以发现新的数学真理。如果一个形式系统无法推导出某个数学真理，那恰恰说明人类的直觉是任何机器都无法模拟和复制的。

就哥德尔而言，他并不认为自己的发现"颠覆"了希尔伯特理论，它仅仅意味着我们需要更努力地运用人类的智慧，在现有的基础上探索出新的道路，去发现那些亟待发现的真相。

门廊边的市侩之人

1932年6月，哥德尔提交了用于申请教授资格的论文《不完备性定理》。论文指导老师依然是汉斯·哈恩，但这一次他没有惜字如金。哈恩写道："该论文属于一流的科学理论成果，在所有专业领域都引起了广泛的兴趣和关注，可以肯定地说，它将在数学史上占有一席之地。"[48]对于想在数学系申请教职的人，维也纳大学有一条不成文的规定：刚刚获得博士学位的人如果想在学术道路上更进一步，取得在大学教书的资格，申请者从毕业那天起至少要等上4年时间。但是，哥德尔打破了这个惯例。

即便如此，哥德尔从获得博士学位到获得教职依然花了近三年时间。除了论文之外，申请流程还包括：上一堂试讲课，申请者要提前申报三个备选主题，试讲后将接受评估；面试时，申请者需要回答与主攻领域相关的一些问题。所有这些流程都由评估委员会及相关院系的全体教授负责，他们的参考依据很多，不过最主要的原则是"申请者的个人资质能够胜任大学教职"，所有评委据此对申请者的表现投上赞成票或反对票。哥德尔的评估结果是：42人赞成，1人反对，1人弃权。由于投票是匿名进行的，所以我们大概永远也不可能知道是谁给库尔特·哥德尔投了唯一一张反对票。[49]

通过评估后，申请者就可以获得"私人讲师"的资质，这是一种欧洲（尤其在德语区）的初级高校教职。有了这个头衔，就可以在大学传道授业，但距离以讲课为生还差得很远。这个教职不属于大学内的编制，也没有基本薪资，所以有时又被称为"编外讲师"或"无薪讲师"。对于刚刚获得讲师资格的人，唯一可以从大学获得的收入是上课的学生直接支付的听课费，但这笔钱数目很小。大学对讲师的课时设置了最低限制：每4个学期至少要开一门课，每门课的课时不小于每周两小时。不要想当然地认为只要多劳就能自力更生，讲师想单纯依靠在大学上课养活自己几乎是不可能的，许多比哥德尔更受欢迎、在教学上也比他更勤奋的讲师都做不到仅靠上课收入来负担生活开销。哥德尔在维也纳大学当讲师期间一共开过3门课，分别是1933年的算术基础理论、1935年的数学逻辑精讲和1937年的公理集合论，刚好达到了大学对讲师课时要求的下限。数论学家埃德蒙·霍尔卡曾经上过哥德尔的数学逻辑精讲课，据他回忆，哥德尔讲课时语速飞快，全程面朝着黑板、背对着学生。"说实话，我很快就跟不上课程的进度了。"霍尔卡说。到那个学期末，原本座无虚席的教室里只剩下一个学生，他就是波兰数学家安杰伊·莫斯托夫斯基，他后来成了一名杰出的逻辑学家。哥德尔的归档文件里有一张他某个学期的工资收据，显示他的课时收入为2先令90格罗申，这点钱仅够买两杯啤酒。[50]

哥德尔微不足道的课时收入，1937年

哥德尔的朋友们都在力所能及地帮助他，时不时给他介绍一些零散的与数学有关的编辑工作。1932年夏，门格尔因为出版了一本几何教材而得到一笔稿酬，他从中拿出250先令给了协助过他的哥德尔。和工资一起寄到哥德尔那里的还有一本陈查理的探案集，门格尔想以此督促哥德尔提升一下英语水平。（几个月后，哥德尔坦承他没看几页，因为"对我来说，读起来太费劲了"。）除此之外，门格尔也频繁邀请哥德尔处理《数学研讨会成果汇编》杂志的编辑事务，有时候还让哥德尔为其他杂志撰写书评和文章。从一份1932—1933年的收入清单上可以看到，哥德尔的收入包括：24先令70格罗申的讲课费，由他父亲生前工作的雷德利希纺织厂支付的915先令的抚恤金，加上其他收入，共计4 286先令70格罗申，相当于当时的700美元。而哥德尔的开销远超他的收入，舒适体面的生活迅速消耗着他从父亲那里继承的遗产，长此以往，他势必会陷入财务困境。[51]

打零工毕竟不是长久之计，数学研究才是哥德尔的生存之本。他照例每天很晚才起床，夜里很迟才睡觉，去咖啡馆见朋友，去剧院看剧，去电影院看电影，同母亲、哥哥一起听音乐会，周末到维也纳附近的山上徒步旅行或者和家人一起远足，暑假去位于维也纳南部约50英里的拉克斯山区度假。从一张拍摄于那个时期的照片可以看到，笑逐颜开的哥德尔穿着一条宽松的裤子和一双长长的羊毛徒步袜，戴着一顶软帽，拿着一根手杖，站在一条乡村小路上，远处是崇山峻岭。

鲁迪·哥德尔当时已经读完了医学院，在维也纳当地一家知名诊所做放射科医生。哥德尔一家仍然其乐融融地住在位于约瑟夫城大街的公寓里，生活里唯一的麻烦来自安娜。鲁迪评价道："她是一位骨子里透着善良、讨人喜欢的女士，不过有时候也很

哥德尔在拉克斯山区徒步旅行

1929—1937年，哥德尔与母亲、哥哥一起租住在约瑟夫城大街右侧的公寓楼里

悲观厌世，一有风吹草动就大惊小怪，常常惹得母亲心烦意乱。"[52]

1930年，美国的大萧条蔓延到全世界，想要在奥地利或德国谋得一份终身教职几乎成了不可能做到的事。在这样的社会背景下，哥德尔身边的人纷纷到其他地区寻找出路，他们个个都是数学和哲学领域的奇才。随着人才的大量出走，维也纳学派日渐分崩离析。第一个离开的是费格尔，1930年，他在洛克菲勒基金会的资助下前往美国哈佛，并于次年在艾奥瓦大学获得一份教职。

艾奥瓦大学所在的艾奥瓦城（当时人口约为1.5万）极其闭塞，没有多少外来居民。费格尔在这座城市生活了几个月后，给好友哥德尔写了一封信。在这封言辞尖刻的信里，费格尔极力渲染一个维也纳人想要适应这座美国大学城的生活有多么不易。"美国梦"完全不像人们夸赞的那么好。火车票和家政服务都贵得吓人；出了城区就没有人行道了，想去城外走走都成了奢望（"美国人没有散步的习惯，他们喜欢在星期日开着车到处转，这大概就是他们钟爱的消遣方式"）；美国的自来水是用氯消毒的河水，这让费格尔非常怀念在维也纳饮用阿尔卑斯山泉水的日子；家家户户的房子都是一个样，"市侩的人们经常坐在庸俗的门廊旁的摇椅上，自得其乐地读着报纸", 客厅采光不足、闷热不堪, 浴室狭小逼仄, 凡此种种, 令人压抑。"对我们来说, 美国人自吹自擂的安逸生活并不怎么样, 实在令人大失所望。"

同样让费格尔失望的还有大学, 行政机构臃肿, 教职人员冗余。不过, 他最大的失望源于沉闷枯燥的美国社会本身。美国人虽然也讲究体面, 但有一种与生俱来或根深蒂固的不成熟, 费格尔只能勉为其难地入乡随俗:

> 总体而言, 美国大学内部的联系要比维也纳大学更紧密, 大学里的人不仅在各种公务场合经常碰面, 私下里也多有联络。美国人的社交生活占比很大, 但多数浮于表面。虽然我们希望把这种浪费时间的社交活动减至最低限度, 想要做到却不太容易: 经常有其他教授的夫人来拜访玛丽亚, 按照美国的社会习惯, 如果有人拜访了你, 你就要进行回访, 之后就是约时间共进晚餐, 这种你来我往的无聊社交活动也会没完没了。所幸我认识的教授都不像他们的夫人那么难以应付。太太们喜欢相约去俱乐部, 到目前为止, 玛丽亚仍在尽力地婉拒其他太太们的俱乐部活动邀约, 我非常希望她能坚守住这道防线……
>
> 一个人要想成为哲学博士至少要上20年学, 但面对这些30岁的人, 我觉得他们的心智很可能只相当于18岁时的我们。玛丽亚和我认为, 不够成熟加上过于天真的秉性让这些人显得非常无趣……这个地方给我们俩的印象是, 美国人的性格里没有一点儿能与紧张和敏感沾上边的东西, 他们通常不拘小节且极度自信。美国女人都很可人, 但说不上高贵优雅, 因为她们的穿搭明显是在跟风, 千篇一律。美国人的言行举止似乎总在强

调:"我们也做得到,美国也是有文化的。"与其说这种表现源于美国人的自卑,不如说源于他们引以为傲的幼稚。

费格尔削尖了脑袋想在纽约谋一份教职,因为他觉得那里"更让人兴奋,有更多聆听音乐的机会,也有更多吸引力的职位。而在这里,你会觉得自己仿佛远离了现实生活"。[53]

同一时间,维也纳的"现实生活"正朝着黑暗的未来加速前进,迫使许多人从这座城市逃离。1933年1月,阿道夫·希特勒在德国上台。两个月后,他颁布了《公务员机构修复法》,要求所有"非雅利安"公务员"退休"。这个法令涵盖的范围很广,其中包括在大学任职的教授,数以千计原本生活在德国的犹太物理学家、数学家和其他众多科学领域的学者纷纷从纳粹统治的地区出逃,造成了人类历史上规模最大的人才流失。绝大多数德裔科学家后来都去了美国和英国。

阿尔伯特·爱因斯坦就是最早离开德国的科学家之一,当时恰逢普林斯顿高等研究院刚刚成立,他在那里获得了一个职位。爱因斯坦曾对《纽约世界电讯》的一名记者说:"只要有选择的余地,我就一定会生活在一个尊重公民自由、社会氛围包容,并且崇尚法律面前人人平等的国家。而这些条件都是目前的德国所不具备的。"这番话让纳粹分子顿觉脸上无光,恼羞成怒的纳粹当局给普鲁士科学院下达行政命令,让它以"勾结境外势力"的罪名把爱因斯坦扫地出门,结果爱因斯坦先他们一步,主动从科学院离职。

奥地利的情况也不乐观,支持纳粹的呼声越来越高,国外的媒体争相预测,奥地利纳粹分子在下一次选举中有望获得多达50%的选票。1933年3月4日,时任奥地利总理恩格尔伯特·陶尔斐斯突然援引《奥地利法典》里的《战时紧急法案》，绕过议会程序直接调集警队，阻止议员进入国会议事。陶尔斐斯意图把奥地利打造成一个独立的国家堡垒，他打着罗马教廷的旗号建立了一个团结"基督徒与社团党"的国家政权。此后，奥地利议会里再也看不到党派之间声嘶力竭的争论和热热闹闹的选举投票场面，取而代之的是由各个阶级的代表——农民、工人、商人和教会——组成的委员会，他们受到一股超越党派的政治独裁势力的支持和保护，即奥地利"祖国阵线"。奥地利的政治环境急剧动荡，到1933年春，就连生活在维也纳的普通人也能感觉到与日俱增的高压气氛和风雨欲来的紧张态势。即便如此，哥德尔的大多数朋友仍然认为奥地利的法西斯主义要远远好过德国的纳粹主义，出于在公共机构担任职务和晋升的需要，很多从前信奉自由主义的人都例行公事般地登记并加入了"祖国阵线"，哥德尔也不例外。[54]

几个月后，门格尔去往日内瓦，他向熟识的美国数学家奥斯瓦尔德·维布伦大倒苦水，讲述了一件件令他难以忍受的日常琐事：

> 我在维也纳时无法通过信件向你描述那里的情况。你很清楚我有多么喜爱维也纳，这几年的日子过得也不错，我无怨无悔地付出很多努力，只为了能一直留在那里。但今非昔比，我眼下不得不说：我实在是忍受不了了。大学里的情况已经糟糕到你无法想象的地步。有人说如今的奥地利有超过45%的人都是纳粹，我不清楚这个数字的真假，但它远远比不上大学里的纳粹占比。我觉得维也纳大学的纳粹支持率肯定达到了75%，而在我工作的数学系，这个数字接近100%。但在我看来，校园政治化并不是最糟糕的事，因为纳粹的目的是党同伐异，把不

支持他们的人排挤出行政系统，而我本来就对行政工作没有兴趣，不参与其中反而合了我的意。真正让我身心俱疲的是，这两年来社会氛围越来越肃杀，人人自危。这并不是因为我精神脆弱，而是因为让人精神紧张的事件越来越多，持续的时间越来越长，发生得也越来越频繁。身处这样的社会，如果你每天把报纸读上两遍，看看那满纸动摇国家文明根基、威胁个人存在价值的荒谬言论，你就根本无法把注意力集中在科研上。[55]

在这封信的结尾，门格尔请求维布伦帮他在美国找一份工作，同时恳求他尽可能隐晦地回复，以防走漏风声。另外，门格尔还交代维布伦不要向任何欧洲朋友提及奥地利的政治现状。

就在前一年的夏天，门格尔帮处境同样困窘的哥德尔获得了一个绝佳机会。1932年6月，维布伦给门格尔打来电话说他即将路过维也纳，问是否可以见上一面。维布伦并非偶然路过，这趟长达数月的欧洲之旅是为了给刚刚成立的普林斯顿高等研究院招募最顶尖的理论学家。于是，门格尔找到哥德尔，让他为刚刚取得的新研究成果准备一次汇报。哥德尔想到了一种对基本概念进行重新诠释的方法，这样一来，经典算术和数论就可以与直觉主义流派的理论相兼容。6月29日，维布伦受邀与哈恩教授共进下午茶，第二天下午1点，他再次来到数学研究所听取了哥德尔的汇报。[56]

哥德尔给维布伦留下了良好的印象，维布伦返回美国后给门格尔写了一封信，提到"关于哥德尔在高等研究院的职位，我希望能将我们当时商定的计划付诸实施。我们这里可以为他提供一份为期一年的合约，年薪在2 500美元上下……由于这是一所纯科研性质的机构，原则上他不需要授课，但如果他有讲课或组织研讨会的需要，也完全不用担心,这里有很多愿意捧场的大学生……我认为这个职位可以让哥德尔先生享受一年的自由时间,他可以在宜人的环境里尽情开展自己的研究工作。"[57]

由于当时身为讲师的哥德尔要留在维也纳处理一些事务,几个月过去了,维布伦一直没有收到回复,按捺不住的他发来了电报。1933年1月,哥德尔回了一封电报:"接受,荣幸,哥德尔。"哥德尔又在后续的信件里解释说他有充裕的资金,不需要维布伦为他预支旅费。不过,他对金钱也不是完全不在意,在哥德尔询问能否保证他的工资水平不受美元通胀的影响后,维布伦委婉地拒绝了他。[58]

很多朋友都到维也纳西站为哥德尔送行,其中包括奥尔加·陶斯基。哥德尔在那里登上了欧洲东方快车公司的卧铺火车,开启了前往美国的旅程。"火车开动了,一个仪表堂堂的男子转身离开,他先前站在跟我们隔了一段距离的地方,我想他肯定是哥德尔的哥哥。而我们还在对着远去的火车挥手。"陶斯基回忆说。[59]

费格尔从艾奥瓦城寄来了风趣的贺信。"年轻人,现在你也像爱因斯坦还有其他名人那样,决定投奔怒海了。这是一种非常明智的选择,你很有可能会获得一个永久教职,而德国和奥地利又将失去一位优秀的学者。"[60]

第 6 章

学者的极乐天堂

数学家的乡村俱乐部

奥尔加·陶斯基后来才知道,她在维也纳西站送别的哥德尔其实没有走成。哥德尔原本的计划是于1933年9月23日从法国瑟堡启程,搭乘英国冠达邮轮公司的皇家贝伦加利亚号前往美国纽约。但他半路打了退堂鼓,陷入了不知所措的境况。在发现体温稍稍偏高后,哥德尔掉头回到了维也纳。显然哥德尔并没有做好出远门的准备,这本应被看作一个不好的征兆——他可能有严重的心理问题,但母亲和哥哥却努力说服他一周后再尝试一次。[1]

这一次,哥德尔成功登上了皇家阿奎塔尼亚号的甲板,于1933年9月30日从瑟堡出发。根据纽约港的外籍乘客入境记录,哥德尔的职业是"教师",身高5英尺7英寸,发色为棕色,眼睛为棕色,肤色为深色,健康状况良好,非无政府主义者,非多配偶者。哥德尔下船后，埃德加·班伯格在码头上迎接了他。班伯格是普林斯顿高等研究院的董事会成员，也是研究院资助人的侄子。高等研究院的欢迎仪式于10月2日举办，而哥德尔晚了4天才抵达。[2]

促成高等研究院成立的人名叫阿布拉罕·弗莱克斯纳，他是一个不知疲倦的斗士，始终致力于美国高等教育的改革。弗莱克斯纳最知名的事迹发生在大约20年前，他用确凿的证据揭露了美国医学院教育存在的系统性教学质量瑕疵，推动了医学教育的改革。弗莱克斯纳于1866年出生在肯塔基州的路易斯维尔，是家里9个孩子中的老七，父母是来自波希米亚的犹太移民，在美国靠当推车小贩维持一家人的生计。在兄长的资助下，弗莱克斯纳毕业于约翰斯·霍普金斯大学。学成后，弗莱克斯纳回到路易斯维尔，在当地的一所高中教拉丁语。他是一个无惧挑战世俗标准的人，身为一名新教师，却在第一学年就大胆挂掉了整个班的拉丁语课。1910年，卡内基教学促进基金会找到弗莱克斯纳，委托他对美国医学教育的实际状况进行评估。接下这项任务后，他走访了位于美国和加拿大境内的所有医学院，共计153所。结果发现，除了少数例外，几乎所有医学院都只是生产和贩卖文凭的工厂：没有招生标准，没有实验室，没有临床实习条件，也没有毕业门槛。弗莱克斯纳的调研报告给他招来了数不清的毁谤官司和死亡威胁，也让他在一夜之间成为美国家喻户晓的话题人物。这份报告直接导致2/3的医学院关门，美国国内掀起了一场轰轰烈烈的医学院改革，从那以后，医学生的培养有了严苛的标准，科学严谨成了医学教育的基本规范。[3]

约翰·冯·诺依曼的第二任妻子卡拉拉曾这样形容弗莱克斯纳。"个头不高，体形瘦削，像鹰隼一样结实，双眼炯炯有神，待人谦虚有礼，但显然志存高远，富有幽默感，似乎与强壮有力沾不上边，讨喜的外表很容易让人忘记他有多么精怪和聪慧。"[4] 截至1929年，弗莱克斯纳已经在洛克菲勒基金会工作了15年，为了促进医学教育的改革和发展，他高效地花掉了约翰·戴维森·洛克菲勒的5 000万美元。他的关注点不再局限于医学院，而是美国的高等教育。弗莱克斯纳对当时美国国内的高等教育机构不抱任何希望，甚至认为它们不配叫作"大学"。弗莱克斯纳严厉地总结说，美国高校不是一个汇聚学者并能让他们专注于先进的研究和教学的地方，它们"无组织也无协调"，是一群目的不明的乌合之众；美国高校的研究生课程更是可有可无，没有可靠的教学规划，也没有多少资金支持。弗莱克斯纳认为，美国"缺乏对高等教育的基本尊重，校园里不是政治当道就是宗教横行，美国社会一边给思想贴上'贵族'专属的可笑标签，一边又挥舞着'民主'的大棒，肆无忌惮地打击真正有才能的知识分子"。在这种社会氛围下，弗莱克斯纳决定采取一种激进的补救措施。他认为应当放弃任何试图改良已有高校的幻想，美国高等教育的唯一出路是从零开始，建设一个全新的堪称典范的学术机构。[5]

关于这个学术机构，他的设想是：

> 它是为那些有能力、有教养且反对填鸭式教育的人开设的……硬件设施应当从简，有书和实验室就够了，最重要的是有宁静的环境，尽量避免外界干扰，不需要世人瞩目，也不要让学生过早地担负起为人父母的责任。条例和规则的制定宗旨是，让机构生活变得更舒适，让私人生活更轻松愉悦。它无须面面俱到地仿效其他机构的编制，如果没人愿意担任某个职位，那它大可以保持空缺，它的面积可以很小，但一定要大力推动研究的进步。[6]

弗莱克斯纳后来解释说，这个知识分子的伊甸园"由各个学术领域内最顶尖的人员组成，他们聚首在这里是希望能躲避外界的干扰，专注于纯粹而严肃的高等学术研究"。[7] 弗莱克斯纳曾花费数年时间，想把自己的母校约翰斯·霍普金斯大学改革成一所符合上述构想的纯研究型大学，但他的主张遭到了意料之中的反对。1929年12月的一天，两位陌生访客来到了弗莱克斯纳位于普林斯顿洛克菲勒医学研究所的办公室。两人分别是律师和商业顾问，他们受到富豪兄妹路易斯·班伯格和卡罗琳·富尔德的委托，为一笔1 000万美元的捐款寻找合适的使用渠道。[8]

班伯格手握新泽西州纽瓦克市的一家百货巨头，旗下拥有3 500名员工，年销售收入高达3 000万美元，这主要归功于他秉持的善待顾客和员工的生意经。百货公司里的商品明码标价、童叟无欺，还提供贴心的全额退款和商品更换服务，绝无含糊推托；职工的薪水可观，百货公司的餐厅会提醒食客不必给女服务员付小费，因为餐厅给她们支付的薪水中已经包含了小费。班伯格在74岁时决定退休，他把自己的所有生意打包出售给了美仕公司，6周之后就发生了1929年10月的美国股市大崩盘。班伯格及其妹妹幸运地逃过一劫，带着1 100万美元现金和69 200股美仕公司的股票（两个月内，这些股票的价值将腰斩）潇洒离场。[9]

性格内向的班伯格终生未婚，妹妹虽然已婚但没有孩子。公司转让后，两人给工龄超过15年的225名员工共计发放了100万美元的奖金，即便如此，他们手里剩下的现金数目依旧很可观。高等研究院的院史是这样记载的："兄妹俩多年来苦心经营，兢兢业业地服务于纽瓦克市居民，这笔钱虽然是他们的辛劳所得，但他们仍愿意回馈给市民。"他们最初的想法是成立一所愿意在招生方面向犹太学生倾斜的医学院,于是派人去找弗莱克斯纳,咨询他的意见。弗莱克斯纳马上指出了这个想法的不合理之处,他确信犹太学生在报考医学院时并不会遭受歧视,所以没必要特意为犹太学生建立一所医学院。弗莱克斯纳更进一步指出,真正缺少的是好的教学医院,以及附属的有实力的大学。另外,纽瓦克市离纽约市太近,当地的大学难以在师资和生源上同后者竞争。[10]

当时弗莱克斯纳的办公桌上正好放着一本样书,他在这部即将出版的作品里狠狠批评了美国大学的现状。"你们有没有做过白日梦?"面对两位访客,他突然问了一个让人摸不着头脑却又意味深长的问题。[11]

在接下来的两年里,他巧妙地说服了班伯格兄妹,让他们明确了资助的计划——建立一个"纯粹的学者小圈子",用《哈泼斯杂志》几年后采访弗莱克斯纳的话来说,这可以让他们自由地探索"无用知识的用处"。班伯格兄妹一直在机构的选址问题上寸步不让,他们坚持认为新机构应该建在纽瓦克市内或市区周边,弗莱克斯纳则闪烁其词,狡猾地在草拟的各种文件里将"在纽瓦克周边"替换成"在新泽西州",最后他也得偿所愿。事实上,弗莱克斯纳从一开始就决定把新机构设在普林斯顿。班伯格兄妹和弗莱克斯纳因为选址问题产生了嫌隙,后来是爱因斯坦签署聘书才使得两人之间的关系出现了转机,当得知第一批加入新机构的5位教授里包括这位世界上最伟大的科学家时,班伯格兄妹欣喜若狂。弗莱克斯纳发出了一份条件优渥的工作邀请,爱因斯坦的回复是:"我(对这份邀请)的热情犹如猛火烈焰。"[12]

在高等研究院正式启用的第一天,应弗莱克斯纳的邀请,上述5位教授里的三人到他在普林斯顿的新办公室里低调地开了第一场会议。在场的所有人都和普林斯顿大学有着或多或少的联系：奥斯瓦尔德·维布伦和詹姆斯·亚历山大本就是该校数学系的全职教授，约翰·冯·诺依曼在过去两年里一直担任普林斯顿大学的兼职客座教授。至于没有到场的两人，爱因斯坦会从欧洲赶来，预计要过几个星期才会到达普林斯顿；赫尔曼·外尔对弗莱克斯纳抛出的橄榄枝曾摇摆不定、犹豫不决，在内心斗争了数月之后，终于因为担心他的犹太妻子在纳粹德国前途未卜而决定辞去哥廷根大学的职位，远赴美国。

高等研究院成立之初，骨干成员几乎全部来自数学领域，这其实也是弗莱克斯纳的精心安排，他想让研究院尽快取得引人注目的学术成果，而数学是一个更容易达成共识的领域。除此之外，他还向班伯格兄妹解释说，"对于初创的研究机构，把数学当作带头学科是非常合适的策略。虽然数学家只顾埋头琢磨数学概念，不需要也没有义务兼顾任何其他学科，但他们取得的成果可以启发科学家、哲学家、经济学家、诗人和音乐家。"而且，数学研究对硬件设施的要求不高，无须建设精密的实验室和设备，"有几个老师、几个学生、几间教室，再置办点儿书、黑板、粉笔、纸张和铅笔，就足够了"。[13]

不过，弗莱克斯纳坦承，"对我来说，数学家就像黑夜里的奶牛，分不清谁是谁"，所以他委托维布伦招募一批顶流数学家。[14]维布伦也一直梦想着能在普林斯顿建立一个数学乌托邦，一旦遇到实现自己梦想的机会，他就十分舍得为其投入大量资金，这是他和弗莱克斯纳的另一个共同点。奥斯瓦尔德·维布伦是知名社会学家索尔斯坦·维布伦的侄子，他的祖辈是来自挪威的移民，在美国中西部的北方地区辛勤拓荒，修建房屋和谷仓，有了自己的土地和家园后，他们又把家里的9个孩子都送进了大学。在艾奥瓦大学上学期间，奥斯瓦尔德·维布伦有两个得过奖的专长：一个是数学，另一个是掷飞镖。他的身形高高瘦瘦，一生都是户外活动的爱好者。虽然他看起来很害羞，说话有点儿结巴，但卡拉拉·冯·诺依曼对他的印象是："如果你挡了他的道，他就会变成一个令人畏惧的对手。"赫尔曼·戈德斯坦对他的评价是："他是那种深知水滴石穿道理的人。"[15]

奥斯瓦尔德·维布伦

维布伦为普林斯顿大学的数学研究能跻身世界一流行列而不辞辛劳地工作，他和弗莱克斯纳都认为，数学研究不宜受市井生活的干扰，清静的世外桃源是成功的关键所在。维布伦亲自监督了普林斯顿数学系大楼的建设，这座雄伟的建筑名为范氏大楼，于1931年正式投入使用。范氏大楼名字里的"范氏"指的是前院长亨利·范恩，普林斯顿数学系的声名鹊起与范恩的加入有莫大的关系。家财万贯的芝加哥律师托马斯·戴维斯·琼斯是普林斯顿校友，也是范恩的朋友，他当时已经决定拿出200万美元捐给母校的数学系。但一天晚上，70岁的范恩在骑车回家的路上被一辆疾速驶过的汽车撞倒，不幸去世。意外发生后，琼斯家族决定多拿出50万美元，给普林斯顿数学系修建一栋以范恩的名字命名的大楼，作为纪念。

范恩去世后，维布伦满腔热血地担负起范恩未竟的事业。"范氏大楼的设计宗旨是，"维布伦解释说，"让在这里工作的人乐而忘返，相比待在自己的安乐窝，他们更喜欢待在这里。"范恩大楼里一共有

24间"学习室"（注意，不是"办公室"），其中9间装有壁炉，房间里的沙发和椅子都配备了又厚又软的坐垫，推开墙上用优质橡木做的挡板，可见内置的黑板和隐藏式的档案柜，壁炉的雕饰考究，炉台上有一个巨大的圆形浮雕，是一只在莫比乌斯环上爬行的果蝇，房间的窗户安装了彩色玻璃，上面有各种各样的圆锥曲线和著名的数学公式。大楼地下还有一个自带储物柜的浴室，旨在"为在大楼附近打网球的人提供方便"，让他们运动过后不必回家换衣服。每当建筑师提出更加经济节约的改进方案，琼斯都不愿意听取。"为了亨利·范恩，必须能做多好就做多好。"他回答道。[16]

维布伦是一个狂热的亲英派，他娶了一位英国太太，对牛津大学和剑桥大学等历史悠久、底蕴深厚的英国大学十分向往，在维布伦的授意下，范恩大楼的公共休息室每天下午4点都会供应下午茶。[17] 普林斯顿大学数学系系歌常常与时俱进，当年的本科生编写过这样一段歌词：

> 敬维布伦，奥斯瓦尔德·维布伦，
> 他爱英国和英国的茶；
> 他建造了一个数学乡村俱乐部，
> 在那里洗澡甚至不用带布。

在维布伦的牵线搭桥下，刚成立的高等研究院租用了范氏大楼的一部分，不仅享受到了大楼清静的环境，还搭上了普林斯顿数学系的招牌。高等研究院从成立伊始就以优厚的福利条件闻名，维布伦为成员们提供了极高的薪水，他认为只有这样，教授们才能一心一意地在研究所工作，而无须为了补贴家用去做兼职。爱因斯坦和维布伦的年薪是2万美元，外尔是1.5万美元，冯·诺依曼和亚历山大是1万美元。对普通大学的教授来说，哪怕其中的最低一档也是他们闻所未闻的薪资水平。普林斯顿数学系的同行们眼馋得不行，他们给高等研究院取了"高等薪水院"的外号，一时广为流传。[18]

维布伦和弗莱克斯纳的计划是，邀请天赋异禀的年轻数学家（比如哥德尔）到高等研究院做短期交流访学，让他们有机会与研究院的杰出教授合作，为他们的研究提供助力。起初，来访者被简单地称为"工作人员"，几年之后，这个称呼才改为"临时成员"。[19]

维布伦为了满足自己的构想和追求，会厚着脸皮从任何可能的渠道筹钱。高等研究院有一个受托管理委员会，委员会的成员之一、法学家费利克斯·弗兰克福特（后来担任过美国最高法院大法官）对维布伦设定的薪资水平提出了异议。弗兰克福特认为应当根据每个受聘者的具体情况确定薪资，而不是设立几档固定的工资，让所有属于同一档的人拿同样多的钱。维布伦自命清高地解释说，高等研究院是"学者们的天堂"，他们其实对赚钱兴趣不大，而只在乎能否追求真理。听闻此言，弗兰克福特辛辣地回应说："从天堂发生过的故事来看，那里并不是一个赋予人动力的地方……不如我们试试人间的方式？毕竟，我们要聘用的是人，而不是天使。"[20]虽然高等研究院没能成为学者们的天堂，但它绝对是他们的避难所。奥地利和德国的大批受到迫害的科学家即将踏上流亡的旅途，而此时的维布伦还不知道，他很快就要耗费更多的心力去扩展他的"收容所"，迎接涌向美国的学者潮。

天堂里的生活

1933年，哥德尔抵达普林斯顿后不久就给母亲写了一封信，称

"普林斯顿美丽的自然风光"是当地最令人眼前一亮的景色。他还详细地描绘了研究院周边的环境,"这里有一个非常漂亮的湖,湖的周围是一片很有情调的草场,它让我想起了维也纳普拉特公园的草地,只不过这个要小得多。总的来说,这个小镇看上去就像一座公园,当然,这里没有像阿尔卑斯山上那样茂密的森林。"[21]

20世纪30年代,普林斯顿的拿骚街街景,普林斯顿大学校区位于图中右侧

普林斯顿城内的主路拿骚街两侧绿树成荫,但平日里来往的车辆并不多。普林斯顿的常住居民有1.2万人,1756年,这里成立了一所与小镇同名的大学,将整座小镇笼罩在了清幽静谧的书卷气息里,就连主干道拿骚街也不例外。普林斯顿城由一群贵格会教徒在17世纪建立,大致位于费城和纽约的中点,是附近唯一一个兴旺的城镇。此后几个世纪,普林斯顿的城镇风貌几乎没有变化,一直保留着前工业革命时期古典小镇的风貌。至于镇上的普林斯顿大学,弗朗西斯·斯科特·菲茨杰拉德在1920年出版的《人间天堂》里写道,"它有一种慵懒的美感,堪称全美风光最宜人的乡村俱乐部"。[22] 拿骚街

贯穿整个小镇，头尾各有一座红绿灯，街上有一家银行、三座教堂，还有一个占地仅为三个街区的购物区。购物区旁边有一家都铎风格的商店，典型的明木外露结构给人一种古朴优雅之感；商店正对面就是普林斯顿大学庄严的校门和新哥特式建筑群；拿骚街上还有一家砖砌的药店，自从1858年建成就一直在那里；当然，还有"德高望重"的拿骚酒馆，为了还原殖民地时期的酒馆风格，拿骚酒馆的老板可没少下功夫，精致的温莎椅、刻意做低的横梁和天花板、巨大的壁炉等一应俱全。普林斯顿大学区的建筑风格以及它与非大学区明显不同的文化气息，让许多从旧大陆来的访客或流亡到此的学者联想到了牛津大学和剑桥大学等英国老牌名校，甚至有过之而无不及。

普林斯顿的景观风貌可圈可点，但社会风气就是另外一回事了。不管是小镇居民还是大学师生，普林斯顿人都以单调乏味的保守做派闻名。1935年，普林斯顿大学校刊收到了一封投稿信，信的内容是一个颇具讽刺挖苦意味的段子，将普林斯顿大学戏谑地称作"南方文化在北方的桥头堡"。话虽然难听，但这封信所言非虚：普林斯顿大学奉行种族隔离政策，校园被严格地划分成拿骚街校区（白人校区）和韦瑟斯彭街校区（黑人校区），直到1948年，镇政府才将两个校区合并。[23]虽然爱因斯坦起初也很喜欢当地美丽的风光和清幽的环境，但没过多久，他就指出自负和自满在小镇上无处不在，这让那些自诩为本地"团体"领袖的人日子非常不好过。爱因斯坦在写给比利时女王伊丽莎白的信中说道："普林斯顿很像《格列佛游记》里的小人国，虽然只是个乡村小镇，但人们做什么事都过分讲究，以至于十分滑稽可笑。"爱因斯坦形容普林斯顿是"乌鸦的角落"（Krähwinkel），这是一个用来挖苦中产阶级的词，形容一个地方聚集了很多精致的利己主义者，缺乏崇尚文化的风气，俗不可耐。爱因斯坦还在信里讽刺说，他怀疑如果想在当地名正言顺地拥有一点儿私人空间，只要多犯些当地的"忌讳"，就能让别人远离他。[24]

普林斯顿保守拘束的氛围一度让数学家卡尔·路德维希·西格尔无法忍受，尽管秉持和平主义思想的西格尔坚定地反对纳粹，但他还是在1935年从普林斯顿返回了德国。（1940年6月，西格尔踏上了异常艰难的回程旅途，他好不容易从纳粹德国逃出，在挪威登上了最后一批开往美国的轮船，历经千辛万苦才回到高等研究院，从此定居美国。）西格尔选择室友的态度很开放，他一个单身汉和两个女性朋友合租了一套公寓。此举招致院长夫人的强烈谴责，西格尔对此感到非常厌恶。他曾对同样流亡到普林斯顿的朋友理查德·库朗说："我千辛万苦从残暴的戈林手里逃了出来，难道就是为了让高尚的艾森哈特夫人对我指指点点吗……请原谅我的直言不讳，但我真的不喜欢你们美国。"[25]

哥德尔后来也跟他的朋友、同事格奥尔格·克莱索尔坦承，他来到这里的头一年，因为与身在维也纳的女朋友阿黛尔分隔两地而感到"在普林斯顿的单身生活确实很难熬……令人心烦意乱"。汇聚多国移民的维也纳对性的态度相对开放，但在古板的普林斯顿，最好想都不要想。[26]

哥德尔住在距离校园两个街区的一栋温馨的维多利亚式公寓楼里，地址是范德文特大道32号。普林斯顿人早睡早起的生活习惯让哥德尔很不适应，特别是镇上的餐厅早早就打烊了，哥德尔经常因为工作到深夜而吃不上晚饭。维布伦夫人无法对此视而不见，她有时会亲自下厨给哥德尔做些吃的。哥德尔是这样评价普林斯顿的平静生活的："如果你从小生活在大城市，你肯定会很喜欢这种恬静放松的乡村生活。但对我来说情况完全相反，我很想远离普林斯顿的乡村生活，到大城市去住上几个月，恢复一下精力。"[27]

小镇和大学不仅有古板乏味的社会规范，还有对外来学者的猜疑和责难，尤其是对犹太人。爱因斯坦曾在写给一个正在考虑逃离纳粹德国、到美国来谋生路的学者朋友的信中说道："卡尔纳普刚刚告诉我，他被明确通知普林斯顿大学最近不会考虑聘请任何犹太人。所以不要把美国想得太好，谁知道它明天会变成什么样，没准儿还不如野蛮的德国呢？"几年后，美国出版了一本在美数学家的名录，其中包括不少看起来是犹太人的名字。汉堡大学的亲纳粹数学家威廉·布拉施克嗤之以鼻地评论道："巴掌大点儿的普林斯顿竟然大张旗鼓地搞出了这么大规模的数学研究机构。最令人惊讶的是，这个'黑人小镇'上有将近100名数学家，但为什么培养不出好学生呢？""黑人小镇"在德语里是一个用来形容城镇衰败的贬义词，但在这里布拉施克针对的显然不是黑人，而是犹太人。[28]

面对当地人的排外情绪，弗莱克斯纳和维布伦勇敢地站了出来，他们这么做不仅是出于人道主义的原因，也有非常务实的理由。至少对弗莱克斯纳来说，他认为自己工作的全部意义就是为了数学学科的发展。反闪米特主义者、哈佛大学数学家乔治·伯克霍夫的一场讲话在当时被广泛引述，主题是号召美国人"警惕"大量侵入美国高校的外籍数学家，他认为这些人伤害了兢兢业业的"美国人"，抢走了他们的工作。对此，弗莱克斯纳反驳道：

> 如果美国能聘请到50个爱因斯坦，过不了几年全美的研究机构就能多出几百个研究职位的空缺……希特勒是个失智的疯子，他越是卖力地搞他那一套，越是合了我们的心意。我为德

国感到遗憾,我也为美国感到高兴。我的工作职责是尽可能及时地给一流的美国数学家提供职位,与此同时,如果那些被希特勒弃如敝屣的外籍人士也是一流的数学家,我照样会为他们提供职位。而且,这样的人多多益善。[29]

在现实生活和学术氛围都很保守的普林斯顿,高等研究院从很多方面看都扮演了庇护所的角色。冯·诺依曼是个非常善于鼓舞士气的人,他不同寻常的热情给高等研究院定下了一个与周围环境完全不同的新基调。伊斯雷尔·霍尔珀林是普林斯顿大学数学系的研究生,他入学那年恰逢高等研究院成立。在霍尔珀林的记忆里,只要冯·诺依曼在场,范氏大楼里就充满了激情和活力:"我上午到达范氏大楼的第一件事就是寻找冯·诺依曼的那辆敞篷车。如果他的车跟平常一样停在帕尔默物理实验室门前,范氏大楼在我眼里就会变得亮堂起来,让我觉得这一天都很美好;但如果车不在那里,就意味着他今天没来,整栋楼看上去就显得死气沉沉。"妻子卡拉拉记忆中的冯·诺依曼是个"在没有噪声的环境里就无法专心工作的人",冯·诺依曼工作状态最好的地方是火车、商店和嘈杂的旅馆大厅。他在范氏大楼里工作时办公室的门从来都是敞开的,不仅如此,他还跟一个同事打赌,谁抓到对方在专注地工

约翰·冯·诺依曼跟高等研究院的同事喝茶

作，被抓到的人就要输掉10美元，而冯·诺依曼从未被抓到过。[30]

有一次，冯·诺依曼被人误认为是个本科生，从那以后，他不管去哪里都会穿西装打领带。卡拉拉和他租住在普林斯顿的文库社区，他们经常在家里举办狂欢派对。不要因为冯·诺依曼穿着得体就觉得他是一个不苟言笑的人，也不要因为他喜欢派对就认为他是一个纵情声色的人。同样，霍尔珀林看到的那辆敞篷车并不代表冯·诺依曼是个汽车发烧友。恰恰相反，他不太会开车，他的女儿曾透露说，冯·诺依曼在考驾照时给考官递了烟，烟盒里隐约露出了5美元纸币的一角，然后他就通过了考试。拿到驾照后，他基本上每年都要买一辆新车，因为不出一年车肯定会被他撞到报废。有一次，一位同事问他为什么要买凯迪拉克这么花里胡哨的车，冯·诺依曼回答说："因为我买不到坦克。"[31]

冯·诺依曼成功地把欧洲的家产带到了美国，所以他可以尽情享受生活。他家里的鸡尾酒派对会雇来身穿制服、端着托盘的专业侍者，一轮接一轮地给客人们上酒，让他们开怀畅饮。一位同事形容冯·诺依曼家的派对是"普林斯顿的绿洲，如果没有它，生活该有多么沉闷无聊"。高等研究院成立的那一年，普林斯顿研究生院院长艾森哈特的儿子考入了普林斯顿大学数学系，在他的印象里，"冯·诺依曼有一个不同寻常的特质，虽然他晚上参加派对，通宵达旦地狂欢，却能在第二天早上8点半准时地出现在教室里，讲课条理清晰，丝毫不打折扣。这让很多研究生误以为想要成为像冯·诺依曼这样的人，就必须模仿他的生活方式，但最终没有一个人能做到"。[32]

和冯·诺依曼一样，詹姆斯·亚历山大喜欢酒精味十足的派对，也继承了巨额的家产（他的祖父是英国公平人寿保险公司的总裁），甚至比冯·诺依曼的还多。亚历山大也是个特立独行、思维活跃的人，他对登山的热爱给高等研究院的团队建设增添了别样的色彩。亚历山大还经常给新来的研究生出主意，比如，如果他们想在图书馆关门后溜进去，就可以模仿他的做法，从二楼的窗户爬进去。[33]

哥德尔在"二战"前写给母亲的所有信件都遗失了，不过从其他线索可以看出，他在普林斯顿的生活比冯·诺依曼、亚历山大等同事要平静得多。只有在数学研究上，他才会放飞自我。维布伦希望哥德尔能开设一门研究生的讨论课或讲授式的大课，哥德尔回应道："刚来普林斯顿就开课我感觉会比较吃力，如果真要开课，我希望能把课讲好，所以我需要先提升一下自己的英语水平。"[34]

在美国生活了11周后，哥德尔发表了一场公开演讲，这很可能是他人生中第一次全程用英语发言，这次活动的组织方是美国数学学会和美国数学协会，时间是1933年12月29—30日，地点是在马萨诸塞州的坎布里奇。哥德尔演讲的题目是《数学基础理论的研究现状》，从演讲稿看，他的英语已经掌握得非常不错了，语句的表述也很清晰，此后他用英语发表的论文及所做的报告都保持了同样高的水准。在演讲的开头，他说道：

> 概括起来，研究数学（我在这里所说的数学特指数学家会用到的、与数学证明有关的所有方法论）的基础理论需要解决两个不同的问题。第一，证明方法要由两部分构成并且要精简至极，它们分别是最少的公理和基本的推理规则，这样做是为了尽可能清晰地定义并描述这些公理和推理规则；第二，要赋予这些公理充分的正当性和正确性，比如，由同一系统内的公理推导出的结论既不能互相矛盾，也不能与经验事实相冲突。[35]

春季学期开始后，1934年2—5月，哥德尔用英语在研究院做了一系列演讲，主题是他的不完备性定理。有两名学生在征得哥德尔的同意后，把他们记录的听课笔记整理打印了出来，并分发给其他人。4月18日，哥德尔前往纽约，给纽约大学哲学学会做了关于不完备性定理的介绍，并受到热烈的欢迎。两天后，他又为华盛顿科学院做了类似主题的报告，题目是《数学的自洽性是否可证？》。虽然哥德尔的演讲条理非常清晰，但他发现听众还是认为他的理论很难懂。而且，公开演讲大大消耗了哥德尔的精力，每次结束后他都要消沉一段时间。几年后，一位在普林斯顿大学听过哥德尔演讲的学生表示，虽然演讲内容很好，但哥德尔一直面朝着黑板，哪怕在不需要写板书的时候亦如此。"很明显，他就是无法直面台下的听众。"[36]

那个时期的洛克菲勒基金会花费了大量的人力物力援助从纳粹德国出逃的学者，在基金会的档案文件里有一张纸条，上面记录了卡尔·路德维希·西格尔存在与哥德尔类似的性格问题，但基金会认为，无论如何都要给他们俩找到合适的职位："哥德尔和西格尔都有点儿古怪，所以他们俩不适合在高等研究院或普林斯顿大学教书。他们的天赋应当用于做研究。"[37]这种评价和安排是高等研究院十分欢迎的，所以一年期满后，准备启程回家的哥德尔收到了高等研究院的续约邀请。在纽约度过了悠闲的一周后，1934年5月26日，哥德尔登上了从纽约开往热那亚的意大利君王号游轮。他从热那亚返回维也纳用了一周半时间，中途在米兰和威尼斯待了几天。哥德尔终于回到了阔别一年的故土，但等待他的却是一场血雨腥风。[38]

并非杞人忧天

回到维也纳的哥德尔发现城里到处充满了暴力和焦躁，这要从他到家前3个月发生的一场流血冲突说起。1934年2月12日上午，林茨的警察闯进一家社会民主党派的工人俱乐部，声称后者非法藏匿武器。虽然位于维也纳的社会民主党总部对其手下的准军事组织保卫联盟三令五申，不许轻易动用武力，但林茨当地的分部指挥官最终还是下达了开枪的命令。陶尔斐斯政府和极右武装势力保安团早就看社会民主党不顺眼了，他们立即抓住了这个彻底铲除对手的绝佳机会。于是，在多方的推波助澜下，街头械斗很快蔓延到了奥地利各地。在3天的暴力冲突中，政府军队用轻型火炮猛烈地轰击了卡尔·马克思大院（维也纳城里最大的公共住宅之一，也是红色维也纳最具代表性的建筑），造成1 000多名保卫联盟成员和平民死亡。第二天，社会民主党被奥地利政府取缔，财产和资金充公，党派领导人逃往捷克斯洛伐克，留下的人悉数被抓进监狱，其中有9人被处决。

事情并未就此平息，随后的几个月里，早在一年前就被奥地利政府禁止的纳粹党死灰复燃，在全国各地发动恐怖袭击，导致人心惶惶。1934年5—7月，几乎每天都会发生爆炸和枪击事件，纳粹攻击的目标包括政府官员、政府办公大楼、发电站、供水设施，还有对奥地利经济至关重要的旅游胜地。7月25日发生了一起自社会冲突发生以来最严重的暴力事件：154名维也纳纳粹党卫军成员乔装成奥地利军人，闯入奥地利联邦总理府，射杀了陶尔斐斯。奥地利政府军队花了5天5夜的时间才最终肃清了武器装备精良的暴动者，挫败了这起有组织的"武装暴动"。

支持纳粹的师生们举着火把在维也纳大学内行进，1934年

对于政府取缔纳粹党的做法，维也纳大学的师生们不为所动，他们内心的狂热丝毫不减。1933—1934学年，时任国家教育大臣库尔特·许士尼格（陶尔斐斯遇刺身亡后，他继任总理）不得不多次告诫大学教员们，不能再对学校里猖獗的纳粹势力睁只眼闭只眼了，学生们甚至会传唱纳粹党歌《霍斯特·威塞尔之歌》。[39]

相比之下，政府迅速取缔了社会民主党。随后，摩里兹·石里克被传讯到当地警察局，并被告知恩斯特·马赫协会已经被定性为非法组织。"顺陶尔斐斯者昌！混科学圈者亡！"奥托·纽拉特讥讽道。"眼见着维也纳昔日繁荣的学术界日渐凋敝，这是何其悲惨的景象。"卡尔·门格尔写道。维也纳学派成了众矢之的，三天两头就会因为它的"自由"和"犹太"思想而遭到"诋毁和诽谤"。雪上加霜的是，哥德尔的恩师汉斯·哈恩在一场癌症手术后不幸病逝，终年55岁。

教育部迫不及待地找人接替了哈恩在大学的职位,在维也纳学派苟延残喘之际,这无异于落井下石。[40]

从美国回来后,1934年6月,哥德尔在门格尔讨论小组的研讨会上报告了一篇论文,主要内容是将不完备性定理扩展到更高阶的逻辑系统内,这不仅使得某些在低阶逻辑系统内的不可判定命题变得可证,还大大简化了一些在低阶逻辑系统内得证命题的证明过程。哥德尔的这篇论文对后来出现的计算机科学有着重要意义,它被用于缩减计算机程序的长度,也就是解决"加速"问题。[41]

至少从表面看,哥德尔又像以前一样过上了参加数学研讨会的日子,还跟两名新加入的成员成了好朋友。其中一位名叫阿尔弗雷德·塔尔斯基,于1934—1935学年到维也纳访学。哥德尔和塔尔斯基此前就认识了,他们初次见面是在1930年2月,当时塔尔斯基第一次到访维也纳,参加了维也纳学派的活动和门格尔牵头的数学研讨会。那一次,哥德尔请门格尔安排他与塔尔斯基的私人会面,以便向塔尔斯基详细介绍他刚刚完成的与一阶逻辑有关的研究。与短暂的初次会面不同,再次相见的两位逻辑学家这次有了深入交流和探讨观点的机会。[42]

塔尔斯基非常有才气,待人热情似火,十分在意自己矮小的身材和犹太人的身份,并且性格执拗。他的传记作者是这样形容他的:"(塔尔斯基)是一个喜欢社交的人,愿意跟其他聪明人切磋交流,以此打磨自己的锋芒。"塔尔斯基原名阿尔弗雷德·泰特尔鲍姆,出生于华沙一个富裕的家庭。与19世纪许多发家致富的人一样,他家也从事纺织业。塔尔斯基小时候常被别人奚落为"肮脏的犹太小矮子",这让他一直都非常反感别人对他的出身说三道四。22岁时,塔尔斯基皈依了天主教,并给自己改了姓氏,这个举动导致他和家人之间有了嫌隙，他不得不努力工作养活自己。（年轻的塔尔斯基在取得博士学位后，因为一时找不到工作而不得不开口向家里寻求经济资助。他的父亲挖苦他说："钱？你需要钱吗？你怎么不去找你那个姓塔尔斯基的父亲要呢？"）[43]

塔尔斯基在学术上十分争强好胜，他不愿意总排在哥德尔后面，被人说成是"当世第二伟大的逻辑学家"。有一次塔尔斯基对他的同事说，他应该是"当世最伟大的心智健全的逻辑学家"。在不完备性定理的研究上输给哥德尔成了他心中永远的痛。塔尔斯基后来发表了一篇重要的论文，提出了形式系统无法通过自身定义"真理"的概念。塔尔斯基不可定义定理是哥德尔不完备性定理的重要延伸，可是塔尔斯基坚称这个理论是由他独立提出的，其中"只有一处"与"哥德尔的想法有关"。虽然塔尔斯基和哥德尔之间暗自较劲，但也仅限于他们热爱的研究领域，塔尔斯基对哥德尔夫妇的关爱是十分真诚的。哥德尔很少在信件里用"你"来称呼对方，而塔尔斯基是少数享有这一"殊荣"的人之一。[44]

另一位因为研讨会而跟哥德尔成为好友的数学家是亚布拉罕·瓦尔德。他的父亲是一位信仰东正教的犹太面包师，瓦尔德从小就在家里接受教育，因为匈牙利的公共学校周

哥德尔与塔尔斯基在维也纳，1935年

六要上课,而周六是犹太人的安息日,所以瓦尔德的家人不能接受这一点。瓦尔德虽然很晚才开始学习数学,但他是门格尔最优秀的学生之一,只用了3个学期就取得了博士学位。门格尔对他的印象是"身形又瘦又小,家境显然不好,在新生里显得格格不入"。奥斯卡·摩根斯特恩对瓦尔德的评价很高,称他"拥有不同寻常的天赋和极高的数学素养",于是门格尔联系上了身为奥地利经济周期研究院院长的摩根斯特恩,希望后者能为瓦尔德提供助学金。"跟所有人一样,"摩根斯特恩说,"瓦尔德的温文尔雅和解决问题的非凡才能,引起了我的关注。"作为回报,瓦尔德私下里会给摩根斯特恩辅导微积分,两人因此建立了长久的友谊。[45]

在哥德尔离开维也纳的一年里,瓦尔德把主要精力放在研究经济学领域的价格均衡理论上。同往常一样,在旺盛的好奇心的驱使下,哥德尔凭借独到的眼光不仅积极地跟进瓦尔德的研究,还很快给出了有用的建议,帮瓦尔德建立了一套有助于解决问题的换算公式。瓦尔德后来发表的论文(摩根斯特恩盛赞它在经济学史上"具有举足轻重的地位")实现了经济学领域的重大突破,它不仅解释了商品产量和价格之间的关系,还从侧面解释了,虽然某些商品对人来说需求巨大且不可或缺,但因为数量严重过剩,所以它们的价格是零,比如空气。[46]

"二战"结束后,哥德尔与瓦尔德在纽约重逢。瓦尔德被摩根斯特恩的纳粹继任者从维也纳的经济周期研究院开除后,在哥伦比亚大学找到了一个职位。1950年,瓦尔德不幸在印度的一次空难事故中丧生,再次痛失好友的经历导致哥德尔在之后的岁月里深受影响。

哥德尔表面上看似不错,但在探讨数学之余,他内心的痛苦挣扎常常显而易见，尤其当他面对前景越发黑暗的政治局势时。门格尔回忆说：

> 哥德尔及时地跟进政治局势的发展，并和我探讨了诸多政治事件，从谈话里看不出他对这些事有多担忧。他对政治事件的态度总是很模糊，让人捉摸不透他的立场，而且他常会在一句话的末尾加上"难道你不这么认为吗？"……
>
> 即使面对"是把整个欧洲拱手让给希特勒还是再发动一场世界大战"这个在当时看来已无法规避的两难问题，哥德尔也表现得相当无动于衷。不过，他偶尔也会对眼前的情况发表一针见血的看法。有一次他对我说："希特勒想要占领奥地利只有一个困难，那就是他必须把整个奥地利一口吞下。但凡逐步蚕食奥地利的做法可行，他早就那样干了，难道你不这么认为吗？"[47]

虽然哥德尔不喜欢站队和高谈阔论，但门格尔依然很担心他的天真会导致他陷入不利境地。门格尔曾写道："我担心的是，虽然哥德尔言行谨慎，但如果他没弄清楚状况或说出的话被人曲解，就可能会造成无法预料的后果。"[48]除了哥德尔之外，门格尔还有其他忧心之事：在他珍视的学生圈子里，不安分的苗头已经显现出来，这预示着更严重的混乱即将到来。

"养生疗法"

1934年6月，回到维也纳的哥德尔第一次出现了严重精神障碍的疑似症状——体重下降和失眠。多年后哥德尔告诉他的同事格奥尔格·克莱索尔,他一下船就感到"十分焦虑",并认为那是一切问题的开端。[49]回家半年后,哥德尔言辞恳切地给维布伦写了一封致歉信,解释他因为"健康问题"无法按照约定在春季学期返回普林斯顿高等研究院,哥德尔把自己的身体不适归咎于一颗发生感染的牙齿:

> 这个夏天我过得很不顺利。先是我的一颗坏牙发生感染,然后它导致我的颌骨发炎,我感觉很难受,体重也下降了不少。这种情况在9月有所好转,但到了10月我又开始发烧、失眠。虽然现在我感觉好些了,但却心有余悸。在这种情况下,如果长途跋涉或搬到一个完全不同的环境,我担心自己的病情会复发……
>
> 考虑到上述情况,希望你不要因为我没有遵守约定而生我的气。[50]

事实上,1934年10月哥德尔在疗养院里住了8天。那座疗养院位于维也纳城外、紧邻维也纳森林的普克斯多夫小镇。维也纳当时流行各式各样的疗养和保健,疗养院也应运而生。韦斯滕德疗养院是其中非常前卫的代表,由现代主义建筑师约瑟夫·霍夫曼于1904年设计建成,该建筑的线条简约明快,配有巨大的窗户,地上用黑白色瓷砖拼成了几何图形,与立方体形状的椅子及其他家具融为一体。霍夫曼的设计理念是营造一个和谐宁静的空间,这反映了前弗洛伊德时代心理学领域的主流观点:精神疾病是压力和混乱的现代都市生活的产物。普克斯多夫疗养院借鉴了19世纪中期收治结核病人的标准做法，为患者提供充足的阳光、新鲜的空气、健康的饮食和宁静的乡村环境。除此之外，它还融入了细致入微的现代主义治疗理念，通过将患者与致病的外界环境隔绝开，保护他们不受未知刺激的干扰，达到提升治疗和康复效果的目的。疗养院的患者每天都有序地生活在精心设计的宁静空间里：睡觉，用餐，接受物理治疗，并进行简单的休闲活动（疗养院为患者准备了专门的房间，供他们阅读、写信、打台球和乒乓球，以及玩扑克）。[51]

约瑟夫·霍夫曼为韦斯滕德疗养院做的室内设计

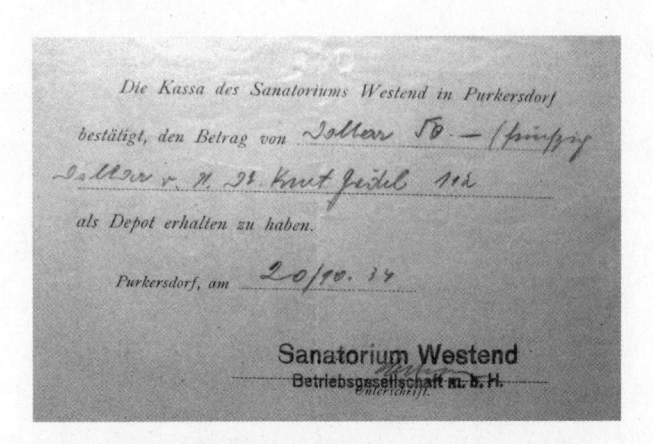

哥德尔在疗养院期间的治疗费用收据，1934年

一时间，"养生疗法"成了维也纳人应付各种疾病的通用手段，不管是真的还是假想的疾病。入住疗养院的人形形色色，有的人是患了严重的精神疾病或结核病，有的人是刚做完手术亟待恢复，还有的人什么病也没有，只想调养身体、永葆青春。1946年，哥德尔的母亲因为脚伤住进了普克斯多夫疗养院，儿子在写给母亲的信里回忆了自己曾经因为精神紧张而在那里疗养的经历，字里行间显然没有一丝反感的情绪："对您在信中写的那些沙沙作响的树，我记忆犹新，它们给人一种落寞悲伤的感受。我当时也很喜欢那里的精致环境，仿佛置身某座'城堡'。"[52]

哥德尔后来告诉克莱索尔，在第一次精神障碍发作期间，有人请来了著名的维也纳精神病学家朱利叶斯·瓦格纳–尧雷格为他诊治，瓦格纳–尧雷格的诊断结果是未发现"精神病"的症状。身为维也纳大学神经精神医院院长，瓦格纳–尧雷格颇为自信地断言哥德尔将在"数月内完全康复"。实际上，哥德尔几个星期后就回归了正常生活：1934年11月6日，进入秋季学期后，他出现在门格尔主持的第一次研讨会上。[53]

但是,哥德尔在给维布伦的信中提到的体重下降其实就是明显的精神疾病征兆。在哥德尔身心健康的时候,他总会兴味盎然地谈论自己喜欢的维也纳传统美食,尤其是奥地利的著名甜点,比如李子饺子、奥地利松饼和涂满奶油的咕咕霍夫蛋糕等。[54] 他的焦虑总是在第一时间表现为消化不良。哥德尔在维也纳时曾到内科医生麦克斯·舒尔的诊所就诊;他还去看过奥托·鲍吉斯医生,后者是一位治疗胃肠溃疡和其他肠道疾病的权威。在动身前往普林斯顿的几年前,鲍吉斯医生就给哥德尔列了一张长长的饮食禁忌清单(不能喝黑咖啡,不能饮烈酒,不能吃辛辣食物)。消化不良经常困扰着哥德尔,也反复在他写给母亲的信件里被提及,肠胃和消化不良问题还发生在某些本应很愉悦的场合,比如一家人聚餐或出游的时候。[55]

除了自身的经济状况和"普林斯顿难熬的单身生活"之外,与他人社交也时常会让哥德尔的焦虑发作。他一举成名的调子起得实在太高,以至于"名不副实"成了他心头挥之不去的焦虑。"别人的评价让你不知如何自处。"哥德尔在1937—1938年的日记里写道,"你认为他们对你的期待很高,如果辜负了别人的期望,就没有什么脸面存活于世;一旦你这样想,你自然会对自己要求很高,无论做什么都会觉得不够好,最终难以自处。"哥德尔的这种想法显然是受到了古希腊斯多葛学派的影响,斯多葛学派强调凡事都要以尽善尽美的标准要求自己,做到洁身自好。哥德尔应该是在海因里希·贡培兹的哲学课上接触到了这种思想,并将之付诸实践。哥德尔有两本名为"时间管理"的笔记本,满满当当地记录着各种自律生活的严格规矩。哥德尔甚至意识到了追求完美的偏执本身就是他最大的敌人,"浪费时间且行动有限的最主要原因在于,我过分纠结做事的精确性……如果减少一些工作时间，我反而能完成更多的工作，而且最重要的是，做事的体验会更轻松愉悦"。为了平衡工作、休息和消遣，哥德尔苦心制定了一份详细的作息时间表，他每天要完成几十项不同的任务，表上分配给每项事务的时间都精确到分钟，而且事务都会依据性质和轻重缓急分好类，比如去图书馆借书、与同事或家庭成员谈话、去银行办事、理发、散步、跟阿黛尔见面、听广播，以及订购铅笔、橡皮等。如果挑选的书太难、读得太慢，他就会制订详细的读书计划。他也会为"总是比别人多花5~10倍的时间才能做决定"而烦恼，于是就会用一页又一页的笔记反思和阐述"如何做决定"的方法。[56]

让哥德尔神伤的是，他的工作时间总是不够用（他在笔记里责备自己，"我总是只能完成一点点工作"）。原因在于，无论一件事有多么琐碎，哥德尔的习惯都是先把它弄得清清楚楚，形成明确的看法和方案，否则就"按兵不动"，这种行事风格自然会让他进一步坠入犹豫不决和做事死板的深渊。哥德尔曾经写道："每小时停下来检查一次，看看你在做什么，有没有认真地把心思放在手头要做的事情上（工作的时候或许应该在桌子上放只钟）。"他习惯一丝不苟地着正装，总是把办公室整理得干干净净，而面对生活中的无序，他试图通过自律来对抗。结果适得其反，严重影响了生活质量。[57]

从哥德尔后来向埃里克医生主诉的种种情况看，如果放在今天，他很有可能会被诊断为强迫型人格障碍：有极端完美主义的倾向；对细枝末节过分关注以致影响了执行力；强迫性地列表格、做笔记和遵守规则；做事死板，畏手畏脚；坚持认为自己的强迫症行为是合理的，甚至乐在其中。哥德尔还有一定程度的偏执型人格障碍：他曾经怀疑有人要害他，偷偷给他吃他不想吃的药；他变得异常自我封闭、怀疑同事想暗算他或毁掉他的生活。

因为担心做事不够完美而踌躇不定、如履薄冰，这种性格有时候会让哥德尔在生活上陷入僵局、举步维艰。不过人的性格就像一枚硬币的两面，虽然谨小慎微的完美主义倾向是生活中的绊脚石，在学术上却成了受同事和同行认可的精益求精与尽职尽责。20世纪60年代，哈佛大学的威廉·詹姆斯讲堂活动向哥德尔发出邀请，却被他婉言谢绝。哥德尔后来解释说，主要原因在于，如果一个想法还不成熟就急于将其公开发表，那对想法本身而言将弊大于利。[58]

同许多人一样，王浩震惊于哥德尔在审阅其他人的工作时花费的大量精力，哪怕他并不认同别人的观点，也不会糊弄了事。[59]瑞士数学家维雷娜·胡贝尔-戴森在普林斯顿结识了哥德尔，她敏锐地发现了哥德尔的两面性，惊呼"他真是太认真、太谨慎了"。

> 他沉默寡言、不轻易发表看法和遇事犹豫不决，都是因为他习惯把事情弄得清清楚楚、准确无误，去掉所有肤浅和不重要的表象，只抓取最核心的部分，这就是他看待问题的方式。大多数人只知道他不够果断，却少有人知道对于别人提交给他审阅的每项提议、每件工作，哪怕只是一个想法，他都会付出大量的时间和耐心去对待，他的勤奋认真甚至可以说到了迂腐的地步。[60]

1935年8月，哥德尔给弗莱克斯纳写信说，"过去几个月我的健康状况都很好，身体已经康复"，并告知对方他可以在即将开始的新学期返回普林斯顿。哥德尔第二次前往普林斯顿的旅程可以说是一场彻头彻尾的灾难。他拖拖拉拉地总算到了普林斯顿，在麦迪逊大街23号租了一个落脚的地方,那里和他之前的住址只隔了一条街。当时已经是11月了,紧接着他在17日那天给弗莱克斯纳写了一封信,"鉴于我十分糟糕的身体状况,我不得不辞去这份工作。"[61]

仅从表面看,哥德尔的这趟旅行似乎挺顺利的。在从欧洲驶向美洲的船上,他结识了其他两位入职高等研究院的科学家:一位是理论物理学家沃尔夫冈·泡利,当他得知哥德尔也在这艘船上,就给哥德尔写了一张言辞恳切的字条,询问哥德尔是否愿意见见他;另一位是保罗·贝尔奈斯,他曾是希尔伯特的亲密合作伙伴。[62] 然而,哥德尔突然决定辞职回家,弗莱克斯纳在关切哥德尔的健康之余感到非常讶异,他在回信中说道:"我感觉最近这段时间你的身体状况已经大大改善,相比两年前你第一次来普林斯顿时,你现在的气色看上去要好得多。"但这一次哥德尔先斩后奏,他在11月15日就去了纽约,而后在11月底回到普林斯顿打包行李,为返回欧洲做准备。哥德尔还提出了一个有些过分的要求,他希望弗莱克斯纳能给他支付11月的工资,总计2 000美元,报销他这次在普林斯顿逗留期间的一半花销。弗莱克斯纳婉拒了,不过他答应给哥德尔寄去一笔钱,作为劳务补偿(相当于哥德尔要求金额的一半,但要扣除他预支的车马费)。[63]

12月7日,哥德尔抵达巴黎,当时他的状况已经非常糟糕了,不得不打电话向哥哥求助。哥德尔叫哥哥去巴黎接他回家,这通电话打了一个多小时,长途电话费贵到惊人(如果换算成今天的货币,差不多有1 000美元)。[64] 与此同时,维布伦也心急如焚,按捺不住的他给哥德尔的家人发了一封越洋电报,告知他们哥德尔眼下的状况和行踪。维布伦为了解释自己的所作所为,还特意给哥德尔写了一封信,这封信后来跟哥德尔同时到达了他在维也纳的家:

1935年12月3日

亲爱的哥德尔:

在纽约送你登上尚普兰号后,我本无意再干涉你的事务,但回到普林斯顿后,我认为自己不应当对你的家人隐瞒你的行踪。因为倘若你在路上遇到什么意外,而大西洋彼岸的亲友很可能要晚上好多天甚至好几个星期才会知道你的消息。鉴于此,我决定委托弗莱克斯纳博士给你的哥哥发送一封电报:"你弟弟身体有恙回程 尚普兰号轮船 12 月 7 日抵达勒阿弗尔。"我知道你不想提早让家人知道你的健康出了问题,我很清楚自己这样做会妨碍你的计划。除了发电报外,我没再贸然采取其他行动。出于上述原因,我给你写了这封信,希望我的解释能得到你的谅解……

我的妻子和我向你致以最热情的问候,我们都希望在不远的将来能与你在普林斯顿再相见。[65]

一周后,如同与哥德尔共事且对他爱护有加的其他人一样,维布伦想出了一个给哥德尔打气的办法:1936年,国际数学家大会计划在挪威奥斯陆举办,维布伦设法帮哥德尔争取到了一个主讲嘉宾资格。事情的起因要追溯到哥德尔还在普林斯顿期间,维布伦曾告诉数学家大会的一名组织者,他"听哥德尔讲了一些尚未发表的最早研究成果",它们同哥德尔先前的研究成果一样"有趣且重要",绝对够得上数学家大会主题演讲的水准。[66]

但为时已晚,专业上的认可和殊荣对缓解哥德尔的病情已经没有用了。门格尔在 1935 年 12 月 17 日给维布伦写信说,由于"过度消耗",哥德尔患上了失眠和抑郁。"情况太糟糕了",哥德尔已经到了

第 6 章 / 学者的极乐天堂

不服用安眠药就无法入睡的地步,"情况正在变得更糟",哥德尔眼下连安眠药都不肯吃了。[67]

接下来的两周,哥德尔的健康状况迅速恶化。1936年1月8日,摩里兹·石里克给瓦格纳–尧雷格院长的继任者、维也纳顶尖精神病学家奥托·波茨尔写信,恳求他伸出援手:

> 请原谅我冒昧地向您介绍我的同事、私人讲师库尔特·哥德尔博士。他非常需要您的专业帮助。
>
> 这个年轻人的学术能力非凡,所有人都对他赞赏有加。他是一位数学家和逻辑学家,在这两个领域内可谓真正的天才。我本人对逻辑学和以逻辑学为基础的数学非常感兴趣,所以我对他的工作以及他在同行眼中的地位都非常了解。他绝对是世界一流的数学家,他的研究也被公认为具有划时代意义。爱因斯坦曾经认真地评价他是自亚里士多德以来最伟大的逻辑学家,尽管哥德尔还很年轻,但他无疑已经成为数学基础理论领域最重要的权威之一。哥德尔在维也纳大学获得教授资格后,弗莱克斯纳立刻邀请他去普林斯顿高等研究院,在那里工作的都是像阿尔伯特·爱因斯坦、赫尔曼·外尔这样的顶尖人才。去年他第二次收到该机构的邀请,但最近他形容枯槁地回到了维也纳。
>
> 如果哥德尔博士不能恢复健康,那将是维也纳大学和整个科学界的巨大损失,由此造成的后果将不可估量。[68]

由于担心哥德尔变得暴力,他的母亲会在睡前锁上自己的房门。1936年1月下旬,哥德尔在家人的坚决要求下住进了位于雷卡温库的疗养院,雷卡温库在维也纳森林的腹地,从普克斯多夫坐火车向

雷卡温库疗养院

西行驶约5英里就到了。他此后往来于雷卡温库和普克斯多夫之间，疗养时间为4个月。[69] 收集各种账单、收据以及医生开的处方是哥德尔终生的习惯，但从1935年冬到1936年春，在哥德尔留下的文件和票据里找不到任何与这段疗养时光相关的东西。谁也不知道哥德尔这次心理危机爆发的确切原因，除了一个很小的线索。大概40年后，哥德尔告诉埃里克医生他记得当时发生了一件让他难以释怀的事：他的女朋友阿黛尔流产了，他非常害怕自己会因此被逮捕和起诉，以至于惶惶不可终日。[70]

第 7 章

逃离帝国

阿黛尔

奥斯卡·摩根斯特恩第一次见到阿黛尔就觉得她惹人讨厌。

对于哥德尔本人选择的人生伴侣,摩根斯特恩在日记里记录了他的第一印象。"她像一个维也纳洗衣女工,"他写道,"健谈,没有受过良好的教育,自信开朗,而且她很可能救了哥德尔的命。"但从这里往下,摩根斯特恩几乎穷尽了德语词库,找出了所有与"可怕"和"丑恶"相关的词汇来形容阿黛尔。总之,"真是个令人厌恶的女人"。[1]

显然,哥德尔十分清楚他的高知朋友们会如何看待阿黛尔。在1938年夏两人正式订婚前,他们从未见过阿黛尔,甚至没人听哥德尔提起过她。"我从未见过他的未婚妻,我只知道3年前他生病时有一个名叫阿黛尔的女人去看过他。"卡尔·门格尔听说哥德尔订婚后,在寄给奥斯瓦尔德·维布伦的信里如此写道。[2]

摩根斯特恩所说的"她很可能救了哥德尔的命"其实是一句实话。阿黛尔的坚决和果断不止一次把哥德尔从灾祸里拯救出来,第一次正是1936年春他遭遇的那场心理危机。当时哥德尔产生了严重的被害妄想,拒绝吃东西,他坚持认为疗养院的医生偷偷在食物里下了药,想毒死他。阿黛尔一直坐在他身边,耐心地陪伴着他。她每天都亲自下厨给哥德尔做饭,每次都是她先吃一口,再一勺一勺地喂哥德尔吃。[3]

阿黛尔,1932年

从一张两人刚认识不久的肖像照里可以看出,那时的阿黛尔年轻、有魅力:一头时髦有型的波浪短发盖不住优雅美丽的脖子和肩膀;她经常穿高跟鞋,让5英尺的个头显得更高挑一些;她的头发是金色的,眼睛是灰色的。阿黛尔的左脸颊上有一块明显的葡萄酒色胎记,所以照相的时候她要么把左脸侧过去避开相机,要么抹上一层厚厚的粉底,遮盖一下。

但到了20世纪30年代末,两人7岁的年龄差已经很难掩饰了:哥德尔还是一个年轻小伙子,阿黛尔则成了日渐丰腴的中年妇女。两人走在一起时,看上去更像中年妇女和她年轻的儿子,而不像一对热恋中的情侣。从许多日常生活的细节里都能看出,在两人的关系中占据主导地位的人是阿黛尔。"真让人摸不着头脑……他肯定完全被她掌控了。"摩根斯特恩在日记里写道。[4] 哥德尔的笔记里有一些探讨性的内容，他认为"性交"只是一种促进身心健康的行为，跟晚上好好睡觉、平时多运动没有什么本质的区别。哥德尔评价说，每次"去找阿黛尔"都是一种很好的放空大脑的方式；他又补充道："去散步也有同样的功效。"但在其他几处笔记里，哥德尔承认自己不得不在性上满足阿黛尔。"为了体会'生活是有意义的'，用某些特别的方式（可能有些出格）满足她是非常有用的。"哥德尔写道。[5]

哥德尔为阿黛尔流产的事感到非常内疚，加上他在疗养院治病期间她对他真心相待、不离不弃，这些都是哥德尔钟情于阿黛尔的原因。哥德尔的一些奥地利或其他德语区的朋友后来在普林斯顿认识了阿黛尔，他们对她及两人关系的看法有所不同，就连摩根斯特恩也开始更审慎地看待阿黛尔，当初那些激烈的措辞和语气有所缓和。摩根斯特恩在日记里写道："她其实是个很不错的人，总是心存善意，这一点毋庸置疑。"摩根斯特恩还补充说，有个像哥德尔这样的丈夫，阿黛尔其实挺不容易的。[6]

摩根斯特恩还承认，阿黛尔做得一手好菜。她最拿手的是地道的维也纳菜，有维也纳炸猪排、德国酸菜饺、清蒸鲤鱼、各式蛋糕、李子饺子、新月香草饼干等，这些总能让他们的奥地利朋友赞不绝口。不过，美食依然不能彻底消除摩根斯特恩对阿黛尔的不满，有一天晚上他忍不住评价说："菜不错，但哥德尔夫人实在太能说了。"摩根斯特恩经常抱怨的一点是，只要阿黛尔在场，他就没法跟哥德尔好好地聊天。[7]

不过，格奥尔格·克莱索尔、阿尔弗雷德·塔尔斯基和维雷娜·胡贝尔-戴森都很欣赏阿黛尔积极向上的个性。阿黛尔经常幽默地吐槽在普林斯顿的生活，与丈夫之间的互动风趣诙谐，而且哥德尔看上去乐在其中。"看到哥德尔跟她相处时这么放松，真是出乎我的意料。"克莱索尔回忆说,"她没有上过几天学,但在待人接物方面真的很擅长。"阿黛尔亲昵地称哥德尔"小库尔特"或"魁梧的小伙子";哥德尔有一阵子在读跟鬼魂有关的东西,阿黛尔取笑他一本正经谈论鬼怪时两眼放光的样子犹如一个上了年纪的维也纳洗衣女工;她还喜欢把高等研究院称作"退休老人之家",这是阿黛尔自创的幽默,她说高等研究院就是一个漂亮女生在杰出教授的办公室门口排起长队的地方。(有一次,克莱索尔说真正的维也纳洗衣女工根本不知道从书上获取信息,阿黛尔取笑他说,这话听起来就像一个上了年纪的维也纳洗衣女工说的,惭愧的克莱索尔立刻转移了话题。)[8]

哥德尔夫妇并不总是出双入对,有时候阿黛尔去参加派对,哥德尔则待在家里。独自参加完派对坐车回家的阿黛尔有时会"深深叹一口气,感慨能和好友共度一段美好时光而无须为家里那个敏感的数学天才操心,是一件多么轻松的事"。胡贝尔-戴森回忆起这个细节时说:"她这么说的时候,我隐约觉得我们之间的距离被拉近了,在那个年代,我们俩都是社会边缘人,每天战战兢兢地过活,生怕一不小心就跌入万丈深渊。"[9]

在所有人当中,塔尔斯基跟阿黛尔的关系尤为密切,原因不止在于他旧大陆式的品位和审美。塔尔斯基住在加利福尼亚伯克利期间,阿黛尔曾给他寄过一个蛋糕,这让思念家乡维也纳和老朋友们的塔尔斯基深受感动。他给阿黛尔回了一封信,"(你的礼物)打动了我的心,其程度不亚于我的味蕾获得的享受。请你以后也不要忘记我。"塔尔斯基还给阿黛尔寄了一沓邮资信封和信纸,这样她就没有借口不给他回信了。"我很期待再次与你们见面,和你聊聊天,和库尔特探讨各种问题。"有一次他在信里写道。[10]

第 7 章 / 逃离帝国

1936年1月，住在疗养院里的哥德尔经历了人生中最黑暗的一段时光。他感觉自己可能命不久矣，而1935年秋跟维布伦提过的重要研究可能会因此胎死腹中，每每想到这里，哥德尔都痛苦万分。他当时正在研究两个十分关键但又充满争议的集合论公理——选择公理和连续统假设，而且已经有了大致的方法可以证明这两个公理与其他基础公理之间并不相互矛盾。约翰·冯·诺依曼后来告诉摩根斯特恩，因为他频繁地往来于美国和欧洲，有一次他趁机去疗养院探望了哥德尔，当时哥德尔的情况很糟。对此，摩根斯特恩写道：

> 约翰说，几年前，在哥德尔的精神问题变得越发严重的情况下，哥德尔把连续统假设的全部证明过程详细地告诉了他，并且跟他约定一旦哥德尔身有不测，约翰就直接以哥德尔的名义把它发表出来。哥德尔很可能也跟门格尔交代过同样的事，看来在钻研数学的同时，他非常清楚自己的处境和状况。后来哥德尔的病情有了好转，然后在这里（普林斯顿）完成了他的工作，时间大约在1938—1939年。真是搞不明白人类的大脑里到底发生了什么。[11]

疗养结束后，哥德尔坚信在普克斯多夫疗养院和雷卡温库疗养院的经历对他造成了永久性伤害。此后，担心有人偷偷下药毒害他成了他脑中挥之不去的念头，有时候这种疑心病的彻底爆发还会导致他产生幻觉。20世纪70年代，哥德尔经历了一次严重的被害妄想症发作，他声称在那两家疗养院里曾被施用过一种强心剂——毒毛旋花苷，疗养院的人偷偷把药下在他的饭菜里，或晚上偷偷给他注射；而眼下他觉得有人在晚上撬开了他的房门，溜进来给他注射了他不需要的药物。

虽然哥德尔对疗养院有诸多控诉，但他在普克斯多夫被迫接受激进疗法的可能性并非不存在，而且情况有可能比他描述的更糟糕。曾经有一种相当可怕但几乎没什么用的疗法，即所谓的"胰岛素休克疗法"，它的发明者是曼弗雷德·塞克尔医生，哥德尔住进普克斯多夫疗养院的时候正值塞克尔医生在那里行医。胰岛素休克疗法是电休克疗法的前身，通过反复给患者注射胰岛素，使其陷入由低血糖引起的昏迷。这种治疗方式的副作用很多，包括极度的躁动、严重的惊厥，甚至有可能造成永久性脑损伤和死亡。虽然没有证据显示哥德尔遭受了这种酷刑式的疗法，但他一直声称疗养院的"毒毛旋花苷"对他的大脑造成了不可逆的损伤。阿黛尔也觉得哥德尔在1936年春离开疗养院后，再也不像以前那样"绝顶聪明"了。[12]

"要杀我的凶手啊"

哥德尔从普克斯多夫疗养院回到维也纳没多久，维也纳大学里就发生了一起骇人的暴力事件，它夺走了哥德尔生活中仅存的一点儿安全感。

在整整6年的时间里，摩里兹·石里克一直被一个曾经的学生跟踪和骚扰。这个人名叫约翰·内尔伯克，绰号"汉斯"，出生于上奥地利州偏远地区的一个小村庄，在石里克的指导下，他于1931年获得了博士学位。[13]学生时代的内尔伯克资质平平，毕业答辩也是压着及格线通过的，但他缺乏自知之明，脑子里想的全是自己在哲学上如何有天赋，以及那些教授是如何不识货，内心因此充满了偏执和怨念。

第 7 章 / 逃离帝国

在毕业前，内尔伯克认识了同窗希尔维亚·波罗维卡，并很快对后者产生了偏执的爱意。波罗维卡出生于一个富有的维也纳家庭，同样要在石里克的指导下完成她的毕业论文，她的论文题目是《论哲学的怡人和美丽之处》。波罗维卡对内尔伯克这个自大狂追求者毫无感觉，但不知道出于什么原因，她将自己对导师的爱意告知了内尔伯克，还说这并非单相思，她感觉教授心知肚明且有所回应。猛烈的妒火冲昏了内尔伯克的头脑，他开始在深夜往石里克家打骚扰电话，并在附近游荡盯梢，还尾随石里克上电车。有一天，内尔伯克告诉波罗维卡他打算开枪打死教授，然后饮弹自尽。内尔伯克打算用波罗维卡给他的手枪行凶，至于这把枪是如何到他手里的至今仍然是个谜。1931年夏，波罗维卡实在压制不住内心的不安和惊恐，把情况原原本本地告诉了石里克，石里克马上报了警。警察随后逮捕了内尔伯克和波罗维卡，并以非法持有枪支罪起诉了两人。

维也纳大学神经精神医院的波茨尔医生给这两个人做了精神鉴定。波罗维卡的鉴定结果是"一个神经过敏的女孩，性格稍显古怪"，但内尔伯克就不一样了，按照波茨尔的鉴定结论，他是一个彻头彻尾的精神分裂症患者。内尔伯克在一家精神病治疗机构接受了几个星期的治疗，出院后交由家人看护。

几个星期后，内尔伯克又回到了维也纳大学，这次他的目的是考取教授资格。1931—1932学年，石里克受邀成为客座教授，同家人一起去了加利福尼亚伯克利。1932年5月，石里克刚回到维也纳，内尔伯克的骚扰电话就打来了。不仅如此，内尔伯克还在校园里拦住石里克，当面冲他大吼大叫，指责他和波罗维卡之间有"不道德的关系"，并且又提到要先枪杀石里克再自杀。1932年夏，内尔伯克被维也纳总医院收治，并被安置在一间精神科病房里。维也纳大学从医院得知这个消息后,立即决定取消内尔伯克考取教职的资格。这下子内尔伯克更加坚定地把矛头指向了石里克,认为后者是他命里的煞星,必须为这一切负责。

内尔伯克不顾法院禁止他返回维也纳的命令,没过多久又出现在维也纳大学的校园里,继续骚扰和折磨脾性温和的石里克。石里克越来越害怕,他从来没有把内尔伯克说过的要射杀他的话当成是开玩笑。卡尔·门格尔的回忆录里记述了一件发生于1936年春的事,可算作后来上演的悲剧的序幕。当时,门格尔收到了一份展览会的邀请,举办地点在霍夫堡皇宫,由共和国总统亲自主持。"我到得有点儿晚,"门格尔回忆说,"房间里已经聚集了许多宾客,人头攒动。"

我认出的第一个熟人是石里克,他就站在离入口不远的地方。我们两个正聊着天,旁边的人突然让出了一条道,原来是刚主持完开幕仪式的总统和党派成员要离开。让我惊讶的是,我看到总统身后有个人相当热情地朝石里克挥了挥手……

"你还有朋友在政府里上班呢?"我打趣地说。但石里克的脸色马上沉了下去,他用非常凝重的口吻回答道,"那不是我的朋友,他是个安保人员,之前当过我的贴身保镖……有一个进出过几次精神病院的疯子一直在恐吓我,而总统身后的那个人就是被指派来保护我人身安全的保镖。"

"那个疯子现在不再恐吓你了吧?"我问道。

石里克叹了口气。"那家伙之前被拘禁着,"他说,"但三天前他获释了,昨天我接到了一通他打来的恐吓电话。没错,恐吓归恐吓,但他从来没有真正伤害过我,所以我不敢再报警了。"我记得石里克说到这里时,脸上勉强地挤出了一丝笑容,"我担心警察会怀疑其实是我疯了。"[14]

几周后的1936年6月22日,早上8点,内尔伯克离开公寓前往维也纳大学,石里克当天上午有课要上。内尔伯克在口袋里藏了一支25毫米口径的手枪,枪里装有7发子弹。他来到维也纳大学主教学楼,静静地站在通向法学系教室的楼梯的第一级台阶上。内尔伯克知道如果要去哲学系的教室,石里克势必要经过法学系对面的那段楼梯。上午9点20分,石里克终于出现在教学楼里,并缓缓地沿着楼梯往上走。内尔伯克立刻冲了上去,从后面超过石里克,然后转过身近距离地朝着石里克连续开了4枪,其中两发子弹正中石里克的心脏,一发射中了腹部,还有一发射中了小腿。"你这个混账东西,终于可以去死了!"内尔伯克大喊道。等到石里克被人抬到哲学系

维也纳的八卦小报对摩里兹·石里克遇害事件的刻画

会议室时，他已经没有了生命迹象，而内尔伯克因为兴奋过度忘记了要饮弹自尽的誓言，直愣愣地站在原地，手里握着行凶用的手枪，直到警察赶到现场把他抓走。

内尔伯克在向负责此案的治安法官做供述时没有否认自己枪杀导师的行为，但他编了一个新故事，给自己的罪行找了一个看似正当合理的理由。内尔伯克说，他认为自己是在勇敢地对抗无神论和实证主义思想的腐蚀，石里克是个阴险小人，妄图用它们摧毁他内心坚定的宗教信仰，颠覆他从小到大的认知。在法庭上，内尔伯克对法官说："在我看来，石里克平日里的所作所为与他本人宣扬的科学世界观没有半点儿关系。"法官最后对被告证词的总结如下：他曾经的导师"夺走了他的真爱、他的信仰和他赖以生存的活计"。

虽然被判入狱10年，但在反闪米特主义和反自由主义的右翼分子眼中，内尔伯克一夜之间成了舍生取义的殉道者，尤其是在维也纳大学校园里。1936年7月12日，一篇署名为"奥斯汀可斯博士、教授"的文章被同时刊登在两份发行量巨大的奥地利极右翼天主教派杂志上，分别是《更美丽的未来》和《新帝国》，其中第一份报刊的创始人宣称他的使命就是要对抗那些"犹太写手"搞出来的"恶毒媒体"。这篇文章避重就轻地谴责了谋杀事件，让人分不清谁才是这场悲剧里真正的坏人。文章评论道，"维也纳学派"臭名昭著的领导者并不是一位真正的哲学家，"而是一位物理学家"；他不仅否认上帝的存在，不承认人类有灵魂，不尊重道德戒律，还对整个形而上学嗤之以鼻；他诋毁"高尚的人文科学"，称它们"鸡毛蒜皮、无关紧要"；这就难怪聚集在石里克身边的人"都是犹太人和共济会成员"，因为他们都充满了对基督教道德观的鄙夷。[15]

第 7 章 / 逃离帝国

法庭被告席上的汉斯·内尔伯克

这篇文章在石里克的同事和朋友间传开了,其中包括哥德尔,他将其收藏归档,一直留在身边。[16] "奥斯汀可斯博士、教授"这个名号给人一种学识渊博的感觉,它以一种权威的姿态贬损其他报纸对这桩谋杀案的报道"只是凑热闹","未能看穿真相,以及洞悉这起恶性事件背后隐藏的事实和动机"。按照这篇文章的说法,内尔伯克之所以会犯下如此恶劣的罪行,是因为"受到了极端的破坏性哲学思想的影响,而始作俑者是石里克教授,他从1922年开始就一直在维也纳大学传播这些歪理邪说。换句话说,内尔伯克扣下扳机的根本原因并不是失去了理智或杀人泄愤,而是一个灵魂被剥夺了活下去的意义……我知道好几个类似的例子,年轻的学生们受到石里克哲学思想的蛊惑,丧失了对上帝、世界和人性的信仰"。

这篇文章的作者真名叫作约翰·斯奥特,他是维也纳大学法学院的一名教授,也是纳粹党的成员之一。他发表过很多知名言论,比如，他谴责弗洛伊德的理论"不过是披着科学外衣的淫秽文学"。斯奥特认为，石里克被谋杀既是他咎由自取，也是"犹太主义酿下的苦果"：

> 现在，犹太人肯定会把石里克抬升到世界最伟大思想家的行列中。我们对这种做法已经见怪不怪了，谁叫犹太人天生就是形而上学的反对者呢？他们当然会物伤其类了。在哲学领域，石里克生前不仅热衷于逻辑主义、数学主义、形式主义和实证主义，还身体力行。但我不得不提醒各位一点，我们信仰的是基督教，我们生活在一个信奉基督教的日耳曼国家，所以应当由我们来决定什么样的哲学才是适合我们的哲学，什么样的哲学才是好的哲学。如果犹太人不满意，就让犹太哲学家滚回他们的犹太哲学院去！在信奉基督教的日耳曼国家奥地利，在这个国家的维也纳大学，在这个大学的哲学院，这里是信仰基督教的哲学家的地盘！我曾多次分析和论证过，想用和平的手段解决奥地利的犹太人问题，这完全是在为犹太人的利益考虑。维也纳大学的这起谋杀案最有可能产生的影响是，它将加快推进国内犹太人问题的解决，让我们得到一个满意的结果！

1938年3月，纳粹接管了奥地利。几个月后，斯奥特等人把内尔伯克塑造成"系统时间"（纳粹发明的词，用来指代奥地利在德奥合并前的时期）的受害者，而把石里克定义为"犹太人的拥护者"。在斯奥特等人的联名请愿下，内尔伯克得以提前假释出狱。[17]

对本就苟延残喘的维也纳学派来说，石里克遇刺身亡从很多方面看都相当于致命一击。一年前，美国哲学家欧内斯特·内格尔曾到访维也纳，他当时正在评估欧洲分析哲学的研究水平。1936年年初，内格尔在笔记里写下了他对维也纳学派的印象，并认为该学派已经"不复当年"，"鲁道夫·卡尔纳普去了布拉格，奥托·纽拉特流亡到荷兰海牙，库尔特·哥德尔多次访学普林斯顿，汉斯·哈恩英年早逝。这些人都是维也纳学派的早期成员，也是最核心的学术力量，而现在他们都不在了。"石里克遭遇不测的几周后，门格尔收到了一份电报，邀请他到美国印第安纳州南本德市的诺特丹大学担任客座教授，他不假思索地答应了。虽然门格尔有了退路，但代价是数学研讨会也不得不宣告解散。[18]

根据鲁迪的回忆，石里克的死让哥德尔备受打击。从普克斯多夫疗养院回家后，哥德尔每个月都要去那里一趟做定期回访。但是，1936年10月，他离开维也纳后并没有去疗养院，而是到外面寻找更清静的环境暂避风头去了。这一次，他和阿黛尔去了施蒂利亚州，住在阿尔卑斯山区阿夫伦茨的一家旅馆里，登记的个人信息是"库尔特·哥德尔博士及夫人"。阿夫伦茨是阿尔卑斯山区的一处高地牧场，在阿黛尔的悉心照料下，哥德尔的健康状况逐渐恢复，体重从100磅增加到了140磅。不过，进食仍然是个问题，哥德尔始终害怕有人在他的食物里下毒，阿黛尔只能一勺一勺地喂他吃饭。[19]

踟蹰不前的一年

"我实在不忍心舍弃我的研讨会，"门格尔后来写道，"但在那时的维也纳，留给我们这种学术研讨群体的时间显然不多了。虽然到美国后我可以重新组织一个类似的研讨会，但我也万分舍不得离开哥德尔、瓦尔德和其他人。不过，我相信用不了多久，我们这些人就会在自由世界再次相见。"在1978年接受采访时,门格尔坦言当时在他看来,一场浩劫即将席卷奥地利。"我不明白为什么有那么多人看不到这一点。我觉得事实已经非常清楚了。我当然不知道具体的细节,但毋庸置疑,眼前的一切正在滑向一场灾难。"[20]

由于门格尔深深地为哥德尔担忧,他去到自由世界后曾特意给弗朗茨·阿尔特写过一封信,请阿尔特多关照他们的这位朋友,避免让哥德尔陷入麻烦:

> 维也纳的数学家圈子群星闪耀,里面有很多我的亲密好友,我为自己无力帮助他们而感到悲伤不已。我相信你们还是会时常聚一聚吧,请你特别留意哥德尔,一定要叫他来参加你们的讨论会。有了哥德尔的参与,不仅参加讨论会的其他人能受益,对他本人也有利,尽管他可能意识不到这一点。如果哥德尔不能经常跟你们还有他在维也纳的其他朋友聊聊天,天知道他会陷入什么样的麻烦。如果有必要,你可以强迫他参加研讨会,就说是我的意思。[21]

门格尔在诺特丹大学第一个学期的授课大获成功,1937年夏,他得到了校方的正式聘用。随后,门格尔找到了时任校长约翰·弗朗西斯·欧哈拉神父,并向他介绍了哥德尔及其研究工作。用门格尔的话说,欧哈拉神父的"精力和智慧远超常人",他迫切希望把诺特丹大学数学系打造成世界一流水准,为此,他非常欢迎"世界各地的学者加入诺特丹大学"。听完门格尔的推荐,欧哈拉立刻询问他能否邀请哥德尔来诺特丹大学当一个学期的客座教授。[22]

第 7 章 / 逃离帝国

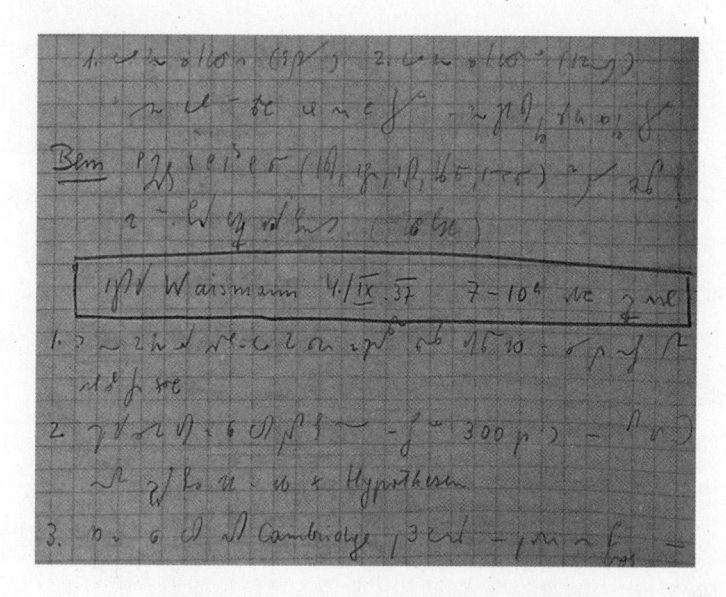

哥德尔在1937—1938年用速记法记录的笔记

此时，哥德尔认识的每个人都在拼命地寻找出路，他们愿意为了一份糊口的工作去任何地方，除了自己的祖国。接下来的一年内，弗朗茨·阿尔特离开了奥地利，他的新东家是纽约大学计量经济学研究院；亚布拉罕·瓦尔德去了美国科罗拉多州科泉市的考尔斯经济学研究委员会；弗里德里希·魏斯曼去了英国剑桥大学；奥斯卡·摩根斯特恩去了美国普林斯顿大学。卡尔·波普尔此前就离开了维也纳，他得到了一笔供他去剑桥大学深造的奖学金，后来他又去了新西兰基督城的坎特伯雷大学任教，用他自己的话说，"就像去了遥远的月球一样"。马塞尔·纳特金搬到了巴黎并在那里定居下来，他彻底放弃了哲学研究，改行成了一名艺术家和肖像摄影师。奥尔加·陶斯基先在美国宾夕法尼亚州的女子大学布林莫尔学院待了一年，然后拿到了去剑桥大学深造的奖学金，她在剑桥的第二年疯狂地找工作，只为能继续留在英国。1937年秋，陶斯基得到了一份在伦敦大学的一个女子学院做讲师的工作，教学任务量重得要命，但待遇很差。[23]

1937年的整个秋天，哥德尔的日记里写满了他与朋友们的谈话，以及他们在海外（主要是英美）的情况，包括他们的经历、薪资、奖学金、职位等。9月，陶斯基回到维也纳，她与哥德尔交谈了很长时间，但除了拿四面漏风的英国建筑打趣（"在英国，你就算关上窗户，屋子里的风车也能转动。那些房子的保温性很差，还很潮湿，因此每个英国人都是一副湿漉漉和发育不良的样子"）之外，关于应该如何在英国找工作，陶斯基没有太多有用的信息和建议。不过，她带来了维特根斯坦的最新消息：他刚刚结束了在剑桥大学的访学，因为脾气暴躁而成为不受欢迎的问题人物，"进他办公室的人都要冒着被他赶出去的风险"。陶斯基还听说，维特根斯坦"曾与4个人探讨过哥德尔的研究对哲学产生的影响"。[24]

而哥德尔本人却对自己的未来犹豫不决，生活也陷入了停滞状态。踟蹰不前的生活带来了另一个副作用，家里的经济状况开始吃紧了。一直以来，哥德尔都没有把心思放在赚取稳定的工资上，虽然他的银行账户里有几千美元的存款，手上持有从父亲那里继承的债券，高等研究院支付给他的薪资也没有花完，但这并不表示他就可以高枕无忧。1937年年底，为了延续贡培兹和石里克讨论小组的例行活动，埃德加·齐尔塞尔打算把曾经的小组成员重新组织起来，隔周聚会一次。但在商量日期的时候，不管他提议哪一天，都会有人因为当天有其他事务而表示反对。哥德尔落寞地发现，"只有我，不管时间定在哪一天都没有问题"。[25]

对哥德尔的母亲来说，由于她大部分的财产都留在捷克斯洛伐克而无法带走，应付维也纳的生活开销也变得越来越吃力，她最后决定搬回布尔诺的别墅。而这意味着，如果哥德尔想继续留在维也纳，他就必须在年底前给自己租一间新公寓。[26] 他四处找朋友打听，还向叔叔卡尔·哥德尔咨询了关于租金管制法令的事，以及哪里有理想的公寓出租。与此同时，他也计算了一下，如果再回到美国他能赚多少钱、能存多少钱。他列了一个算式，减去了开销（其中包括在雷卡温库疗养院和阿夫伦茨疗养院花掉的2 000美元），又加上了不在维也纳租房子能省下的钱：

工资－在美国的生活费－旅行费用－雷卡温库疗养院的费用－阿夫伦茨疗养院的费用＋存款＋不在维也纳租房子省下的钱≈D

$$3\,900 - 1\,000 - (\underset{\text{船费}}{800} + \underset{\text{巴黎}}{200} + \underset{\text{火车}}{200} + \underset{\text{意大利}}{100} + \underset{\text{保险}}{100}) - 2\,000 + 400 + 400 \approx 300 \text{美元}^{[27]}$$

1937年的整个夏天，门格尔一直在给哥德尔写信，转告他欧哈拉校长有意聘用他的事，以及诺特丹大学的一些内部消息，但哥德尔表现得犹豫不决。他的确回信表示自己有兴趣尝试，但始终没给门格尔一个准信儿：

> 理论上我觉得自己可以去诺特丹大学，我真的非常好奇在一所天主教背景的美国大学工作会是什么样的感受。你寄来的那些公告我也十分感兴趣，感谢你的良苦用心……我这边的情况是，如果要去诺特丹大学，我最早只能考虑1938年的夏季学期，更早的时间恐怕不太方便……而且我只能去一个学期，这是必不可少的前提条件。你很清楚我的情况，我的身体在美国

出过大问题，所以我不想一次性应承太长时间。如果上述条件都能得到满足，再加上其他合适的条件（薪水和职位也都很理想），我就会欣然接受这份邀请。

从阿夫伦茨回来后，我的身体状况又变得不太好了，但还在可以忍受的范围内……眼下我正在考虑下学期的课应该讲一些偏入门还是偏进阶的内容，或者我干脆不开课了，一门心思做研究。如果讲进阶性课程，因为卡尔纳普和哈恩已经不在这里了，没有人能给学生上逻辑学和集合论的基础课程，我担心我的课根本就不会有学生报名。

最后，我从公告上看到你已经被诺特丹大学正式聘用，虽然我在维也纳又少了一个聊得来的朋友，但我仍然真心地恭喜你。[28]

7月，还在维也纳和高等研究院之间不断摇摆的哥德尔最后一次试探了冯·诺依曼的态度。冯·诺依曼提醒他，在高等研究院，"他们已经对数学的基础理论研究没有兴趣了"，不过他强烈建议哥德尔"不要再浪费一秒钟的时间，现在有什么条件就接受什么条件，先来美国再说"。当时，纳粹攻击的对象已经不仅限犹太裔科学家了，冯·诺依曼提到了一篇刚刚发表在纳粹周刊《黑色军团》上的文章，它不遗余力地诋毁德国物理学家沃纳·海森堡（因为他在量子力学领域的研究工作），称他是"白人里精神上的犹太人"，还把他塑造成"犹太人阴谋渗透物理学领域"的推手形象。纳粹在科学观上有一套官方说辞，还有很多物理学家主动为其背书，其中包括两位诺贝尔奖得主——约翰尼斯·斯塔克和菲利普·莱纳德。他们不仅投希特勒所好，支持荒唐的"宇宙冰"理论，还普及了一整套有关种族主义的伪科学。《德国物理学》杂志宣扬"拥有北欧日耳曼血统的雅利安人"是至高无上的种族,并声称这个观点有确凿的可观测证据;至于爱因斯坦的相对论和量子物理学,该杂志认为它们都是虚假的数学谬论,只会让人在"自我意识"与"利己主义"中沉沦和堕落,是"犹太精神"毒害人心的阴险产物。哥德尔虽然不是犹太人,但常年深耕数学基础理论领域的经历让他处于非常不利的境地,说不准哪一天他的研究就会被说成是受"犹太精神"污染的理论。[29]

1937年11月1日,哥德尔收到了一封维布伦的回信。维布伦在信中表示他能为哥德尔开出的最好条件,就是为他安排一次到高等研究院的短期访学,其间需要他讲几堂课,而且薪酬只有1 500美元。[30]尽管前有冯·诺依曼的忠告,后有门格尔的催促,但哥德尔最终还是谢绝了欧哈拉校长的邀请。哥德尔的信在邮寄途中丢失了,但门格尔后来还是通过电报得知了他的决定。哥德尔在12月又给门格尔写了一封信,吐露了他犹豫不决的心情,以及在连续统假设证明上取得的最新进展:

> 我最终决定这个学年不去美国了,我还给欧哈拉校长写了一封信告知此事,但信寄丢了。就目前的情况看,哪怕只是1938—1939年这一年,我也没法应承去诺特丹大学。再过两个月左右的时间,我应该能给出确定的答复,届时我会写信告诉你……
>
> 去年夏天,我又捡起了连续统假设的研究,尝试证明它与广义集合论之间的无矛盾性,并且取得了成功。不过,请你暂时不要跟其他任何人透露这一点。除了你之外,目前我只对冯·诺依曼说过这件事,他上一次来维也纳的时候,我把大致

的证明思路告诉了他。我还在尝试证明连续统假设的独立性，但我不确定最终能否成功。[31]

哥德尔犹豫不决的态度主要源于他对是否要与阿黛尔共同生活举棋不定。阿黛尔很想跟哥德尔一起过稳定的生活，但哥德尔一直对此抱有疑虑，他很厌烦阿黛尔的一些行为：花钱大手大脚，动不动就掉眼泪，以及打扰他的工作。但是与此同时，即便哥德尔不想娶阿黛尔，他也觉得自己没有退路了。[32]

哥德尔列了一张去美国的好处和坏处清单，在"坏处"下方写着"错过在维也纳大学申请数学教职的机会"（陶斯基把门格尔的建议转告给哥德尔，门格尔认为如果他决定长期留在诺特丹大学，哥德尔就能填补他走后在维也纳大学留下的空缺，"那将是非常好的事"），而在"好处"下方，除了"愉快的邮轮旅行、威尼斯、纽约、音乐、阿夫伦茨、巴黎、有用的英语"之外，哥德尔还写上了"阿黛（尔）的问题可以得到暂时的解决"。[33]

1934年，梵蒂冈与奥地利政府就婚姻法达成协议，只要是天主教徒，教会就对他们的婚姻拥有完全的法律裁量权，这意味着离婚不可能被批准。尽管阿黛尔已经离开前夫很长时间了，两人之间也没有继续往来，但在这样的婚姻制度下，她跟哥德尔永远不可能结婚。[34]1937年11月，哥德尔咬了咬牙，在远离维也纳市中心的格林津租了一间公寓，新住所位于高高的山上，可以俯瞰维也纳。阿黛尔搬了过来，两人住到了一起。哥德尔把新住址选在偏远的郊区，无疑是为了避人耳目、远离认识的人。阿黛尔对房子进行了升级改造：给厨房加装了双盆不锈钢水槽，给屋子里添置了铜铬吊灯，把账单的收件人也改成了哥德尔博士夫妇。[35]

格林津和山下的维也纳市区恍若两个世界，格林津是一座安静的小镇，位于维也纳森林的边缘。从格林津往上是布满了葡萄园的连绵山坡，这里出产白葡萄酒，给格林津增添了几分阿尔卑斯山村的气质。距离维也纳大学两条街的地方有一个名为斯卓腾托尔的电车站，就在环城大道埃弗鲁希公馆对面，从那里坐上38路公交车，沿途的左侧依次可见感恩教堂、感恩电影院，在贝格街右侧的山脚下是西格蒙德·弗洛伊德的办公室，再向前是约瑟夫咖啡馆，哥德尔1929年就住在这家咖啡馆的楼上，电车随后爬上绿意盎然的山坡，到站前可以瞥见远处山上的城堡，不过这一幕稍纵即逝。整段路程时长20分钟，电车最终抵达环线的终点格林津站，站前有一个带顶棚的拱廊。走出车站，沿"天堂街"往山上步行10分钟，就到了哥德尔租住的新公寓。那是一栋华丽而坚固的住宅楼，它所在的街道是维也纳的最后一条街道，过了这条街就出了维也纳的地界。

格林津的天空大道，1938年

齐尔塞尔想恢复哲学和数学讨论会的努力终于有了些许进展：1938年1月，哥德尔在新讨论小组的例会上报告了他的论文，主题是通过修订某些理论的形式使希尔伯特学说得以保留，为此需要运用结构主义理论对数学各个部分的自洽性进行重新证明。哥德尔留存了许多次讨论会上发表的论文和会议记录：他们探讨过辩证唯物主义和马克思理论，宗教和科学，以及石里克未发表的论文，主题是有意义的命题是否存在。哥德尔对小组中一个年轻的犹太心理学家爱尔斯·弗伦克尔的研究尤其感兴趣，她的导师是维也纳大学心理学系著名心理学伉俪夏洛特·布勒和卡尔·布勒，弗伦克尔的研究方向是不同的人格类型。[36]

但是，新讨论小组远远无法企及昔日石里克讨论小组的辉煌，那时的小组成员有门格尔、石里克、哈恩、卡尔纳普、陶斯基，以及其他引领旧时代风骚的学者们。而现在，齐尔塞尔"威逼式"的提问风格，加上他总是拒人于千里之外地以"教授"的头衔称呼自己，经常让哥德尔十分恼怒。一些小组成员也令人十分头疼，比如罗丝·兰德。这个姑娘一直赖在讨论小组里，她想成为一名哲学家，却因为资质平平而无法如愿。兰德参加讨论会的时候，总是把头枕在膝盖上，一路睡到讨论结束。冯·诺依曼在探望哥德尔的那个夏天提到了兰德，并评论她是个乖张自负的人，因为冯·诺依曼没有邀请她去美国而指责他。（冯·诺依曼跟哥德尔调侃道："魏斯曼和哥德尔跟这个姑娘相比，只不过是天真的小屁孩。"）[37]

1938年2月21日，弗莱克斯纳再次给哥德尔写信，"以莫大的荣幸"邀请他1939年重返普林斯顿，无论是在第一个学期还是第二个学期入职都行，薪金为2 500美元，而且不限制他的日程，中途他随时可以去诺特丹大学。[38]

三个星期后，维也纳沦为一座地狱之城。

3月的紫罗兰

1938年冬，奥地利出现了不同寻常的天象：绚烂的北极光照亮了奥地利的天空。多年以后人们回想起来，无不觉得这反常的天象是某种可怕的预兆。希特勒一直对奥地利虎视眈眈，不断从经济、民主体制和军事上施压，纳粹党夺取并接管奥地利政权的野心昭然若揭。1938年3月9日，时任奥地利总理许士尼格决定在争取国家和民族独立的道路上最后赌一把，他宣布将于4天后的3月13日举行一场决定奥地利是否应当保持独立的全民公投，试图用民意对抗强权的压迫。

常驻维也纳的美国记者当时预测，如果全民公投的议题是"是否应当加入由希特勒掌权的德意志帝国"，那么奥地利的纳粹党将获得60%的民众支持率。许士尼格在公投的措辞上下足了功夫，他想让奥地利的爱国者、基督教徒和德意志民族主义者等无法调和的群体同时给出肯定的回答，于是他把矛盾简化为一个非此即彼的二元问题："(你是否愿意)支持一个自由且保持日耳曼民族传统、独立且奉行社会主义、信仰基督教且和谐统一的奥地利，支持公民自由，支持解决就业，支持每个为奥地利民族和祖国奋斗的人都享有平等的权利？"随即奥地利政府为公投进行了声势浩大的宣传，墙壁和人行道上贴满了鼓励民众投"支持"票的宣传标语，飞机向各个城镇撒下传单，电台不间断地播音并号召民众支持自己的祖国。[39]

第二天晚上刮起了很大的南风，天亮之后，维也纳阳光灿烂、万里无云，强劲的阵风把前两天散发的全民公投宣传单吹得漫天纷飞。强风算不上什么问题，真正的威胁来自奥地利的北面，而且此时已出现了端倪。奥地利的全民公投让希特勒勃然大怒，他命令德国军队在德奥边境集结，并给许士尼格下了最后通牒：取消公投，或者辞任总理并让奥地利纳粹党接管政府。行事谨慎的许士尼格同时满足了希特勒的这两项要求。第二天，德国军队涌入了奥地利，他们的行动安排得非常草率，军用卡车在没油后甚至要到奥地利的民用加油站补充燃料。但除此之外，德军的入侵行动再也没有遇到任何值得一提的阻碍，奥地利人的抵抗更是无从谈起。当天下午，几百架纳粹空军的轰炸机出现在维也纳上空，德国人向全体维也纳市民展示了自己的军事实力。[40]

夜幕降临的时候，希特勒回到了故乡林茨，并在市政大厅前面对疯狂的人群发表了讲话。而在维也纳，德国剧作家卡尔·楚克迈耶写道："地狱之门已经打开。"

> 地底的炼狱撕开了一道口子，最低级、最肮脏、最可怕的恶魔肆无忌惮地涌向了人间。这座城市正在变成希罗尼穆斯·博斯画笔下的噩梦之城，幽灵和恶魔从下水道和沼泽里爬了出来。空气里充斥的尖啸声没有片刻的停歇，男人和女人日夜不停地呼号、声嘶力竭地尖叫，令人毛骨悚然。正常人的面目消失了，取而代之的是扭曲的面具：有的人惊恐万分，有的人面露狡黠，还有的人幸灾乐祸、放声狂笑。

楚克迈耶在"一战"期间经历过10多场战役，不管是狂轰滥炸、毒气攻击，还是生生把正常人逼到情绪崩溃的场景，他都见过。1923年，他还目击了希特勒在慕尼黑发动的啤酒馆政变；德国纳粹上台后的最初几年，楚克迈耶一直住在柏林。"但这些都比不上那时的维也纳可怕。"他写道，"想让维也纳人万劫不复的并不是德国纳粹，他们不过是披着政治合法性的外衣，时不时地炫耀一下手中的武力和权力……维也纳人真正要面对的敌人是如潮的嫉妒、怨恨、盲从和恶意满满的复仇情绪。"[41]

楚克迈耶有一次乘坐出租车时被一群暴徒包围了，要不是他能屈能伸，对着车窗外的人行了一个向希特勒致敬的普鲁士军礼，同时粗声粗气地大喊了一句"希特勒万岁"，恐怕将无法脱身。犹太人被当街殴打和羞辱；东正教犹太男子的胡须被剃掉，动手的人要么是满脸奸笑的希特勒青年团团员，要么是脚踏皮靴的纳粹冲锋队分子；犹太教堂遭到洗劫，《妥拉》被撕成碎片；犹太儿童被迫在犹太人的建筑和设施上涂写"犹大"字样。全城的犹太商铺里不停地发生着抢劫事件，确切地说，歹徒并没有使用暴力，而是厚颜无耻地走进商店，想拿什么就拿什么，不付钱就扬长而去。[42]

德奥合并后发生的这些恶性事件，它们背后的动机与其说是谋求经济利益，不如说纯粹是出于施虐的快感。奥地利犹太裔散文作家、咖啡馆知识分子阿尔弗雷德·波尔加曾对同胞的狂热有过一段看似称赞实则是挖苦的评价："德国人搞的是一流的纳粹主义和三流的反闪米特主义；奥地利人则不然，他们搞的纳粹主义只能算三流，但老天爷啊，他们搞的反闪米特主义却是超一流水准！"德国军队开进奥地利的第一个晚上，一伙暴徒闯进了埃弗鲁希家族的埃弗鲁希公馆，他们冲上华丽的楼梯，把屋子砸个稀巴烂，最后还把一张奢华的桌子拖到了门厅，并越过楼梯扶手丢落到庭院的石子路上。"我们还会回来的。"临走的时候，这帮人恶狠狠地威胁埃弗鲁希一家说。[43]

沃尔特·鲁丁是威斯康星大学杰出的数学教授，当时还是一名高中生的他亲眼见证了这些可怕的日夜。"德奥合并后的最初几周，当地流行的一项活动就是把一小群犹太人围拢起来（最好是上了年纪的人，这样更能满足好事者想羞辱别人的欲望），逼他们跪下，然后交给他们一把小刷子和一桶碱液（沾到手上就会灼伤皮肤的那种），要求他们用这些东西一点一点擦掉人行道上的政治宣传涂鸦，而当地人则在旁边围观，以此取乐。"鲁丁说的那些宣传涂鸦是指当初鼓励人们在公投中投"支持"票的政治标语，但它们转瞬之间就成了过眼云烟，奥地利的爱国主义时代一去不复返了。鲁丁当时很讨厌他的体育老师，德国军队到来的第二天，那个体育老师就趾高气扬地穿着一整套纳粹冲锋队的制服走进了学校，腰带上还别着一支手枪。没过几天，鲁丁听说体育老师的手枪走火，子弹打中了他自己的脚面，"（这是）那段时间难得的令人振奋的好消息"。[44]

当时的维也纳大学校长由因尼策尔担任，他曾在1929年打压和整治过学生发起的德意志民族主义运动，但眼下他命令全城的教堂为纳粹军队敲响钟声，并为他们悬挂万字符。因尼策尔意外的反应给希特勒吃下了一颗定心丸，后者随即决定彻底吞并奥地利。1938年3月15日，霍夫堡皇宫前的英雄纪念广场被25万兴奋到几乎癫狂的民众挤得水泄不通，当着这些人的面，希特勒发表了一场演说："此刻我终于能向所有日耳曼人做出交代了，这是我此生最大的成就。身为德国的国家元首和德意志帝国的政府总理，我在此庄严地宣布，我的故乡将正式并入德意志帝国的版图。"自此，奥地利这个地理概念不复存在，原本属于奥地利的土地现在成了德意志第三帝国的一部分，而它在帝国内的名称仅仅像个代号——"东部的边疆"。不管是奥地利的新名称，还是它眼下作为第三帝国东部边境的地位，都让人感觉历史仿佛回到了德意志神圣罗马帝国时期。

奥地利境内掀起了疯狂的反犹运动——剥夺犹太人的财产并驱逐他们，纳粹对外宣传时美其名曰"社会的雅利安化"。最初对犹太人进行政治迫害的主要是社会暴徒，随着纳粹德国的武装力量迅速接管当地的事务，迫害犹太人的主导力量就换成了效率更高的纳粹官僚机构。德国任命的"特派员"接管了原本属于犹太人的产业和生意,柏林还派遣阿道夫·艾希曼亲赴奥地利,系统性地组织没收犹太人资产的迫害运动。纳粹还以高昂的价格签发一纸难求的出境签证,以此榨取犹太人的钱财。"从某种程度上说,我们的处境相比德国国内的犹太人还是要好一些。"鲁丁回忆说,"当初德国的政治环境也是每况愈下,但就像温水煮青蛙一样。最开始的几年,人们会抱有某种侥幸心理,认为眼前紧张的政治气氛总有缓和的一天。他们觉得说不定哪天政府就换了,然后生活就能回到正轨,一切如常。结果许多举棋不定的德裔犹太人就这样错失了出逃的机会,等到回过神来才发现为时已晚。而奥地利的情况是,德军来了没几天,所有人就都看得明明白白——现在只有离开这一个选择了。"在国际社会的施压下,纳粹不得不同意西格蒙德·弗洛伊德离境。弗洛伊德不仅能全身而退,甚至还带走了几件家具和价值连城的古董,但作为代价,纳粹强迫他签署了一份口述声明,宣称"鉴于我在科学界的名望和声誉,德国权力机构,尤其是盖世太保,本着尊重的原则对我以礼相待、关怀有加,我在德国可以完全自由地活动,我对当权部门没有任何不满"。弗洛伊德告诉他的儿子马丁,除了这份声明,他还被诱骗写下了一份附言:"我要称赞并向所有人推荐盖世太保。"这无异于代言人为产品背书的商业广告。[45]

在对各个学院的犹太学生开展"净化"行动后,纳粹政府马上给维也纳大学指派了一名代理校长。维也纳大学总计开除了约2 000名学生,同这些学生一起被清退的还有老师:哲学系的297名教授和讲师中有97人被解聘,医学系的315名教师里有180人被辞退。门格尔当时仍是维也纳大学在编的正式教授,按照章程,他到美国的访学被视作出访。门格尔快了纳粹一步,没等他们下手就发电报主动提出辞职。4月22日，政府下令暂时冻结所有大学讲师的授课资质，第二天，哥德尔收到了代理校长维克多·克里斯蒂安的信件，被告知了这个政府决议。即使是那些没有被彻底剥夺教学资格的人，也需要重新申请"新秩序讲师资格"才有机会回到讲台上。这下子，哥德尔就连"名义上的工作"也没有了。[46]（克里斯蒂安自诩为"犹太问题"方面的权威，而且作为一名纳粹党卫军军官，他借职务之便在战争期间不断从遭受迫害的犹太人那里搜刮价值连城的文物。除了艺术品，他的收藏品里甚至还有"人类学素材"，主要是从维也纳韦灵区的犹太公墓里挖出的犹太人头骨和骨架。）[47]

纳粹占领维也纳大学

众多奥地利人争先恐后地申请加入纳粹党，资历稍老的党员鄙夷地给这些政治墙头草取了个外号："三月的紫罗兰"。由于申请者人数实在太多，纳粹党不得不停止接收新党员。阿黛尔也提交了入

第 7 章 / 逃离帝国

党申请,并交了两帝国马克的申请费,但并未被接纳。不过,阿黛尔的母亲希尔德加德·波尔克特快了她一步,成功入党(1938年4月2日被批准,党员编号为2654956);她的父亲约瑟夫·波尔克特早在1932年就是纳粹党员了,所以他的党员编号要比阿黛尔母亲的小得多:1451013。[48]

4月10日,希特勒在奥地利发起了第二次全民公投,议题是"是否拥护纳粹并支持奥地利并入德意志第三帝国"。希特勒政府宣称公投结果为99.74%的奥地利人投了支持票,我们姑且认为这个数字是真实的,其中也包括哥德尔投的那一票。因为这一行为,他在之后的很多年里都心存愧疚、难以释怀。按照哥德尔的解释,他当时之所以这样做,是因为他急需一本能够出境的护照,他很害怕抵制新政权的举动会招致事后的清算。[49]

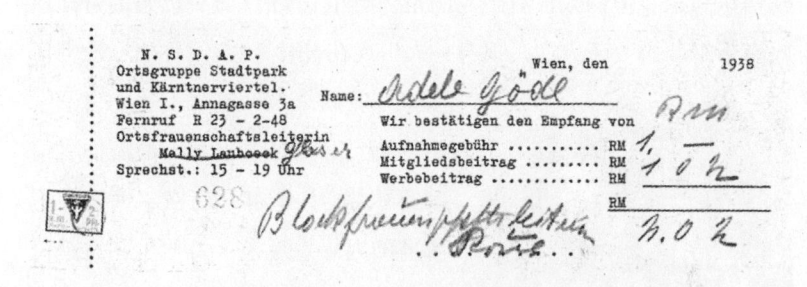

阿黛尔缴纳加入纳粹党申请费用的收据

环游世界 274 天

1938年7月6日,德国纳粹政府依照德国当时的制度,在奥地利颁布了新的婚姻法,剥夺了教会处理结婚和离婚相关事务的权力,并将此项权力交由民政机构。⁵⁰对阿黛尔来说，这意味着她可以再婚了。哥德尔在两人结婚这件事上表现得并不积极，对一心想同他结为连理的阿黛尔一直抱着默许的被动态度，这从他在8月末签署了一份委托书，把婚礼的所有相关事宜全权交给阿黛尔处理就可见一斑。9月20日，距离哥德尔离开维也纳、前往普林斯顿还有两周时间，两人举行了一场私人婚礼，只邀请了9个朋友和各自的家人到场，其中包括阿黛尔的父母、哥德尔的亲戚卡尔·哥德尔，以及他的哥哥鲁迪，这也是鲁迪第一次见到阿黛尔。这场婚礼办得非常朴素，哥德尔保留了当天的费用收据。结婚仪式的举行地点选在了市政厅的地窖餐厅，全部的花销包括：11碗高汤和11盘前菜，27份酥油点心，2杯雪莉酒、4杯气泡酒和2瓶矿泉水。⁵¹

"我也觉得成家对他来说可能是好事。"门格尔在给维布伦的一封信里写道。但两人没有想到的是，当年10月15日，已婚的哥德尔没有带上新婚妻子，而是孤身一人出现在普林斯顿。"你怎么没带你太太来？两个人一起来不比你自己来更好吗？"门格尔在秋天的时候写信问哥德尔。⁵²不过，门格尔大概是把事情的因果想反了：哥德尔在远赴美国之前完婚并不是为了让阿黛尔跟他一起走，这恰恰是一个交换条件，让阿黛尔同意他离开维也纳一年的时间。哥德尔早在两人的婚约还未确定的时候就打上这个如意算盘了。

不管怎么说，再次回到普林斯顿的哥德尔看上去比之前要健康得多。

结婚照，1938年9月

他在连续统假设方面的研究工作进展顺利,并且主动提出可以在高等研究院讲课,春季学期也可以到诺特丹大学开设常规大课或主持研讨课。对于门格尔邀请他在诺特丹大学开设数学逻辑导论课的提议,哥德尔因为自觉"英语不过关"而犹豫不决。门格尔就这件事与他通了很长时间的书信,经过冗长的探讨,两人终于敲定了最理想的方案。哥德尔大度地做出让步,默许了门格尔的邀请,同意在诺特丹大学的教学方面助门格尔一臂之力。[53]

哥德尔倾力相助的行为和心意令人动容,但门格尔心里也很清楚,他今时今日在美利坚腹地的影响力,与他当初在维也纳不可同日而语,想重新组织起数学研讨会,即便哥德尔是当今最顶尖的逻辑学家之一,仅靠他一个人来访学一个学期也是杯水车薪。哥德尔的课一开始只来了大约20名学生,其中一半是年轻的博士生和在专业领域里始终未有建树的数学系教员;另一半则是资历更老的哲学家,他们几乎立刻就退了课,因为这些信仰天主教的人已经有了一套成熟的逻辑思维体系,而哥德尔讲授的形式逻辑与他们的思维习惯格格不入。门格尔回忆说:

> 哥德尔在诺特丹大学访学期间的健康状况相当不错,但他不是很开心。他的宿舍在校园里……常常因为各种鸡毛蒜皮的事情跟公寓楼的楼长吵架。我很难调解双方的分歧,因为楼长是个上了年纪的牧师,他有一套固有的做事规则,而哥德尔总想强调自己的权利,两个人在一起简直是鸡同鸭讲。[54]

哥德尔对个人权利的诉求让门格尔非常头疼,尤其是后来当他用逻辑推导的方法分析他在维也纳的遭遇时,哥德尔认为纳粹党撤销他讲师资格的行为是"不合法"的,门格尔简直不胜其烦。"怎么会有人在目前的局势里讨论个人权利呢?"门格尔恼怒地问他,"而且都既成事实了,'权利'这个词在维也纳大学里到底还有什么实际的价值和意义?"根据门格尔事后的回忆,一直到那个学期结束,"心平气和的哥德尔才表现出了一点儿焦躁"。他常常把"回家"挂在嘴边,说这个学期结束后他想回到维也纳与家人团聚。"诺特丹大学和普林斯顿的很多人都劝他,有的甚至警告他不要回维也纳,但都没有用,他已经下定了决心要走。"门格尔写道,"然后,他真的回去了。"[55]

哥德尔坚持返回维也纳一方面是为了阿黛尔,另一个更实际的原因是,他在美国的合法居留时间只能持续到当年的7月中旬。此前访学美国的时候,哥德尔获得的都是允许他多次出入美国的移民签证。但在德奥合并后,德国纳粹政府取消了所有的奥地利护照,再加上大批想逃离希特勒政权迫害的难民涌向美国寻求庇护,所以1938年10月15日哥德尔入境美国时只拿到了允许他居留9个月的访客签证。如果想继续合法地留在美国,他就必须在离境后重新申请入境。

在希特勒入侵波兰、正式引发第二次世界大战的两天前,门格尔收到了一张来自哥德尔的字条,他看完后冷冷地评价说:"(这张字条)再次说明哥德尔对世界大事毫不关心。"哥德尔在字条里写道:"自从1939年6月底回到维也纳后,我跑了很多地方忙于自己的事,所以很可惜,这段时间我无暇给研讨会写总结报告。你那边的情况如何?我教的逻辑学课学生们考得怎么样?……我希望秋天的时候能再次回到普林斯顿。"门格尔后来疏远了哥德尔,对他态度冷淡。这种转变让奥斯卡·摩根斯特恩备感疑惑,他认为门格尔要么是因为嫉妒哥德尔的才华,要么是因为在普林斯顿住得不习惯,所以对当地的人和事怀有某种不可捉摸的猜忌心。但这些都不是真正的原因，门格尔坦承，由于哥德尔在政治观念上的天真，加上他对处境比他更艰难的芸芸众生的漠视，"我对他很难再有从前那种温暖亲密的感觉了"。哥德尔怯懦和狭隘的性格有时与他兢兢业业的做事态度和招人喜爱的天真是一脉相承的，很多朋友在认识到这一点后都选择了包容和释怀，但门格尔觉得自己做不到。[56]

回到祖国的哥德尔尝到了官僚做派的苦果。没有纳粹政府的允许他就不能离开奥地利；而这还不是最糟糕的，按照规定，他必须接受入伍体检，但官方一再拖延检查日期，眼看着几个月过去了，哥德尔始终得不到一个确定的说法。[57] 与此同时，普林斯顿高等研究院给他发来了 1939—1940 学年的聘用合同，还把年薪一下子提高到 4 000 美元。但因为战争爆发，美国政府停止签发访客签证，而移民签证的配额又远远无法满足走投无路、四散出逃的德国和奥地利犹太人，所以这条路也走不通了。

精力旺盛、足智多谋的冯·诺依曼不想放弃聘请哥德尔，主动接过了这块烫手的山芋。"哥德尔绝对是不可替代的。"他笃定地对弗莱克斯纳说，"在当今的数学家里，只有他能让我做出这样的评价。不管是谁，只要能把他从战火纷飞的欧洲营救出来，都厥功至伟。"一周后的 10 月 5 日，冯·诺依曼给身在维也纳的哥德尔发来了一封电报："聘书仍有效 速来。"[58]

随后，他给弗莱克斯纳写了一份报告，巧妙地从法律角度分析了当前的形势，并机智地发现了一种能让维也纳的美国领事馆立即给哥德尔颁发签证的方法。美国政府规定，有一种特定的专业人才（其中就包括"大学教授"）的移民签证是"没有限额"的，既不限制申请人的国籍，也不占用该国的移民签证名额。但问题在于，美国政府对"大学教授"的认定标准是,申请人必须证明"截至申请日期,他已经不间断地担任教授至少有两个完整的日历年"。不过,冯·诺依曼也找到了这条规定的漏洞:条款还规定,如果申请人的职业生涯"因不可抗力中断",那么在特定的情况下将不影响资格的认定。在提交给弗莱克斯纳的报告结尾,冯·诺依曼根据哥德尔的情况整理出一套虽有少许水分,但却极有说服力的申请说辞。[59]

然而,获得美国签证只能解决一半的问题。如果哥德尔不能让德国的官员确信他还会回到奥地利,他就不会被允许离境。可想而知,手握美国的移民签证无疑会引起德国官僚机构的警觉,这正是哥德尔担心的事。不过,哥德尔也没有闲着,为了应对未来的风险,他正式提交了新秩序讲师资格的申请。新秩序讲师与过去不同的一点是,它可以提供稳定的薪水。主管维也纳大学事务的纳粹官员弗里德里希·普拉特纳隶属政府的国内与文化事务部,他的另一个身份是维也纳大学的生理学教授,他还是纳粹党卫军的参谋,职级颇高。他在哥德尔提交申请以前就已经向校长建议,要对付像哥德尔这样"不愿意在课堂上多做点儿拓展的人",只管拖着他们的申请不批即可,一旦过了10月1日的截止日期,这些人原来的讲师资格就会"自动作废"。[60]

即便如此,哥德尔依然成功提交了申请,于是国家社会主义讲师协会的负责人就必须给他出具一份意识形态的审查报告。对哥德尔最不利的评价要数他在数学基础理论方面的研究,和爱因斯坦的相对论一样,它们现在都被划归为遭人不齿的"犹太科学"理论:

> 前大学讲师库尔特·哥德尔博士在科学领域相当有名气。他的教授资格论文是在犹太教授哈恩的指导下完成的。有人指

认他经常在崇尚自由主义的犹太人圈子里活动。必须指出的是，"德奥合并前"他的数学研究存在非常严重的犹太化问题。暂时不确定他是否发表过诋毁纳粹党的言论或参加过反对纳粹党的活动。他在大学的同事普遍跟他不熟，所以目前没有更多与他相关的信息。鉴于以上原因，我无法对哥德尔的新秩序讲师资格申请表示明确的支持，但也没有坚实的依据予以反对。

希特勒万岁！

亚瑟·马歇特博士

讲师协会负责人

维也纳大学[61]

除了申请新秩序讲师资格之外，哥德尔还在另一件事上做出了重大妥协：1939年9月20日，他注销了在普林斯顿的银行账户，并且把里面的1 000多美元汇到了维也纳，在奥地利接收这笔汇款需要他本人出具一份针对境外资金来源的正式说明，文末还要写上"希特勒万岁！"的口号。这是哥德尔第一次写这句话，也是他人生中的唯一一次。[62]

11月末，情况变得更棘手了，哥德尔的体检结果终于出来了。他的身体条件不太可能让他留在维也纳城里当一名仪表堂堂的驻防士兵，换句话说，他随时有被征召上前线的风险。远在美国的门格尔从别人口中听说了一件逸事：有一次，哥德尔的眼镜和文质彬彬的外表引起了一伙纳粹恶徒的注意，他们错把他当成犹太人，光天化日之下对他拳打脚踢，最后是阿黛尔挥舞着手里的提包或雨伞，才把这群人赶走。（多年后，哥德尔跟克莱索尔提起了这件往事，还挖苦地说只有奥地利纳粹党才干得出这么马虎的事，连他是不是犹太人都分不清。）[63]

与此同时，在大西洋彼岸，高等研究院发生了人事变动，新院长弗兰克·艾德洛特走马上任。艾德洛特此前在斯沃斯莫尔学院担任校长，来到高等研究院后，他开始频繁接触德国大使馆和美国国务院，甚至不惜动用诉讼手段，企图打破眼前的僵局。12月1日，艾德洛特给位于华盛顿的德国领事馆代办写了一封措辞谄媚的信，勉为其难地说了很多关于纳粹的好话，只为说服他们同意让哥德尔回到普林斯顿：

> 哥德尔博士，雅利安人，现年33岁，已婚。我听说他刚刚通过了应征入伍的体检，但作为世界上最优秀的数学家之一，继续从事科学研究才能更好地发挥他的价值，我们殷切地希望德国政府能对哥德尔这个特例网开一面……如果哥德尔能来普林斯顿，那无疑会对德国在科学界的国际声望产生巨大的助益。[64]

虽然表面上风平浪静，但官僚系统的齿轮已经转起来了。有人来找维也纳大学校长，询问准许哥德尔离职的可行性和他对此事的意见，校长的回复是：

> 哥德尔在他的专业领域内名声相当响亮……他的研究主要涉及数学和逻辑学的交叉学科，他曾经的导师、犹太教授哈恩也对此情有独钟。数学基础理论是美国学界的热门课题，因此哥德尔在美国也备受推崇。
>
> 关于哥德尔的政治立场，我在此引述维也纳大学讲师协会负责人马歇特教授的结论，他的观点与我的个人印象完全一致。

第 7 章 / 逃离帝国

在哥德尔成长的年代,维也纳的数学圈子完全由犹太人主导,所以他的内心几乎没有民族社会主义的观念,他给人的印象是完全不关心政治。综上,他的政治觉悟不足以让他克服某些困难,胜任去美国宣扬新德国形象的职责。

在性格方面,哥德尔给人留下的印象不错,我从未听过有人说他不好。他的行为举止礼貌得体,绝对不可能在海外犯下任何有损祖国声誉的言行错误。

如果哥德尔出于政治原因而无法前往美国,那他将面临生计问题。目前,哥德尔在维也纳已经没有任何收入来源了,他接受聘请去美国也只是为了赚钱养家。只要帝国能给哥德尔提供一个薪资尚可的职位,有关是否应当允许哥德尔离境的议题就没有讨论的必要了。[65]

1940年1月2日,哥德尔用电话传递了胜利的消息,他和阿黛尔都成功得到了出境签证。两周后,他从柏林发出了一封电报,内容是美国"大学教授签证"已经到手,他和阿黛尔将立即启程前往美国。由于不管是乘坐意大利还是其他中立国的船只,作为德国游客都很容易遭到大西洋上的英国和法国军舰的逮捕,所以当时德国的官方机构要求哥德尔从反方向前往美国:取道苏联和日本。离开柏林前的最后几天,哥德尔忙着到多个国家的大使馆给他的护照敲上一个又一个旅途中必需的过境签章。全部搞定后,他和阿黛尔从柏林登上火车,正式开启了他们前往美国的旅程。他们的火车将依次经过当时已经被纳粹占领的波兰、立陶宛和拉脱维亚,最后到达莫斯科。一路上两人胆战心惊,做好了随时被逮捕和遣返的心理准备。[66]

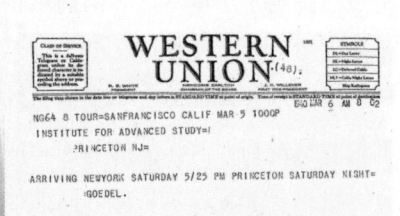

从维也纳到普林斯顿，1940年

　　他们在莫斯科的大都会酒店歇息了一晚，于次日坐上穿越西伯利亚的火车，在苏联荒芜肃杀的深冬时节奔行了将近6 000英里，抵达了符拉迪沃斯托克。然后，两人搭蒸汽船到达日本横滨，阿黛尔没有浪费一分钟的时间和行李箱的一寸空间，在日本买了许多小摆件，打算用来装饰他们的新家。[67] 两周后，他们登上了停靠在横滨港的美国邮轮克利夫兰总统号。哥德尔在给哥哥的信里写道，他认为当克利夫兰总统号的广播播报他们到达了夏威夷时，那是邮轮停靠旧金山前"整趟旅行中最美妙的时刻"，"从出生到现在，（夏威夷）绝对是我见过的最可爱的城市"。登陆后，他们乘坐火车穿越美国西部到达纽约，并于1940年3月9日星期六的晚上抵达了普林斯顿。彼时，距离他们踏上这趟不可思议的旅途已经过去了将近两个月。在9个月的时间里，哥德尔完成了一次如假包换的环球旅行。此后，他再也没有离开美国东海岸。[68]

第二天，摩根斯特恩就来拜访了他们，并向哥德尔询问了维也纳的情况。

"现在的咖啡很难喝。"哥德尔面无表情地答道。

"他这个人很有趣，"摩根斯特恩在当晚的日记里写道，"既有深度，又有某种超脱。"[69]

乘船横渡太平洋

第 8 章

美丽新世界

初到普林斯顿

"哥德尔已经做好喜欢上美国的准备了。"他的朋友格奥尔格·克莱索尔说。[1]

抵达普林斯顿三周后,哥德尔给身在维也纳的哥哥鲁迪写了一封信,像个没见过世面的孩子一样对普林斯顿低廉的物价表现得大惊小怪。他和阿黛尔在拿骚街245号租了一间公寓,为了给住处添置一些划算的物件,他们光顾了当地一家名叫伍尔沃斯的商店。"这里有一种10美分商店,"他兴味盎然地告诉鲁迪,"所有日常用品几乎都跟白送的一样,比如一个漂亮的玻璃糖罐售价只有5美分,一幅裱好的相片(非常好看)也是这个价。(至于这些东西质量如何,耐不耐用,就不好说了!)"[2]

为了提高自己的英语水平,哥德尔延续了保持多年的习惯,他每周日阅读《纽约时报》，并一丝不苟地记录下所有不熟悉的俚语或技术名词，比如 jaywalker（乱穿马路的行人）、frigate（护卫舰）、chaff（麦麸）、Kangaroo Court（袋鼠法庭）、humdinger（极其出色的人）、barnstorming（巡回）等。除此之外，他还学习了那些能让他更好地融入美国社会的知识：主流报纸杂志的名称，给出租车司机、看门人和理发师多少小费合适，纽约市的政府廉租房政策和美国大学的体育特长生制度，新闻里出现的人物和机构的名称。[3]

虽然顺利逃出生天，但哥德尔始终牵挂着他在维也纳的家人，担心着他们的安危。德国纳粹从1939年3月开始把波希米亚和摩拉维亚划入了受其保护的势力范围，布尔诺人的日子变得很不好过，对哥德尔的母亲来说眼前的世道尤为艰难，通货膨胀、战时物资短缺和收入锐减都是她要面对的窘况。"雷德利希工厂又把母亲的抚恤金砍掉了一半，真令人难以置信。"哥德尔给鲁迪写信说，"你觉得工厂的生意真的已经糟糕到这种地步了吗？"他和阿黛尔时常往欧洲寄送食物，尤其是咖啡、茶和可可等稀缺物资，但他们也不确定这些包裹最终会被送到亲人手里，还是在入境时被没收充公，又或者被他人侵吞。在美国的生活状况改善后，哥德尔每个月还拿出25帝国马克（相当于10美元）寄给母亲用作生活费。不过他自己手头其实并不宽裕。"我现在也不富裕。"他解释说，"1939—1940学年的劳务费目前只拿到了一半，而其中大半都花在了来这里的路上。我甚至不得不向别人借钱，到现在还欠着50美元的债。7月1日是发放下一期薪水的日子，到时候情况肯定会有所好转。"[4]

在德奥合并数月后，维也纳学派的最后几个成员也先后逃出了第三帝国的版图：罗丝·兰德和埃德加·齐尔塞尔离开了维也纳，菲利普·弗兰克离开了布拉格。但是，几年前为了躲避陶尔斐斯政府的抓捕而流亡到荷兰的奥托·纽拉特就没有那么幸运了。1940年5月，德国对法国和法国北部的低地国家发动了闪电袭击，令毫无防备的纽拉特措手不及。哥德尔非常担心他的老同事，当年夏天还给维布伦写信询问是否有关于纽拉特的最新消息。哥德尔后来得知，与他自己一波三折的出逃经历相比，纽拉特的流亡之路有过之而无不及。纽拉特在纳粹的密集炮火下爬上了一艘停靠于斯海费宁恩港的渔船，但这艘渔船出海后漏了水，所幸一艘路过的英国驱逐舰救起了船上的人员。军舰停靠英国后，纽拉特因为敌国公民的身份而遭到拘禁，后被投入马恩岛的一处战俘营。关押期间，他给一个朋友写过一封信，字里行间透露出一种泰然处之的态度。"我对英国监狱的内部条件一直很好奇，"他嘴硬道，"以前要是有人能给我提供这方面的信息，花点儿钱我都乐意，现在这可是免费的第一手资料！"在伯兰特·罗素、阿尔伯特·爱因斯坦的调解和游说下，当年年底，纽拉特被释放并得到了一份在牛津大学授课的工作。[5]

当哥德尔重回普林斯顿时，高等研究院已迁至新址——在普林斯顿大学西侧，距离普林斯顿大学的主教学区约一英里，两者中间是一座高尔夫球场。新院区所在地原本是农田和树林，总计占地面积为265英亩。哥德尔后来在写给母亲的信里详细描绘了这里清幽的办公环境："到处是开满花朵的大树，就像普林斯顿的一个大公园。高等研究院的新址位于类似城郊的地带，我每天都会花半小时左右在开花的大树和灌木间愉快地散步，带宽敞前院的民宅掩映其间，虚虚实实看不真切。"高等研究院占用的是一个名叫老农场的地方，独立战争期间，乔治·华盛顿率领美国人在这里击败了英国军队。高等研究院还盖了一栋新的主楼——富尔德楼，哥德尔的办公室就在这栋楼的二楼。它的窗户朝向大楼后方，从那里"可以看到

普林斯顿高等研究院刚完工的富尔德楼

漂亮的风景,广阔的草地向远处的地平线延伸,视野的尽头是一条树林带"。[6]

弗莱克斯纳自始至终都极力反对把钱花在大兴土木上,他的理由是,研究院在购置土地和修建楼房上每多花一分钱,开给员工和教授的工资就会少一分钱。高等研究院最初并没有自己的办公楼,直到1937年还在跟普林斯顿大学数学系共用范氏大楼;研究院还租下了普林斯顿酒店的地下室,把经济学家都塞了进去;就连弗莱克斯纳本人的办公室也设在拿骚街上的一栋正对着大学的商用建筑里。弗莱克斯纳不觉得这样的安排有什么不妥之处,哪怕一直这样也没什么问题。"如果需要更多的空间,我宁可不断地租用办公室。"他告诉维布伦,"我认为大家的注意力要放在我们应当关注的东西上,相比之下,大楼和土地不是需要我们关注的东西。"弗莱克斯纳觉得他在意见相左的维布伦身上看到了挪威人对土地根深蒂固的贪欲。"他是一个非常优秀可靠的人,"弗莱克斯纳半开玩笑地评论了这个挪威农夫的儿子,"只不过'建筑'或'农场'之类的词会激发他的本能,让他兴奋得失去理智。"然而,最终的胜利者是维布伦:高等研究院的创始人又拿出了50万美元。维布伦当年怀揣着把普林斯顿大学打造成美国最新潮的数学乡村俱乐部的理想,事事亲力亲为,全程跟进了范氏大楼的修建工程,对设计细节的把控堪称细致入微;而现在,他要重操旧业了。按照弗莱克斯纳的说法,"如果维布伦教授得知建筑师要前来拜访,他白天就不会干别的事了,甚至还会为此牺牲一整晚的睡眠时间,为他们的到来做准备。"[7]

富尔德楼是一栋英王乔治风格的红色砖楼,在设计上有意与普林斯顿大学的哥特式风格区分开来。它孤零零地矗立在一大片草坪的中央,门前有一条环形车道。作为研究院的主楼,它的外观缺乏传统大学和预科学校的主教学楼应有的活力及生气,看上去更像一座疗养院、孤儿院或年代久远的民宅。富尔德楼的顶层是餐厅,每天供应午餐和晚餐,餐食的补贴力度非常大;从一楼往下走几个台阶是公共休息室,那里有许多舒适的椅子和沙发,维布伦急不可待地在这里重新搞起了他的下午茶活动。

哥德尔铆足了劲儿,在高等研究院的新院区重新开启了他的学术生涯。他又开始给学生授课,不过同往常一样,学生们又走得七七八八,到了期末他的课上已经不剩几个人了;耶鲁大学邀请他去做演讲,主题是关于直觉主义逻辑学;他最重要的工作是,给证明连续统假设自洽性的研究收尾(他之前已经在《美国国家科学院院刊》发表过两篇短文了)。乔治·布朗是哥德尔1938年在高等研究院开设连续统假设课程的学生之一,他听课认真,做了很多详细的笔记,此时他正在协助哥德尔完成论文初稿,同时与普林斯顿大学出版社接洽,处理论文出版的相关事宜。[8]

第 8 章 / 美丽新世界

关于连续统假设的证明是哥德尔在数学上最重要的贡献之一，与他的不完备性定理不相伯仲，它不仅构成了集合论和无穷概念的理论根基，也代表了哥德尔对数学真理和事实的哲学认识。连续统假设最早是由格奥尔格·康托尔于1878年提出的，此后一直是数学界的争议性课题。无穷集合的概念是数学领域的创举，康托尔在这个由他开创的领域里发现了一个非常重要的事实，即无穷集合也有等级之分。等级最低也就是最小的无穷集合（比如正整数1，2，3…）早在300年前就被伽利略发现了，虽然有些无穷集合乍看之下要比正整数更大，但如果细究起来就会发现，它们其实是属于同一等级的，原因是你总能在它们和正整数之间建立起某种对应关系，即数学里常见的一一对应关系。所以，与直觉不同，你会发现偶数和平方数的数量其实跟正整数一样多，因为你可以用正整数给每个偶数或平方数按顺序编号，并且一直编下去。换句话说，偶数和平方数是"可数的"。

2	4	6	8	10	12	14	16	…
↕	↕	↕	↕	↕	↕	↕	↕	
1	2	3	4	5	6	7	8	…

1	4	9	16	25	36	49	64	…
↕	↕	↕	↕	↕	↕	↕	↕	
1	2	3	4	5	6	7	8	…

就连分数的数量也不比正整数多，因为只要方法足够巧妙，你就可以用正整数"1，2，3…"给分数按顺序编号。比如，根据分子和分母之和的大小排列所有分数。

1/1	1/2	2/1	1/3	3/1	1/4	2/3	3/2	4/1	1/5	5/1	…
↕	↕	↕	↕	↕	↕	↕	↕	↕	↕	↕	
1	2	3	4	5	6	7	8	9	10	11	…

但康托尔经过研究指出，有一种连续不断的数集，也就是数学里所谓的"连续统（continuum）"，你无法用任何方式在它们和自然数之间建立起上述的一一对应关系。比如一条直线上的所有点，它们不是与自然数而是与实数的数量相当。实数包含所有的有理数和无理数，后者是指无限不循环小数，比如圆周率π和$\sqrt{2}$。无理数比自然数要多得多，也就是说连续统的无穷等级比自然数要高得多。

康托尔提出的假设简洁而独到。以0到1之间的实数为例，我们先把小数随机排列并按数位对齐，然后沿对角线依次选取每个数位上的数，再用这些数组成一个新的小数。

$$0.3490117\cdots$$
$$0.1580228\cdots$$
$$0.9671405\cdots$$
$$0.2314159\cdots$$
$$0.7741063\cdots$$
$$0.8311975\cdots$$

这样一来，我们就得到了小数0.357 407…。现在我们给每个数位上的数都加上1，它就变成了一个新的小数0.468 518…，康托尔认为，即使构造这个无穷小数需要用到无穷多个其他小数，它也不会跟其中任何一个相同。原因在于，它的十分位和第一个小数的十分位不同，所以它不可能是这个数列中的第一个小数；同理，因为百分位不同，它也不可能是第二个小数；以此类推，由于第n位的数字与第n个小数不同，它与这个数列的第n个小数也不相同。因此，只要是以枚举法构建的实数集,你就可以找到不包含在该实数集内的实数,也就是说,实数无法被穷举。

这样无穷集合就有了大小之分,于是康托尔提出了"势"的概念,用来描述无穷集合之间的大小关系。他用希伯来字母阿列夫表示势,自然数集是最小的势,表示为$\aleph_0$(读作"阿列夫零");如果是比自然数集势更高的集合,就可以表示为$\aleph_1$,$\aleph_2$。以此类推,连续统(也就是实数集)的势要高于$\aleph_0$。

集合论中有一个非常重要的事实:由自然数构成的无穷集合拥有无穷个子集,而且这些子集的总数的势高于$\aleph_0$。更确切地说,它的势与连续统的势相同。通常情况下,一个拥有n个元素的集合理论上有2^n个子集。比如一个集合包含a和b两个元素,它就有4(2^2)个子集:不包含任何元素的空集{},{a},{b}和{a,b}。同理,如果一个集合含有三个元素,它就有8(2^3)个子集,分别是:{},{a},{b},{c},{a,b},{a,c},{b,c},{a,b,c}。以此类推,因为自然数集的元素数量为$\aleph_0$,所以它的子集数量应当为$2^{\aleph_0}$,这个数的势是高于$\aleph_0$的。

在康托尔提出势的概念和表示方法后,一个关键的问题出现了:由于实数集也有子集,会不会存在一类实数集的子集,它们的势正好介于连续统和自然数之间?这个问题还有另一种表述方式:我们是否应当把连续统的势表示为$\aleph_1$,也就是认为实数的势是高于自然数势的最小势,而这相当于在$2^{\aleph_0}$和$\aleph_1$之间画上了等号。如果连续统的势并不是高于$\aleph_0$的最小势,它的标号就应当往上加,比如变成$\aleph_2$,这代表在自然数集和实数集之间还有其他势存在(所以$2^{\aleph_0}$大于$\aleph_1$)。那么,我们能否这样做呢?

康托尔为此提出了连续统假设,该假设认为连续统的势就是$\aleph_1$。

换句话说,任何一个实数集的无限子集,它的势要么和自然数集一样,要么和实数集一样,而不会介于两者之间。连续统假设在数学领域的重要性极高,希尔伯特在1900年的数学家大会上号召同人们对一些著名的亟待解决的数学问题进行集中攻坚,其中排在第一位的就是连续统的势问题。

哥德尔的证明工作让数学家在解决这个问题的道路上迈进了一大步,这也是他人生中第三次成功解决著名的希尔伯特难题。哥德尔证明了在集合论的基本公理框架内,康托尔的连续统假设不会引起矛盾,所以它在现有理论中至少是自洽的;换言之,现有的公理系统无法推导出与连续统假设相悖的结论。除了连续统假设以外,哥德尔还证明了选择公理也有同样的性质,选择公理是另一个关乎集合论根基的问题。哥德尔关于连续统和选择公理的研究表明,此后数学家可以根据需要,把其中一个甚至是两个同时纳入集合论的自洽公理系统,而无须担心在此基础上推导出的结论会在该公理系统内引起冲突或矛盾。

不过,自洽性本身并不能说明连续统假设到底是对还是错,而哥德尔坚持认为连续统假设的真伪性跟它的自洽性一样,也一定是可证明的。《美国数学月刊》曾针对非数学专业的读者连载过一个"××是什么"专栏,哥德尔受邀为其中一期撰稿,在题为《康托尔的连续统假设是什么?》的文章中,他表露出强烈的个人倾向,认为连续统假设其实是错误的。"它的正确性非常可疑,"哥德尔写道,"连续统假设与很多有待证明的数学命题之间存在矛盾,一旦那些命题成立,它就会被推翻;反过来,在有待证明的命题里,至今没有一个可以支持它的正确性。因此,我们有充足的理由怀疑连续统假设在集合论中扮演的真正角色其实是:连续统假设将作为一个切入点，引导我们发现有可能推翻它的新公理。"[9]

哥德尔花了20多年的时间，以惊人的热情和毅力试图证明连续统假设与其他公理之间的相互独立性。所谓独立性，是指这些公理之间不能相互推导。如果连续统假设与集合论的公理系统既是自洽的（即无法证伪），又是相互独立的（即无法证真），就说明现有的理论体系还不够充分和完备。根据哥德尔不完备性定理，任何自洽的数学理论体系内都不可避免地存在该体系无法判定的命题，倘若他上述证明独立性的尝试能取得成功，连续统假设就是一个佐证不完备性定理的绝佳实例。

友谊与猜忌

同其他朋友一样，格奥尔格·克莱索尔认为哥德尔只顾自己的生活方式并不是由于骨子里的反社会倾向，而是因为他非常珍惜自己的时间和精力，不愿意把它们花在无关紧要的事情上。"别人总以为他是个隐士。"哥德尔的朋友、逻辑学家、哲学家王浩说，"但作为朋友，他是个热心肠的人。"王浩第一次与哥德尔见面是在1949年，此后两人一直在学术方面保持通信往来。直到1971年，哥德尔终于答应定期与王浩见面探讨哲学话题；少有人能获得占用哥德尔时间的特权，王浩有幸成为其中之一。"他十分怕麻烦，"王浩评价道，"能走近他的人很少。不过只要能和他建立起亲密关系，就一定是相当亲密的那种。"[10]

哥德尔和阿黛尔非常热情好客，去他们家拜访的人都会有宾至如归的感觉。这让克莱索尔备感疑惑，他有一次问哥德尔：既然他们如此贴心周到，为什么平时不多邀请别人到家里来呢？哥德尔的回答是:他注意到大多数人在社交场合只是表面上看上去很高兴,这远远超过了他们内心的实际感受,他觉得这样非常累。("显然,"克莱索尔对哥德尔的回答评价道,"他有时只需要少量的数据和线索就足以得出令人信服的结论。")[11]

哥德尔对朋友非常仗义,下面这件事就是很好的证明。1957年,克莱索尔与英国物理学家弗里曼·戴森的妻子维雷娜·胡贝尔-戴森私奔了。离开普林斯顿前,克莱索尔特意带着维雷娜和她的两个孩子到哥德尔家,与他们一起喝了一次下午茶,克莱索尔做此安排很有可能是为了委婉地征得哥德尔的理解和认可。后来,克莱索尔称赞哥德尔,"20世纪50年代,我的所作所为在当时的人看来十分不检点,而他依然是那个忠诚可靠的好朋友"。克莱索尔的话其实有点儿避重就轻,事实上,当后来克莱索尔和胡贝尔-戴森一起出席各种数学会议和社交聚会时,他都会用"我的妻子,戴森夫人"介绍她,别人对此的尴尬反应也是情有可原的。克莱索尔的私生活招致了普林斯顿当地乃至范围更大的数学家圈子的非难,但哥德尔拒绝对克莱索尔的私生活评头论足。[12]

哥德尔不顾舆论的压力,继续与克莱索尔保持来往。克莱索尔和维雷娜搬到加利福尼亚后,他们经常打长途电话。哥德尔还会拿出高等研究院发给他的消费津贴,时不时地邀请克莱索尔从加州来普林斯顿,以便及时了解数学基础理论研究的最新进展。

维雷娜·胡贝尔-戴森自拍照,1954年

胡贝尔–戴森早就对普林斯顿和身为一名母亲的角色厌倦到极致，后来她提到，"与克莱索尔在一起并不轻松，但是很有意义"，这让她想起自己无论是作为一个女人还是一位数学家都余热未尽。胡贝尔–戴森不仅是位优秀的逻辑学家，也是个相貌出众的女性，后来她还和阿尔弗雷德·塔尔斯基（塔尔斯基虽然行事粗鲁，但极具才华）传出过绯闻。[13]

至此，普林斯顿已经吸纳了许多从德国和奥地利流亡而来的人。文学家埃里希·卡勒尔及其妻子爱丽丝住在伊夫林社区1号，两人打开家门，迎接了一波又一波流亡者，有时候是请他们共进晚餐，有时候是为他们提供临时住所，作家、数学家赫尔曼·布洛赫在1942—1948年就和这对夫妇住在同一屋檐下。化学家、科学哲学家保罗·奥本海姆不仅是爱因斯坦的好朋友，两人的住所还离得很近，奥本海姆家就在爱因斯坦家附近的街角。一到周日，奥本海姆就早起跟爱因斯坦一起散步，然后回到位于普林斯顿大道57号的家里设午宴，招待从德国出逃的科学家、艺术家和学者。哥德尔跟卡勒尔夫妇及奥本海姆都有联络，但交情不深。

哥德尔来到普林斯顿后交了两个最好的朋友：阿尔伯特·爱因斯坦和奥斯卡·摩根斯特恩。但从很多方面看，这两个人似乎都是最不可能跟他成为密友的人。哥德尔很早以前就在正式场合认识爱因斯坦了，但直到1940年两人的友谊才建立起来。生性害羞的哥德尔通常对同事中的名人敬而远之，即使这些人的办公室都在富尔德楼的二楼，中间只有十几英尺的距离。有一天，深谙哥德尔脾性的奥本海姆穿过走廊，连续敲了两个办公室的门，当应门的两人出现后，他郑重其事地介绍说，"爱因斯坦，这是哥德尔；哥德尔，这是爱因斯坦"。事后，奥本海姆在回想起这一幕时说，这是他"为科学事业做出的唯一贡献"。[14]

爱因斯坦曾说,想要在保守的普林斯顿拥有个人空间和隐私,只需要主动打破死板的社会规范,就可以让别人对你敬而远之。他本人也的确是这样做的。爱因斯坦经常穿一件老旧的皮夹克、一条松松垮垮的裤子,穿鞋而不穿袜子,大模大样地在街上闲逛。爱因斯坦戏称自己像件"能进博物馆的藏品",他曾对朋友们说,"在普林斯顿,他们看不起我"。[15]爱因斯坦的住所是一栋低调的白色乡村小屋,距离高等研究院不远,位于莫瑟街112号。后来,那间屋子里又住过两名诺贝尔奖得主,别说是在普林斯顿,哪怕是在全世界这也是绝无仅有的。

但是,爱因斯坦的名气实在太大,认出他的人不在少数。有一次,爱因斯坦像往常一样走在去办公室的路上,一辆汽车经过他身边时,突然驶出了马路,径直撞向了路边的树。事故原因是驾车驶过爱因斯坦身边时,司机立刻认出了这位世界上最著名的科学家,眼睛只顾盯着他看而忘了看路。总有人缠着爱因斯坦向他索要签名,爱因斯坦曾经对哥德尔和摩根斯特恩说,这些人"是文明世界里残存的食人族,因为他们满脑子就想着把别人敲骨吸髓"。[16]

1940年两人结交后,哥德尔曾自豪地告诉母亲,他已经去过爱因斯坦家多次,并和他探讨了许多科学问题,"我觉得通常来说,他应该很少会邀请别人去他家"。后来,两人每天都一起步行上下班,在路上谈天说地,话题无所不包且不乏深度,这让两人的友谊逐步升温直至牢不可破。弗里曼·戴森曾说:"哥德尔……是我们这群人中唯一一个与爱因斯坦散步和谈话时都可以做到不卑不亢的人。"恩斯特·施特劳斯在1944—1948年担任爱因斯坦的数学助教,他认为在爱因斯坦人生的最后几年,哥德尔"无疑是爱因斯坦最好的朋友"。"他们是截然不同的人,"施特劳斯评价道,"但出于某种原因,他们十分了解和赏识对方。"

他们性格的方方面面几乎都不一样:爱因斯坦合群,性格开朗,常常开怀大笑,通情达理;而哥德尔则非常古板,严肃,独来独往,他认为情感不可以作为追求真理的手段。不过,他们俩有一个相同的特质:他们在乎和关心的都是事物的本质。[17]

哥德尔与爱因斯坦的合影

哥德尔后来告诉爱因斯坦的传记作者卡尔·泽利希:"我们的谈话通常与哲学、物理、政治等话题相关……我经常思考爱因斯坦为什么会喜欢跟我聊天,我认为其中一个原因很可能是:我总是与他意见相左,而且从不试图掩盖分歧。"绝大多数同事都把爱因斯坦捧得很高,对他顶礼膜拜,相比之下,哥德尔平实的态度让爱因斯坦非常愉悦。"他对哥德尔的欣赏超越了一切,"摩根斯特恩在日记里写道,但结尾又补充了一句,"爱因斯坦把什么都看得很透彻,无论是一个人的天赋,还是短板。"[18]

不过这两位顶尖奇才之间的友谊并不完全源于学术上的相互欣赏，也有非常纯粹且温情的一面。1947年夏，爱因斯坦生病卧床了好几周，哥德尔每周都会到他家探望一次；每当哥德尔受到精神上的困扰，爱因斯坦也会对他关怀备至。两人会互赠虽不贵重但非常有心的小礼物，爱因斯坦给哥德尔送过一个花瓶，作为装点新居的乔迁之礼；哥德尔给爱因斯坦送过一幅装裱好的蚀刻版画（《寂静时分》，作者是极负盛名的美国版画艺术家斯托·文根洛特），作为他70岁的生日礼物；阿黛尔还给爱因斯坦织过一件羊毛背心，算是一份特别的礼物。得知玛丽安娜·哥德尔对她儿子的"明星"朋友很感兴趣后，爱因斯坦给她写了一封充满真挚感情的信，这让玛丽安娜喜出望外。"我能想象出爱因斯坦给您的信写得有多好，"哥德尔对母亲说，"他本人就是友好这个词的化身（至少对我而言如此）。"[19]

虽然哥德尔与爱因斯坦的交情很深，但要论时间长短的话，他和摩根斯特恩的友谊更长久，而且两人都把对方视为最重要的伙伴。摩根斯特恩当然用不着沽名钓誉，他和哥德尔交朋友的动机既不是为了蹭哥德尔的名气，用于换取事业的一帆风顺，也不是为了给自己脸上贴金，觉得自己了不起。事实恰恰相反，当两人在普林斯顿相见时，其实摩根斯特恩才是更有名气的一个。当时摩根斯特恩已经是享誉国际的经济学家了，政府和大企业的高层人士都要不时地向他咨询相关事务。摩根斯特恩曾与约翰·冯·诺依曼合作，提出了石破天惊的博弈论，它深刻地改变了我们对竞争的认识，广泛影响了多个领域的互动策略，比如经济市场、政治谈判，乃至像核威慑这样的国防手段。除了学术成就以外，摩根斯特恩还是个风度翩翩、极具魅力的人：有传言说他的母亲是德国的短命皇帝腓特烈三世的私生女，所以摩根斯特恩生来就有贵族的气质和风范。他善于骑马，热爱音乐和文学，年近40依然俊俏帅气，而且单身。可想而知，拥有如此天资的摩根斯特恩肯定吸引了众多美貌与学识兼备的年轻女性，她们的年纪大多只有他的一半。

哥德尔与摩根斯特恩的合影

摩根斯特恩和哥德尔之间的情谊既深刻又真诚，不夹杂任何的算计和私心。"他真的是一个特别招人喜爱的人。"哥德尔如此向母亲形容摩根斯特恩。不仅如此，他还与摩根斯特恩开诚布公地谈论自己的工作和生活，换作其他任何人，哥德尔都不会这样做。[20]在长达30年的时间里，他们每隔几天就要见一次面，不见面时还要打很长时间的电话。

"我不清楚他为什么会选择我，"摩根斯特恩在早年的一篇日记里写道，"但很显然他喜欢我，而且总是对我真诚相待。"哥德尔回报摩根斯特恩情谊的方式是阅读他的研究工作，然后跟他一起探讨学术问题。摩根斯特恩结婚生子后，两家人会聚到一起庆祝圣诞节和家庭成员的生日,平时也会邀请对方到家里喝下午茶或共进晚餐。哥德尔是这样向自己的母亲形容摩根斯特恩的:"他是我们两个唯一经常见的人。"[21]

摩根斯特恩曾说,他结交过许多不错的朋友,但没有一个能比哥德尔更称得上真朋友的人。"他是奇才!"摩根斯特恩在提到哥德尔时如此写道,赞美之情溢于言表。他翻看两人的谈话,尤其是1956年他们的同事冯·诺依曼去世后的对话,感慨"在大学里这些平庸的头脑中,(哥德尔)犹如一座漂浮在海面上的孤岛。他的每一个提议、每一个想法,都对人耐心友好,他说话虽然轻声细语却能鼓舞人心,他总是对一般人不会在意的细枝末节充满好奇心"。许多年后,哥德尔送给摩根斯特恩一张自己的照片,上面的赠言是"致老朋友"。"的确是老朋友了,"摩根斯特恩认同道,"我与他的友谊既令人动容,又叫人感慨。"[22]

"我很喜欢他,"摩根斯特恩在日记里坦承,"而且没有人能像他那样在很多事情上启发我。"[23]

宇宙无怪事

"他在学术界的重要地位有目共睹,"1940年哥德尔刚刚抵达普林斯顿时,摩根斯特恩简短地评论说,"但他在生活中有点儿古怪。"[24]

哥德尔和阿黛尔在普林斯顿的前三年里一共搬过三次家,至于理由,哥德尔告诉母亲说,"我忍受不了糟糕的空气"。他只向母亲抱怨了普林斯顿夏天闷热的天气影响了他的心脏,而对当医生的哥哥则说得更详细,"在我看来,更深层次的原因(虽然我看过的医生觉得这并不值得在意)是我们公寓的锅炉。它原本的作用应该是加热暖气水并给整栋楼供暖，但却经常弄得房间里一股子烟味。我找来的修理工虽然技艺没问题，但他们都取笑我的想法，而且只有一个人承认或许有漏烟的问题，他觉得烟可能是从天花板或墙壁的裂缝漏进来的，也可能是从窗户钻进屋里的。（我把这些情况也告诉了研究院的人。我目前没有头疼的症状。）"哥德尔做得最极端的事就是把其中一间公寓的暖气片拆掉了，据高等研究院院长弗兰克·艾德洛特说，哥德尔此举"导致他的公寓在冬天冷得不能住人"。[25]

哥德尔在高等研究院的数学家同事马斯顿·莫尔斯，曾经在光顾当地一家电器商店时听闻了一件关于他的逸事，充分反映了哥德尔担心的事情有多么奇怪。店员发现莫尔斯是研究院的教授后，就问他："你认识一个叫'哥-戴尔'的教授吗？""是的，我认识他。"莫尔斯答道。店员接着说："我觉得他疯了。"莫尔斯问："为什么？""我给他家送了三次冰箱，因为他觉得我们店里售卖的冰箱会泄漏有毒气体。"[26]

哥德尔和阿黛尔经常跟房东吵架，虽然原因并不总在这对难搞的夫妇身上。哥德尔对别人说，普林斯顿的住房非常紧俏，所以房东"都是一副趾高气扬的样子"，甚至不愿意给房客提供必要的修缮服务。随后的两年里，哥德尔夫妇为了躲避酷暑而去缅因州过夏天。1941年夏，两人在布鲁克林的花楸旅馆住了两个月，那里靠近临海的芒特迪瑟特岛，是广受学者欢迎的度假胜地，维布伦每年都在那里避暑。1942年夏，他们去了缅因州的布卢希尔。哥德尔总是操着奇怪的口音，而且他喜欢独自沿着海岸线步行很长的距离，这些都引起了当地人的注意，他们一度怀疑哥德尔是给潜艇发信号的德国间谍。不仅是当地人，哥德尔和阿黛尔的怪癖也给旅馆老板留下了深刻的印象，许多年后旅馆老板还记得阿黛尔当时拒绝清洁女工进屋打扫的事。至于哥德尔,他后来不停地给旅馆写信,控诉有人偷了他的行李箱钥匙。[27]

哥德尔家人的命运未卜,他自己的生活也没能安定下来,颠沛流离的日子侵蚀着他的精神。高等研究院一直没有给予他终身职位,只是每年给他更新一次临时员工的身份,他虽然拿着4 000美元的年薪,每次却只能签订为期一年的聘用合同,今朝不知明日,高等研究院显然是对哥德尔能否长期稳定地做学术研究持怀疑态度。"我不太喜欢这种一年一签的职位,尤其是在研究院告知我资金越来越吃紧(也许是战争的缘故?)的情况下。"哥德尔在给哥哥的信里写道。[28]此时,位于纽约的德国驻美国大使馆要求哥德尔正式提交一份延长海外居留时间的申请,而鲁迪告诉他,维也纳的纳粹军官和大学官员不停地给他写信,要求他汇报哥德尔的下落。显然,国内外的行政机构缺乏沟通,国内的官僚机构并不知道哥德尔去美国是获得了官方的许可。烦心的事还没完,哥德尔在国内还有纳税事宜未处理完,他和阿黛尔在离开维也纳前的最后几个月租住的黑格尔巷5号公寓,此时也出现了转租手续上的问题。

出人意料的是,在这样一团乱麻中,哥德尔提交的新秩序讲师资格申请居然获批通过了。委任状是一份做工精美的肤纹文书,落款日期是1940年6月28日,授予哥德尔"元首的特别庇护"。这张委任状和一张空白的确认签收单据一起被保存在哥德尔的大学档案里,直到60多年后才被发现。[29]

几个月后,他给哥哥鲁迪写信说:

> 德国的军事指挥部质询了我,这让我很惊讶。毕竟我在4月末就向本地领事馆提出了延长海外居留时间的申请,他们也

告诉我已经将相关情况通报给维也纳的行政机构，一切都在按部就班地推进。他们还说我的续聘文件"缺失"，这也让我很惊讶。我已经接受了研究院的续聘邀约，也拿到一部分薪水了，所以无论如何我都会在这里待到1941年5月。顺带一提，我对我在维也纳的教职是否有薪资（如果有，大概是多少）这件事很感兴趣。你能帮我问问吗？按照新的法律，所有讲师都有基本工资。如果你去找大学里的相关人员询问，能不能顺便告诉他们，我已经通过这里的领事馆向维也纳大学校长办公室和科学、教育及文化部提交了延长外派时间的申请，主要理由是：第一，我没有足够的钱（美元）返程；第二，我在维也纳无法维持生计。维也纳那边的相关人员显然对我向领事馆提交的申请一无所知，不然他们也不会这么着急让我回去的。[30]

1941年3月，哥德尔再次申请延长在海外居留的时间，但这一次领事馆明确告诉他，德国的行政机构已经开始怀疑他留在美国的动机了。柏林的有关部门在几个月后报告称：

> 根据位于纽约的德国驻美国总领事馆近期的汇报，哥德尔博士希望延长在美居留时间，原因是普林斯顿高等研究院决定在新学年以4 000美元的年薪聘请他继续从事研究工作。总领事馆已向他说明德国政府不希望他继续留在美国，哥德尔博士想知道如果不能在美国找到其他合适的工作会如何，答复是他的延长居留时间申请将被驳回，如果之后被遣返回国，他将得到一份在德国大学的带薪工作。不过他补充道，由于某种心脏问题，他无法胜任高强度的行政或教学工作。[31]

草拟这份报告的官员使用了"遣返"这个词，它含有捆绑的意思，隐隐显露出不好的兆头。

1941年12月，哥德尔每况愈下的精神状态已经达到了临界水平。这件事惊动了艾德洛特，他给纽约市的精神病学家麦克斯·格伦恩塔尔医生（哥德尔和阿黛尔平时咨询的医生）写信，询问哥德尔的病情是否会对他人构成威胁。"于情于理，我都是非常关心哥德尔博士的。关于他的病情，如果您能告诉我对他目前状况的大体看法，我将感激不尽。我想知道，您觉得他目前能否继续胜任研究工作，他的情况是否会有所好转，以及如果要舒缓他紧绷的精神，有什么是高等研究院可以做的。我迫切想知道，您觉得他的病症是否有可能转化为暴力行为，无论是自残还是伤害周围的人。"至少在暴力行为这一点上，格伦恩塔尔医生在回信中向艾德洛特保证："我觉得他的病情没有任何暴力化的苗头，事情还没到那么严重的地步。"艾德洛特回信说，他会尝试发动哥德尔的朋友们，鼓励他多去看精神科医生。[32]

战争的爆发让哥德尔和阿黛尔心烦意乱，更让两人糟心的是，当初入境美国时他们在海关登记的身份是德国公民。哥德尔和阿黛尔因此被美国移民局归类为敌国公民，这导致每次他们去纽约参加会议、见格伦恩塔尔医生或去泽西海岸度假，都必须提前给特伦顿的检察官写信报备，获得许可。后来，他们终于成功地把入境国籍改成了"奥地利"。在美国国务院看来，奥地利是被德国侵吞的国家，所以奥地利人算是纳粹德国的受害者，而不是法西斯的盟友。[33]

雪上加霜的是，1943年4月，哥德尔接到命令，要求他去特伦顿入伍体检中心接受征兵体检。虽然当时哥德尔还没有获得美国公民身份（他和阿黛尔在1940年12月提交了入籍的"初步申请书"，之后两人需要在美国待满5年才能获得入籍资格），但此时的他和美国永居公民一样，都成了征兵对象。所有国家的军队都有一个难说称职的官僚机构，美国也不例外：当地的兵役局根据哥德尔的体检结果，把他划分为1-A级，即适合入伍服役。三年前在德国经历的征兵噩梦又一次缠上了哥德尔。

为了避免事态恶化成彻底的灾难，艾德洛特紧急给征兵处写了一封呈请信。"哥德尔博士同所有从纳粹德国逃离的流亡者一样，非常渴望为美国的战争事业贡献自己的力量。"他写道，"但在目前的情况下，我觉得我有必要向美国兵役局报告如下事实。自从哥德尔博士来到普林斯顿，他的精神和神经系统曾两度出现明显的障碍，看过医生后，他被诊断患有精神疾病……由于治疗效果显著，我们于1940年再次聘请他到高等研究院工作，并持续至今。不过，哥德尔博士的病情在去年复发了，他目前必须接受必要的医学治疗。"对于哥德尔精神状况不稳定但却是个数学奇才这一点，艾德洛特解释道："不幸的是，（哥德尔博士的）数学才能与他的精神问题是相伴而生的，高等研究院可以接受他按照自己的节奏做研究，但我料想军队可能不具备包容像他这样的人的条件。"艾德洛特还建议让普林斯顿大学医师、普林斯顿医院主任医师约瑟夫·凡尼曼出具详细的病例报告，哥德尔两次病情发作都是由他接诊的。[34]

兵役局对此的回复是，他们非常理解艾德洛特报告"哥德尔博士病情"的心情，但他们能做的就只是把有关信息递交给入伍体检中心，并要求军医对哥德尔再做一次"全面的精神检查"。后来，哥德尔确实接受了第二次强制性的入伍体检。体检当天，有一个接到兵役局体检通知的教授同事与他同行。不管出于什么原因，军队最后放了哥德尔一马：他的体检结果是4-F级，永远都不可能在军队干任何工作了。[35]

虽然时不时受到精神疾病的困扰，但每次康复后，哥德尔都能继续投身到数学研究中。艾德洛特认为这是哥德尔性格中最让人惊异的地方，而这一次的发病风波也一如既往地平息了。哥德尔一走出低谷便迅速投入了一个全新的领域——爱因斯坦广义相对论的场方程，他用全新的方法解出了场方程的一组精确解。仅是求出场方程的精确解这一点，就堪称数学上的一大壮举，[36]但真正吸引哥德尔的是这组解隐含的奇怪意义，尤其是由它推导出的有关时间的性质。

《在世哲学家文库》系列丛书中有一本专门介绍了爱因斯坦，哥德尔在一篇短文中提到他曾应邀为该书撰稿。"广义相对论有许多引人入胜的地方，对研究哲学的人来说，其中最有趣的一点就是由它推导出的时间观，广义相对论让我们对时间有了颠覆性的认识。时间是一种既神秘又自相矛盾的存在，但它似乎是构成这个世界和我们本身的存在性的基础。"[37]众所周知，爱因斯坦早在发表狭义相对论时就曾提出，以不同速度运动的观察者不仅对时间流逝的感知不同，在他们看来，同时发生的两件事的先后顺序也不同。在爱因斯坦广义相对论方程构建的标准宇宙里，还有一个作为客观标准的"特殊"概念——"宇宙时间"。它的定义是，如果宇宙中的所有物质都是均匀分布的，而观察者以与宇宙膨胀相当的速度运动，那么观察者感知到的时间流逝就是"宇宙时间"。

但哥德尔求得的解却让"客观时间的流逝"这种说法完全没有了立足之地。在哥德尔的宇宙模型中，宇宙并没有膨胀，宇宙中的所有物质都在各自的惯性参考系内绕相同的平行轴做圆周运动。在这个宇宙模型里，每个部分都无法与其他部分区分开来，也就不存在以某个部分的时间作为标准宇宙时间的可能。在根据爱因斯坦的

广义相对论方程构建的宇宙里,哥德尔还发现了"其他一些出人意料的特征":

> 如果有人能搭乘宇宙飞船并以足够大的曲率飞行,在这个世界里,他就可以去过去、现在和未来的任何地方,然后从那里返回,这与在其他宇宙里从空间中的一处运动到另一处没有任何区别。

哥德尔也大方地承认:"这样的宇宙观看上去有许多荒谬的地方。比如,在这样的宇宙里,一个人可以穿越到与当下相邻的过去,跟那时的他并存于同一个时空。如此一来,一个人就可以与从前的他发生原本不存在的互动。"这显然是自相矛盾的时空悖论,但哥德尔指出,悖论的存在并不能理所当然地驳斥他的宇宙模型。在实际操作中,时空旅行所需的能耗很可能成为人类无法跨越的技术障碍:要实现时空旅行,飞船的运动速度至少要达到光速的2/3;而要在乘客的有生之年完成时空旅行,飞船所需的燃料将是其自身重量的几百亿亿倍。因此,时空悖论不会发生或许并不是因为理论上不允许,而是因为人类的技术永远不可能实现时空旅行。[38]

我们姑且把理论上的争议放在一边,哥德尔的宇宙模型存在的问题其实显而易见,那就是它与实际的天文学观测不相符。比如,遥远星系电磁波信号的红移现象是宇宙正在不断膨胀的决定性证据,也就是说我们的宇宙的的确确在膨胀。哥德尔对此的看法是,重要的问题并不在于他的模型是否与我们的宇宙相符,而在于只要这样的宇宙有理论上存在的可能性,讨论"客观时间的流逝"就毫无意义。倘若如此,"时间"就不是一种物理现实,而只是每个观察者感知的主观产物,这种时空观与伊曼努尔·康德等唯心主义哲学家的观点非常相似。"如果时间的流逝仅是一种不需要依附于客观物理事实的主观感受,"哥德尔总结说,"探讨'客观时间的流逝'就没有任何意义。"[39]

格奥尔格·克莱索尔在阅读哥德尔的论文时称,他在"字里行间"感受到了哥德尔描绘的宇宙:一个过去如影随形、未来触手可及的时空,一个人类的魂魄永生不灭的奇妙世界。[40]

成为美国公民

在"二战"结束前的最后几个月,美军的轰炸机从意大利本土起飞,其航程已经覆盖了维也纳全市,苏联的地面部队也从维也纳的东边迅速逼近。维也纳市内的炼油厂多次成为美军空袭的目标,脱靶的炮弹还波及了与炼油厂相距不远的市中心,维也纳歌剧院和城堡剧院遭到重创,被炸飞的碎石瓦砾如雪片一样遍布环城大道。其中有一次空袭完全没有击中预定目标,而是误炸了美泉宫里的动物园,数千只动物因此丧生。在"二战"的空袭中,总计有26枚炸弹命中了维也纳大学的主楼。

1945年夏,时隔将近一年,哥德尔终于再次收到了家人的书信。战争期间,哥德尔通过红十字会收到过几封家书,但他寄给家人的信则全部丢失了。"亲爱的妈妈和鲁迪,"战争结束一个月后哥德尔在一封信中写道,"时隔这么久,能再次收到你们的信件,知悉你们的近况,尤其是过去几个月你们平安无事,我真的很高兴……一旦条件允许,我们就会第一时间给你们寄去包裹……我们很想尽快去维也纳看望你们,或许最早明年夏天就可以成行。局势应该很快就会改善,我们期待你们尽快回信。"[41]

哥德尔和阿黛尔寄送的包裹如狂风骤雨一般飞向维也纳的亲属,有粮食也有日用品,还有维也纳著名咖啡商小红帽的消费抵扣券(用这种券可以在维也纳市内直接兑换面粉、奶粉和速溶咖啡等物资,也可以用来兑换一些"奢侈品",比如从美国邮来的杏子酱、沙丁鱼、牛角面包、火腿和香烟等)。

慢慢地,他们开始陆续得知朋友和亲人在战争期间的遭遇。哥德尔的母亲前后一共写了三封信,才让他最终相信弗利茨·雷德利希已经死在了一处集中营里。我们今天回过头看,哥德尔拒绝接受悲剧事件的逻辑虽然很严密,却往往与事实毫不相干,这是他日后逃避现实的一贯做法,而且这种情况愈演愈烈。"我想起来了,您在之前的来信里就提过雷德利希的事。"1947年,哥德尔在一封给母亲的回信里写道,"我总是不记得这件事,因为我很难相信它是真的。毕竟雷德利希只有一半的犹太血统,我想不通为什么像他这样的人(他们甚至符合德国的征兵条件,是可以参军入伍的人)也会被关进毒气室。"[42]

因为军工厂密布,布尔诺成了捷克遭受空袭最严重的城市,盟军的炸弹摧毁了30 000间公寓。战时纳粹党的残暴统治招致了民间的疯狂报复行动,双方的斗争加剧了社会恐慌,这种紧张的社会关系从战时一直延续到战争结束后。苏台德地区(包括布尔诺)的日耳曼人堪称整个第三帝国最狂热的纳粹分子,所以鲁迪一直以来都非常担心母亲,生怕她一不小心就会在关于希特勒和民族社会主义的话题上说些不太中听的话,招致不必要的是非。战时纳粹分子经常在处决捷克的"叛徒"后,到大街上张贴红色的行刑告示;而战后的捷克人对失势的日耳曼同胞充满了难以释怀的愤恨,比如哥德尔的母亲与她的捷克用人的关系极度紧张。1944年8月,母亲到维也纳看望大儿子,鲁迪趁机说服了她不再返回布尔诺,而是搬进了紧邻他外科诊所的单身公寓。战争结束前的那三天,鲁迪和母亲一直躲在公寓的地窖里,外面到处是苏联军队和负隅顽抗的德军。待一切平息后,两人才敢走出家门,大街上随处可见堆积成山的弹片和尸首,他们在满目疮痍的城市里走了一圈,回到住处时已经双双哭成了泪人。[43]

虽然维也纳的惨状触目惊心,但玛丽安娜搬到维也纳的决定让她逃过了一劫,甚至可以说是救了她的命。随着战争结束,得到解放的捷克人在滔天怒火中开始了疯狂的报复。1945年5月12日,也就是德国正式宣布投降的一周后,捷克总统爱德华·贝内斯回到国内,他在布尔诺宣布:"共和国内的德裔居民问题必须被清算。"捷克的工人、各党派支持者和士兵匆匆集结成一支卫队,他们把布尔诺的两万名德裔居民集中在一起,押送到奥地利边境。而此时的奥地利已经被苏联军队占领,他们组建的奥地利临时政府拒绝这些人入境。无奈之下,数千人只得原地搭建临时的难民营,不愿意留下的人则选择徒步回到布尔诺,其中大约1 700人死在了路上,有些是饿死的,有些是被杀害的。[44]

新成立的捷克斯洛伐克政府在全国范围内收缴日耳曼人的财产,一针一线悉数充公。哥德尔家的别墅连同其他东西,也都未能幸免。哥德尔后来试图夺回家族的资产,他不但在当地聘请了律师,还向美国国务院寻求帮助(没有成功),然而所有努力终究是徒劳。哥德尔后来总结道,捷克人对前日耳曼同胞的无情报复"大概只能用希特勒在这片土地上的胡作非为才能解释了"。后来,不仅是捷克人,就连德裔也不把哥德尔视为自己人。20世纪50年代,德国民族主义的论调阴魂不散，依然隐晦地见诸书刊和报纸，这些文字的创作者不乏因为遭到驱逐而流亡德国的布吕恩人，他们对同乡哥德尔的评价实在不高。[45]

虽然没有被卷入布尔诺的动乱，但玛丽安娜在维也纳也碰上了大麻烦。1946年1月，鲁迪在写给哥德尔的信里提到了一件万分紧急的事，维也纳的苏联军队开始搜捕从捷克斯洛伐克逃过来的日耳曼人了，像他们母亲这样没有奥地利国籍的人更是重点搜捕对象。

> 发生在这里的驱逐行动针对的不是（纳粹）党员，而是来自捷克斯洛伐克共和国的德裔，所以就算妈妈不是纳粹党员也会被波及！我当然责无旁贷，会尽一切努力让妈妈留在这里，而且她以前在维也纳生活过多年，我会以此作为让她留下的理由……如果你有办法让普林斯顿大学的高层给本地的军政府写一封信，让他们看在你的职位的份上能对玛丽安娜·哥德尔夫人网开一面，想必会对目前的情况大有帮助。[46]

好在兄弟二人只是虚惊一场。与此同时，阿黛尔对家人的担忧也有过之而无不及。据摩根斯特恩所说，一想到维也纳的情况，她急得都"快精神失常"了。她下定决心，只要时机一到就赶回维也纳。她不知道给华盛顿的奥地利驻外使团和纽约的领事馆打了多少电话，也不知道亲自跑了多少趟，回国所需的手续终于办妥了。阿黛尔于1947年5月2日动身前往维也纳，后在同年的12月4日返回美国，整趟旅途耗时7个月零两天，她事后称这7个月是她的"婚姻假期"。[47]阿黛尔返乡探亲期间，哥德尔的朋友们热心地担负起轮流照顾哥德尔的责任，他们给他提供食物，带他去乡间远足，帮他寻找会做饭和搞清洁的女佣。"摩根斯特恩非常亲切,他想了很多办法帮我打发时间和转移注意力。"哥德尔告诉母亲。[48]

阿黛尔千里迢迢的探亲之旅并没有改善哥德尔的家人对她的态度,她与婆家的关系注定只是一个冷冰冰的开始和一个冷冰冰的结局。20世纪90年代,在库尔特和阿黛尔双双去世10多年后,当鲁迪在采访中被问及阿黛尔时,他只是不带感情地回答:"我不会对我弟弟的婚姻做任何评论。"[49]哥德尔去世后,玛丽安娜寄到美国的所有信件都被销毁了,但从她收到的哥德尔的信件里能清楚地看出,不仅婆媳之间的关系十分紧张,哥德尔也对选择跟阿黛尔一起生活怀有无法消解的矛盾心情。

这些家长里短的事不可避免地同哥德尔的精神问题交织在一起,以至于其中一些重要且突出的特征可被当作心理动力学教材的经典案例:哥德尔对父亲的冷漠和疏离,以及成年后对母亲的亲密情感依赖,是心理动力学中的恋母情结的表现;他对细节的关注近乎偏执,是心理动力学所说的肛门滞留人格;他对艺术、音乐和装饰的品位终生停留在少年时代,兴趣也固定在童年时期的玩具、游戏和童话故事上;还有,他在性方面受到强势年长女性的吸引。哥德尔经常给母亲写信,刚到美国时每两周写一次,"二战"结束后则保持着一个月一封的频率。哥德尔通常在周日的晚上写信,字里行间充满了真挚的感情以及他对母亲的体恤与关心;他会在信里向母亲介绍他和阿黛尔的新房子好在哪里,花园里有哪些独具匠心的地方,或者最近他们又去海边度假了;他会耐心地给母亲解释自己的工作,给她讲爱因斯坦的事,满足她对这位大科学家的好奇心;他还会在信里分享对书籍、戏剧、政治和政客的随想与思考,有时候也会探讨人生的意义。无论信的内容是什么,唯一不变的是哥德尔不为世事所动的天真和不带一丝一毫自负的口吻。他从不装腔作势，也从不咄咄逼人。哥德尔还经常向母亲汇报他的肠道情况，有一次，母亲给他寄来一根灌肠用的管子（一个54岁的中年男人从母亲那里得到一根灌肠用的管子，还有什么能比这件事更正中弗洛伊德医生的下怀呢？不过这些都是后话了）。[50]

阿黛尔抵达维也纳的几周后，哥德尔在回信里驳斥了母亲。显然，玛丽安娜在上一封信里挖苦了阿黛尔，暗讽她把哥德尔独自留在美国这么长时间，没有尽到身为妻子的责任。"我平时都去饭馆吃饭，需要洗碗的时候不多。偶尔需要的话，我饭后就会马上用热水把盘子冲一冲，再摆到碗架上晾干；而且，做这点儿家务花不了多少时间。至于收拾床铺，我把它当作每天例行的锻炼，反正我也没有其他事可做。"他极力袒护阿黛尔，但与此同时，他也坦承阿黛尔有严重的缺点。

> 您提到阿黛尔在您面前"心情不好"，很遗憾，我不得不说阿黛尔似乎无法处理好与他人的关系。她经常对一些普通人根本不会在意的事破口大骂，而且很多时候，别人其实没有恶意，甚至是出于好意。虽然有时候她的确能抱怨到点上，但阿黛尔对我们房东的厌恶已经超出了正常程度。在我看来，她对其他人的看法往往是错误的，尤其是她经常会有遭人记恨的错觉。除了人际关系以外，她在美国生活期间已经有了明显的癔症症状（我指的是精神疾病，而不是平时那种偏执和歇斯底里的情绪），很可能需要精神科医生介入，不过这类治疗价格高昂，而且疗效难以保证。我当然十分希望与亲生母亲及妹妹的相处能对她产生一些积极的影响，而对您，我只是想告知您这一情况，

以防万一。当然,请务必对我在这封信里所写的全部内容守口如瓶,否则情况恐怕会变得更糟糕。"[51]

同年夏天,摩根斯特恩也踏上了欧洲之旅,并借机拜访了哥德尔的家人,他给玛丽安娜留下了很好的印象,跟鲁迪相处得也不错。("鲁迪是个非常亲切且富有魅力的男子,45岁,和他的弟弟很像。绝佳的品位,不错的书房。哥德尔的母亲也是个很好的人。")摩根斯特恩给鲁迪和玛丽安娜清楚地解释了哥德尔取得的成就,这是第一次有人这样做,令母子二人大受震撼,他们从未想过为人低调谦卑的库尔特居然是这么出名和重要的学者。"他们以前对库尔特究竟是怎样的人几乎没有概念。库尔特从来没有告诉他们,他的家人对他的成就几乎一无所知,而从我嘴里得知后,他们高兴得不得了。"[52]

阿黛尔回到美国后不久,哥德尔夫妇先后到特伦顿接受了公民资格的面试审查,这是成为美国公民的最后一关。哥德尔的两位入籍担保人分别是爱因斯坦和摩根斯特恩,当面审理哥德尔入籍资格的联邦地区法官是菲利普·福曼,7年前,福曼曾主持过爱因斯坦的入籍仪式。

关于哥德尔接受入籍面试的过程,各种版本的传闻经过坊间的添油加醋,已经变得神乎其神了。好在摩根斯特恩留下了可信度极高的第一手资料,这无疑是最精确的版本。早在面试前的几个月,哥德尔就开始做准备了,他深入研究了美国的历史、政府、近期的重大事件、法律和各种统计数据。那段时间,他用加贝尔斯贝格速记法密密麻麻地记录了各种笔记,涉及美洲的各个印第安部落的名称、美国独立战争中各位英军将领的名字、1863年的《国家破产法》和邮政总局局长这个独特的职位。此外,哥德尔还到普林斯顿大学图书馆翻阅了本地资料，比如《新泽西州修订法规》、1901年的《卫生规范条例》，以及《普林斯顿镇合并法案》。每隔几天，他就去找摩根斯特恩借更多的书，同时把前段时间发现的问题和盘托出。"哥德尔当时在读《世界年鉴》，经常给我打电话。他惊讶于许多本应该出现在年鉴里的事居然找不到，并将其归因为有人用心险恶，想要掩盖那些事实。他这种无伤大雅的有趣论调让我忍俊不禁。"摩根斯特恩写道。[53]

在临近面试的日子里，哥德尔开始密集地追问摩根斯特恩有关本地政府是如何组织与运作的问题。摩根斯特恩回忆说：

> 他尤其想从我这里知道普林斯顿自治市和镇区这两个行政区的精确界限在哪里。我试着向他解释研究这种问题是完全没有必要的，入籍审查绝对不会涉及，但他就是不听⋯⋯他还想知道市议会是如何选举产生的、镇议会的选举流程、前任市长是谁，以及镇议会的运作方式。他认为这些都有可能成为面试的问题，如果连自己生活的城镇都不够了解，到时候肯定会给法官留下不好的印象。
>
> 我试图说服他，法官是不可能问这些问题的。法官会问的绝大多数问题都相当正式和常规化，对他来说不费吹灰之力。他们顶多会问美国的政府是哪种类型的、级别最高的法院叫什么等问题。
>
> 不过怎么说都没有用，哥德尔仍然继续埋头研究美国宪法。他相当兴奋地告诉我，他发现美国宪法有漏洞，如果利用它们，一个独裁者就可以在完全符合法律程序的前提下推动并建立法西斯政权，这是美国宪法的起草者们当初的疏忽。我说即使他

的发现是真的，这种事也几乎不可能发生，更不用说我并不相信美国宪法有这样的漏洞。但哥德尔坚持己见，所以我们针对这件事又探讨了好几次。我告诉哥德尔，在去特伦顿法院参加最后的面试时千万不要提这件事。我还把这件事告诉了爱因斯坦，他吓坏了，他没想到哥德尔居然会琢磨这种问题，所以他也告诉哥德尔不要在法官面前谈论这件事。

面试当天，摩根斯特恩开车带上哥德尔，先去了爱因斯坦家，碰头后三人开始向特伦顿进发。路上，喜欢恶作剧的爱因斯坦转过身，对后座上的哥德尔摆出一副认真的架势，语气严肃地问他："哥德尔，你觉得自己现在真的做好参加面试的准备了吗？"这句话立竿见影，哥德尔一下子就慌了神，把爱因斯坦逗得哈哈大笑。

走进法庭，见到爱因斯坦的福曼法官非常高兴，两人寒暄了几句后，福曼转向了哥德尔。

"哥德尔先生，你从哪里来？"

"我从哪里来？奥地利。"

"奥地利的政府是什么性质？"

"是共和政府，但因为宪法的问题，它后来变成了独裁政府。"哥德尔答道。

"那太糟糕了，"法官说，"当然，在这个国家这种事是不会发生的。"

"哦，会的。"哥德尔的声音高了八度，"我可以证明给您看！"[54]

福曼、爱因斯坦和摩根斯特恩马上堵住了哥德尔的嘴，不让沾沾自喜的他多说半个字。随后，入籍仪式继续进行，没有再出现其他意外。

（至于哥德尔所说的美国宪法漏洞，他没有在任何留存下来的文字资料里做过解释。不过，有一位想象力丰富的法学家曾提出，虽然美国宪法有意提高了修订宪法的难度，颁布宪法修正案的条件也极其苛刻，但却忽略了修订宪法的法律程序本身也可以被修订，这一漏洞导致修正案这一宪法保险的效力大打折扣。他认为哥德尔当年发现的漏洞很可能就在于此，这的确很符合有趣的"哥德尔式"思维——一种典型的自我指涉逻辑。）[55]

在哥德尔取得美国国籍的同时，普林斯顿高等研究院的正式任命也终于下来了，终身教职外加50%的涨薪，使他的年薪达到了6 000美元。毫无意外，促成这项任命的最大功臣是冯·诺依曼，他愤慨地向维布伦抗议道："哥德尔在高等研究院做的某些研究（连续统假设）堪称他学术生涯中最重要的成果，而且是在他状态远没有现在好的时候做的。对待像哥德尔这样资质超群的学者，如果高等研究院只是给他一份临时聘用合同，那将有失公允和体面。"[56]

哥德尔此前在寄给母亲的信里就表示，普林斯顿的生活让他感到幸福和安心，这下子美国国籍和终身教职给他这份安逸加上了双保险。"在这个国家我真的感觉宾至如归，"哥德尔告诉母亲，"就算现在有人给我安排职位，我也不打算回维也纳了。除了我已经在这里成家立业的原因以外，还因为这个国家比故乡要迷人十倍。"[57]

第 9 章

在柏拉图的阴影下

凡事皆有理由

　　1951年年初，美国数学学会决定授予哥德尔一项殊荣，邀请他作为约西亚·威拉德·吉布斯论坛的主讲嘉宾，那一年该会议在罗得岛的普罗维登斯举办，时间是12月。吉布斯论坛的举办初衷是向公众展示数学领域最重要的成果，能在这个论坛上做主讲嘉宾的都是各个领域的巨擘，比如爱因斯坦、冯·诺依曼、赫尔曼·外尔、英国数论学家戈弗雷·哈罗德·哈代，以及理论空气动力学家西奥多·冯·卡门。而哥德尔将成为第一个在吉布斯论坛上发表演讲的逻辑学家。

　　但他差点儿与这个机会失之交臂。2月1日，哥德尔把约瑟夫·兰波纳医生叫到了家里，这是他到普林斯顿第一年结识的医生。兰波纳到达时，看到哥德尔正在吐血，他马上做出了准确的诊断——出血性溃疡。但是，与各式各样病患打过交道的兰波纳很快碰到了熟悉的一幕，用他的话说，"哥德尔属于那种非常棘手的患者"。

"你认为我得了什么病？"哥德尔追问道。

"你得了胃溃疡。"兰波纳答道。

"我不相信。"哥德尔说。

最后，兰波纳不得不把爱因斯坦请了过来，帮忙劝说这位难以沟通的病人，让哥德尔明白现在情况紧急、不容拖沓，必须马上去医院。[1]

"他认定自己命不久矣，任谁劝说都没有用。"摩根斯特恩从医院回来后写道，哥德尔坚持以口述形式向一众前来探望的朋友交代遗愿。他在医院接受了输血，捡回了一条命。不过哥德尔非常不配合治疗，他坚称普林斯顿的医生不清楚他们在做什么，并拒绝遵医嘱或吃医生开的药。入院两周后，他潦草地用德语给高等研究院新上任的院长罗伯特·奥本海默写了一张字条，说情况万分紧急，必须就转院事宜跟奥本海默沟通。"我的病情越来越糟糕，而这里的医生在治疗中已经发生过两次严重的失误了。"他写道，"如果我想恢复健康，就绝对不能再待在这里了。"[2]

奥本海默完全想不明白为什么曾经主持过曼哈顿计划的他现在要给一个半歇斯底里的逻辑学家当保姆，他用自以为温柔的口吻给哥德尔回了信："我跟你的主治医生转达了你在上一封信中表达的担忧，他告诉我你马上就可以转院了。我确信他已经得知了你的困境，并会妥善照料你。祝早日康复。"[3]

同以往病情发作时一样，尽管病因不明，但发病有多急，恢复得就有多快。前两天哥德尔的半只脚才踏进了鬼门关，现在他却好像什么事都没发生过。1951年3月初，他在给鲁迪写信详细解释自己的病情时,还开了个小玩笑:"以前我在写给你的信里说过,这里的一切都像有严格的时间表一样,冬天天气转冷、夏天天气变热都发生在当月的1号,就连生病也是这样。"[4]

在哥德尔住院期间,奥本海默问摩根斯特恩能不能做点儿让哥德尔特别高兴的事。"我说是时候给他一个教授职称了。"摩根斯特恩回答说。但高等研究院呆板的规矩又一次成了绊脚石,数学部有好几名成员要么出于个人意愿,要么出于程序上的考虑,都对此表示强烈的反对。[5]

两周过去了,奥本海默想到了一个新点子:高等研究院的评委会计划于3月14日(也就是爱因斯坦的生日)颁发第一届阿尔伯特·爱因斯坦奖,获奖者能得到15 000美元资金和一枚金质奖章,该奖项的设立者和资助人是海军上将刘易斯·施特劳斯。施特劳斯是一名富有的商人和高等研究院的董事,他的另一个身份是美国原子能委员会的成员,曾大力主张核武器的研发和核能的民用化。阿尔伯特·爱因斯坦奖的获奖者由高等研究院负责甄选和评定,评委会此时已经确定了第一届获奖者,他就是年轻的理论物理学家朱利安·施温格。奥本海默犯了愁,虽然关于获奖者是谁的正式公告尚未动笔,但到了这个时候突然更换人选,难免有些尴尬。另外,由于评委会里的冯·诺依曼和爱因斯坦都是哥德尔的好朋友,奥本海默担心到时候不光他自己脸上挂不住,这两人也要因此背上徇私舞弊的坏名声。很多人都认为临时变更获奖者的做法不妥,而两人平分奖项的提议倒是很快得到了大家的认可。[6]

在颁奖典礼的几天前,阿黛尔突然要求把她的座位换到哥德尔旁边,除了这个让主办方措手不及的小插曲以外,整个活动从头到尾都很顺利("她的表现不错。"摩根斯特恩在日记里写道)。冯·诺

第 9 章 / 在柏拉图的阴影下

1951年，在爱因斯坦奖的颁奖典礼上，哥德尔与海军上将施特劳斯及朱利安·施温格的合影

依曼为获奖者宣读了一段热情洋溢的颂词，在写给母亲的信里，向来谦和低调的哥德尔对这种溢美之词多少有些抵触。"我不喜欢这种东西"，他开玩笑说，冯·诺依曼"真是把我夸到了天上，任何不知情的听众都会有一种这个奖项根本配不上我的成就的错觉"。但是，当爱因斯坦在75位来宾的见证下把奖颁给他时，哥德尔的兴奋之情显而易见。典礼由施特劳斯主持，以午餐会的形式在普林斯顿酒店举办。摩根斯特恩在日记里写道，让所有人惊讶的是，"爱因斯坦竟然打着领带出席了活动！他的兴致非常高，在把奖章颁给哥德尔时，他对这位好友说：'亲爱的老朋友，这是给你的。我知道你其实并不需要这个东西！'"[7]

哥德尔获奖的消息登上了《纽约时报》和奥地利各大主流报纸的头版，他学生时代的老友弗朗茨·洛贝尔和哈里·克莱佩塔尔相继对他表示祝贺。1951年6月,哥德尔在耶鲁大学建校250周年的庆典上被授予了荣誉学位。他把这个消息告诉了母亲,语气一如既往地率真耿直,像个没长大的孩子:"(耶鲁大学)颁发了大约25个荣誉博士学位,上台的科学家都可谓实至名归。为了参加学位授予仪式,我必须穿学位袍、戴学位帽,阿黛尔说我这样穿挺好看的。"[8]

圣诞节的第二天,哥德尔携阿黛尔参加了在普罗维登斯举办的吉布斯论坛,彼时的他身体已经康复。这是哥德尔人生中的最后一次公开演讲,他用最清晰有力的措辞阐释了对柏拉图主义、数学的性质和什么是数学真理的看法。伯特兰·罗素后来批评哥德尔是个"彻头彻尾的柏拉图主义者",他并无恶意,虽然这话也不无道理,却让哥德尔很恼火。1944年,罗素到普林斯顿访学了很长一段时间,在此期间,他每周都会去爱因斯坦家,同哥德尔、沃尔夫冈·泡利和爱因斯坦聊天。关于这段经历,罗素在他的自传里写道:

> 在某种程度上,当时的那些谈话让我有些失望。原因在于,虽然他们三个要么是犹太人,要么背井离乡(他们应该算是世界主义者),但我发现他们都倾向于从形而上学的视角看问题,属于典型的德式思维。我们花了很大的力气,别说是提出观点和交换看法了,就连最基本的探讨问题的一致前提都无法达成。哥德尔原来是一个彻头彻尾的柏拉图主义者,他显然相信逻辑学家生前都是摸象的盲人,只有死后到了天堂才能知道什么是真正的"非",而这种求索的精神正是逻辑学家的美德。[9]

许多年后的1971年,麦克马斯特大学的档案管理员给哥德尔寄来一封质询信,哥德尔由此发现了罗素自传里的这段话。哥德尔在一封最终没有寄出的回信里怒气冲冲地引用了《数理哲学导论》里的句子，对罗素的话进行了反驳。"我首先必须澄清我不是犹太人（虽然我认为这个问题一点儿也不重要），"哥德尔写道，"至于罗素说我是'彻头彻尾'的柏拉图主义者，我认为无论如何我都不会比1921年的罗素更'彻底'。"虽然哥德尔在信里没有写明，但他引述的应该是罗素《数理哲学导论》里的这段话："逻辑学研究的就是现实世界，在这一点上它和动物学没有区别。"1944年，哥德尔在写作《在世哲学家文库》中关于罗素的部分时曾引用过这句话。[10]

在吉布斯论坛的演讲中，哥德尔提出了几个强硬的主张，坚决地驳斥了数学只是人类发明的一种工具的说法。他的第一个理由是，创造者在数学领域里的创造活动"并没有那么自由，与其他人类创造活动的随心所欲程度相去甚远"，因为数学领域的创造物一经产生就会有自己的生命，它们不会对创造者百依百顺，甚至会反客为主，去为难和操控它们的创造者。

  退一步讲，就算数学里有些东西的确是人们根据自己的需要随意创造出来的，比如一些与整数相关的公理，你也不得不承认数学家在这方面的自由是极其有限的，一旦他确定了最初的几条公理，他随性而为的创造活动就走到了尽头，更不要说对后续定理的对错指手画脚了……

  如果数学只是人为创造的产物，整数和整数的集合就显然是两种不相干的事物，即后者的存在对前者来说是不必要的。但事实并非如此，为了证明整数的某些性质，设定整数集合的概念是不可或缺的。也就是说，我们研究数学的方法是先想象出一套数学工具，而为了弄清楚我们给这套数学工具赋予了什么样的性质,我们必须再创造一些其他工具来解答这个疑问。如果数学只是我们凭空捏造的东西,那这种特点可真是匪夷所思!"[11]

随后,他用惊人的方式把数学性质的哲学内涵同不完备性定理联系起来。哥德尔关于不完备性定理的两篇论文(分别对应两个不完备性定理)都旨在论证,单个明确定义的公理系统永远无法通过有穷步的推理涵盖数学的所有内容。哥德尔指出,我们由此得到了一道有趣的二选一的选择题:要么是人类的大脑非常特别,虽然有些数学公理永远不可能被简化成有穷步的推理过程,人脑却能轻易地感知到它们的存在,这意味着人类的头脑"无限优越于只能进行有穷步计算的机器";要么是存在这样一类问题,它们不只在某个特定的形式系统内不可判定,而是在任何形式系统内都不可判定,是"绝对"的不可判定命题。[12]

哥德尔评论说,无论答案是哪一个,都"显然与唯物主义哲学背道而驰"。如果答案是人脑优于机器,我们就不能把数百亿个神经元通过互相协作产生的生理机能等同于人类思维,因为神经元的数量再多也终归是有限的,如此一来,我们就不得不借助人类灵魂的概念了;而如果人脑只是一台计算机器,它就逃不出不完备性定理划定的边界,我们也不得不接受一个痛苦的事实,即至少存在一些与算术有关的事实,它们超出了人脑的感知和理解范围。哥德尔由此得出结论:"这似乎表明,数学研究的对象和事实(至少是其中某些事实)是客观存在的,它们独立于人类的精神活动和思维决策,也就是说,数学的研究对象多少有些柏拉图主义或'现实主义'的意味。"[13]

哥德尔承认,由于"我们这个时代的哲学火候尚欠",这样的观点无法通过像数学理论那样严密的方式加以论证。不过哥德尔也提出，数学基础理论的发展，尤其是他的不完备性定理，至少成为对上述结论强有力的支撑，并且足以驳斥"数学完全是一种人为发明的句法系统及其衍生物"的观点。[14]

哥德尔以19世纪数学家查尔斯·埃尔米特的话作为他演讲的结尾：

> 如果我的想法没错，这个宇宙中存在另一个全部由数学真理构成的世界，就像物理现实构成了我们眼前的世界一样，数学世界只能依靠人类的智力活动才能进入。数学和物理学的世界都是创造物的圣域，并且不依赖于我们的存在而存在。[15]

几年后，哥德尔在跟摩根斯特恩的谈话中评论道："今天哲学的发展水平，充其量相当于巴比伦时期的数学！"但哥德尔确信有朝一日哲学也可以像数学一样公理化，如果再搭配客观的逻辑推导，它就可以解释人类为什么存在的基础问题。"到那时，人们可以建立一套精确的推理系统，就算里面有'上帝''灵魂''思想'等通常被视为形而上学的概念也没有关系。"1940年，鲁道夫·卡尔纳普和哥德尔在普林斯顿见面，两人开启了关于哲学的长谈，哥德尔说道，"只要相关的定义和论证严谨得当，就不会有异议。"哥德尔曾经告诉王浩："1687年牛顿所做的研究标志着物理学的开端，当时他只需要几个非常简单的元概念：力、质量、定律。我想在哲学或形而上学领域做类似的事。形而上学认为我们可以弄清楚什么是客观现实，即所有其他事物的存在都依赖于某几个元事物。"[16]

在哥德尔众多的笔记本里，其中有一本记录了他的哲学观点概要。从他罗列的那些条目里你可以看出,哥德尔的观念与20世纪的科学实证主义,以及作为实证主义源头的启蒙思想有多么格格不入。哥德尔曾解释说:"我的理论是理性、唯心、乐观和神学的。"他的目的是完全借助抽象的逻辑推理的力量,进入包含更高阶哲学真理的非实体世界,就像他的偶像莱布尼茨一样。[17]

1. 世界是理性的。
2. 理论上,人类的理性还可以发展到更高的阶段(通过恰当的理论和方法)。
3. 存在解决所有问题的通用性、系统性手段(包括艺术创作等)。
4. 宇宙中还有其他世界和其他理性存在,它们与我们不同,并且比我们高级。
5. 无论是过去还是现在,我们都生活在不止一个世界里。
6. 我们目前已知的事实远不如未知的先验事实多,两者之间没有可比性。
7. 自文艺复兴以来,人类思想的发展完全是片面的。
8. 人类理性的发展涉及方方面面。
9. 研究现实的科学就是研究形式上的正确性。
10. 唯物主义是错误的。
11. 高阶事物与低阶事物之间的关系属于比拟,而非包含。
12. 概念须有与之对应的客观存在(数学定理也不例外)。
13. 哲学里也有科学(精确哲学是对科学助益最大的领域),它的研究内容涉及抽象程度最高的那些概念。
14. 宗教团体绝大多数都是不好的,宗教信仰本身则不然。[18]

哥德尔相信，凡事皆有理由。这一度是极端理性主义的主张，也是孕育偏执的温床。

唯一的爱好——政治

哥德尔对莱布尼茨和哲学的越发痴迷，让很多数学系的同事感到不自在，他们认为哥德尔把非凡的天赋浪费在了没有意义的地方，在他面前从不掩饰失望之情。"我经常和他争论。"数学家保罗·埃尔德什说，"我告诉他，'你当数学家是为了让别人来研究你，而不是让你去研究莱布尼茨'。"[19]

这还不是最糟糕的。莱布尼茨一生并没有专注于发表哲学研究方面的文章，只是偶尔发表一篇，最终整理成册的哲学文集也不过两本，在他生前出版的仅有一本。哥德尔对此非常在意，他想出了好几种阴谋论式的解释，当他把这些想法告诉门格尔、摩根斯特恩等人时，他们都吓坏了。哥德尔经常把"凡事皆有理由"的逻辑同另一句奥地利俗语结合在一起：真正的理由永远不是表面上那个。"捏造的事物尤其能引起我的兴趣。"他曾这样告诉母亲。哥德尔会对母亲和朋友说一些新奇的理论，声称自己发现了不为人知的政治动机、事物隐藏的含义或某种神秘意义，涉及的范围大到知名人物的死因，小到日常琐事。比如第一次世界大战和第二次世界大战间隔的年数；电视频道节目表的错误；维也纳发生了有轨电车事故，官方对此的解释很"可疑"；"二战"功臣罗斯福总统为何死于联合国在旧金山召开第一次会议的前夕。[20]哥德尔魔怔般地阅读有关奥地利皇太子鲁道夫和巴伐利亚国王路德维希二世自杀事件的书籍，他一直对两者死因的"官方"说法嗤之以鼻。哥德尔的母亲说她在巴特伊施尔参观作曲家弗朗茨·莱哈尔的故居时，见过一张老旧的布吕恩剧院传单，而她恰好在多年前看过阵容完全相同的剧院演出，哥德尔告诉她这不是巧合："你可能不知道现在科学界已经有人在研究这种现象，还专门创造了一个可爱的词——'共时性'。"[21]

除了跟别人大谈特谈"凡事皆有理由"的信念以外，哥德尔还把莱布尼茨置于他构想的阴谋论中。他认为莱布尼茨有意隐藏了最重要的逻辑学和形而上学研究成果，而只发表了最浅显、最保险和最正统的哲学理论，因为莱布尼茨说过"这是上帝所能创造的世界中最好的一个"。伏尔泰在小说《老实人》里以盲目乐观的莱布尼茨为原型，创作了邦葛罗斯博士这个角色，表达了讽刺和批判之意。[22] 但是，哥德尔坚持认为莱布尼茨的著作遭到了某种阴谋的打压，他声称通过研究某些文章可以看出，莱布尼茨可能早在数个世纪前就发现了集合论悖论、亥姆霍兹的共振理论、能量守恒定律、重心定理，以及摩根斯特恩和冯·诺依曼提出的博弈论的理论基础。[23]

同往常一样，哥德尔一旦认定一件事，任何人都无法改变他的想法。门格尔试过一次。"你就像在替莱布尼茨承受这种受害者情结。"门格尔戏谑地说道，然后认真地问他，到底谁会想去破坏和隐藏莱布尼茨的研究呢？

"当然是那些不希望人类变得更聪慧的人。"哥德尔答道。

门格尔反驳道，如果要打压激进的自由思想家，掌握话语权的人应该更有可能把矛头指向像伏尔泰这样的人吧？

哥德尔答道："谁能只靠阅读伏尔泰的作品就变得更聪慧呢？"在他自圆其说的逻辑里，没有人能说服他。[24]

哥德尔甚至想过到德国汉诺威的莱布尼茨档案馆，亲自检验一下手稿的真实性。摩根斯特恩在试图帮他筹措旅行资金的同时，不禁感叹"真遗憾他让自己深深陷入了这样的幻想"。有一天，摩根斯特恩碰巧看到哥德尔陷入了深思，他面前放了一堆尚未发表的数学和逻辑学论文。得知实情的摩根斯特恩觉得更加遗憾了。[25]

> 昨天在高等研究院看到哥德尔坐在空荡荡的办公室里，他的桌上放着很多笔记本（用的竟然是加贝尔斯贝格速记法！）。在滔滔不绝地讲起莱布尼茨之前，他向我介绍了他的工作。是数学、逻辑学，还是两者都有？哦，想起来了，他发现了第二种证明不可判定性的方法，这次的证明对象是一种（新的）多项式。根据这种证明方法，哪怕有人想通过扩大公理范围强行解决判定性问题，也行不通了。这样一来，就只剩下理论上可判定的可能性了，而且这种可能性微乎其微。那么，他为什么不将这个研究结果发表呢？"连续统假设的小册子卖得不好，说明人们对这类问题的兴趣不大！"而那些对这类问题感兴趣的人，他们自己就能解答出来。他还有其他一些成果，也许会找个机会发表出来，我不应该越俎代庖……
>
> 今天又和哥德尔聊了聊……还是老样子：他想到了一种能找到不可判定命题的方法，但他认为这还"不行"。不过，他还是有可能发表所有的研究结果的。[26]

事实上，哥德尔后来什么都没有发表。"他的才学和思考里从来都只有他自己，实在太可惜了。"摩根斯特恩几年后写道，"但没准儿他以后能给我们个惊喜呢。"为了让学者们尽情研究他们感兴趣的领域，高等研究院给了他们很大的自由。哥德尔的朋友们清楚地认识到，这对哥德尔来说是把双刃剑，既是好事，也是坏事。即便如此,他们也无法在这件事上为哥德尔做些什么。"哥德尔太孤独了,高等研究院应该给他安排一点儿教学任务,至少每周一小时。"摩根斯特恩说道。[27]门格尔也认为,从某种程度上说,高等研究院和普林斯顿大学是最不适合哥德尔的地方。

原创性和给人惊喜不是哥德尔缺乏的东西,他不需要别人来告诉他应该研究什么。但这也不意味着他能够单打独斗,哥德尔需要的是一群与他志趣相投的人:可以一起讨论他的发现,帮他查漏补缺,还能督促他把有价值的研究结果发表出来。在他刚到普林斯顿的时候,这样的社交支持是有的……以后估计也会有。但一方面,哥德尔从来不会主动给自己寻找这样的支持;另一方面,似乎也没有人会不请自来。事实上,整个20世纪50年代我都没有看到这种良性互动发生在哥德尔身上。相反,我发现虽然他把很多绝妙的想法都写了下来,但要说知情者,就只有他办公桌的抽屉。对于外部世界和其他人,哥德尔无与伦比的才学犹如陷入了冬眠。[28]

哥德尔把政治称作他的唯一"爱好"。20世纪50年代,他花了大量时间和精力阅读时事新闻,当然他也没有忘记把编织阴谋论的天赋用在那里。在奥地利的时候,哥德尔属于社会民主派,他的政治理念是"反民族主义"的。[29]他非常仰慕罗斯福总统,而不看好杜鲁门对苏联的强硬外交政策。1948年,哥德尔投出了他成为美国公民后的第一张选票,他支持的对象显然是美国两党之外的第三党候选人——进步党的亨利·华莱士。"如果有人说美国的优点是美国人掌握着国家权力,"他在写给母亲的信里说,"那么只有在罗斯福主政时期的美国,我才会无条件同意这种说法。"[30]

美国发动朝鲜战争不但加剧了哥德尔对杜鲁门的敌意,还让他对前途产生了疑虑和担心。"您在上一封信中把美国夸上了天,说美国好话的人原本是我,但现在不同了,看来我们注定无法在这件事上达成一致。这里,一切都在向战时状态转变。"1950年6月朝鲜战争爆发,一个月后哥德尔在信中写道。[31] 在接下来的几个月里,哥德尔在两封寄给母亲的信里尖锐地批评了美国的外交政策,当时常驻维也纳的美国军方审查机构仍有例行开封和检查信件的工作流程,哥德尔的信自然引起了他们的注意。"这里的政治氛围变得越来越浓,你根本听不到除了保卫国家、服兵役、增税、通货膨胀以外的话题。"哥德尔在其中一封被怀疑有"亲苏倾向"的信中说道,"我认为即便在最黑暗的希特勒时期,情况都没有这么糟糕……我希望德国人不要愚蠢到去做攻打苏联的炮灰。"这段激进的话被美国军方审查机构写进了报告,送到了联邦调查局局长埃德加·胡佛手上。不过,哥德尔显然未被定性为危险分子,也就没有发生针对他的后续调查。[32]

因为杜鲁门在哥德尔看来十分"好战",所以他对民主党在1952年推举的总统候选人阿德莱·史蒂文森也没有好感。[33] 同年,哥德尔又获得了一个来自哈佛大学的荣誉学位,理由是他"发现了20世纪最重要的数学真相"。不过,仪式结束后哥德尔抱怨说,他不得不跟杜鲁门的国防部长罗伯特·洛维特站在同一个舞台上,"虽然这不是我能决定的,但跟他同台就像要跟他一起去打仗一样"。[34]

1952年总统选举结束的几个月后,恩斯特·施特劳斯与爱因斯坦偶遇了。

"你知道吗,哥德尔真是疯了。"爱因斯坦对施特劳斯说。

"是吗,这次他又干了什么糟糕的事?"施特劳斯问道。

"他把选票投给了艾森豪威尔。"[35]

此后,哥德尔在总统选举中继续支持共和党候选人。1960年,他甚至不情不愿地把选票投给了理查德·尼克松,而不是约翰·肯尼迪,只因为后者是民主党候选人。高等研究院院长奥本海默后来因为他的共产主义政治倾向而遭到施特劳斯上将的攻击,此事引发了连锁效应,先是美国原子能委员会因为奥本海默身陷官司而撤销了他的安全资质,但施特劳斯还是不肯罢休,他想把奥本海默从高等研究院院长的位置上拉下来。研究院的职员为此发表了支持奥本海默的公开声明,这一次哥德尔选择与同人们站在一起。但之后越南战争的爆发改变了哥德尔的政治立场,他开始投票给民主党。即便如此,他对艾森豪威尔依然怀有英雄般的崇拜之情,哥德尔认为艾森豪威尔是结束朝鲜战争及缓和与共产主义国家紧张关系的头号功臣。他曾兴奋地告诉母亲:"由像艾森豪威尔这样的人来领导一个国家,真是百年不遇的幸事。"有一次,在同保罗·埃尔德什谈论政治时,哥德尔一不小心把"艾森豪威尔"说成了"爱因斯坦",两个人边笑边说后者"绝对不会喜欢这个口误的"。[36]

高等研究院里的缠斗

1953年,高等研究院终于授予了哥德尔教授头衔,这在一定程度上要感谢那些照顾他的人费心劳神的游说,其中的主要代表是冯·诺依曼和摩根斯特恩。"我们都是教授,唯独哥德尔不是,这怎么能行呢?"冯·诺依曼对他的朋友、数学家斯坦尼斯拉夫·乌拉姆说,而且态度很坚决。高等研究院内有不少反对任命哥德尔的声音,其中就包括卡尔·西格尔，他曾挖苦说，"数学系里有一个疯子就足够了！"（他指的是他自己。）[37] 不过，西格尔于1951年离开了高等研究院。反对者中还有赫尔曼·外尔，因为他对哥德尔的精神状态持怀疑态度。至于其他反对者，他们最担心的问题是：一旦成为院系的正式成员，就要承担和处理日常行政事务，尤其每年都会有外部学者申请来高等研究院的数学系访学，审阅他们的申请材料并投票表决就成了教授们的主要行政工作。至于哥德尔是否愿意承担这些与学术研究无关的额外工作，有相当一部分人对此持否定看法。

　　人事任命宣布后，大家才发现之前的顾虑都是杞人忧天。哥德尔的表现与多数人的预期正好相反，他对待自己的新职责十分认真，除了访学者的申请材料以外，他还会仔细地审查每名申请者发表过的论文，以至于总要延迟几个月才能做出决定。"申请材料几乎都是别人深思熟虑的结果，如果不想费心思，就算你来者不拒也不会有太大的问题。"他告诉母亲，"但既然要讨论人选，我就希望尽可能多地了解他们，以便做到有理有据。"哥德尔在高等研究院的同事阿特勒·塞尔伯格回忆说，谁也别想轻易"从哥德尔手里"拿走他正在看的申请者资料，更不要说改变他的决定了。[38]

　　既然当上了教授，就不可避免地被卷入高等研究院阴暗的政治斗争，这对哥德尔可谓雪上加霜。数学家在高等研究院是出了名的问题分子，他们向来喜欢同院长在规章和权利的问题上进行无休无止的拉锯战。高等研究院对此有一个代代相传的经典解释（是由某位研究院成员提出的），因为数学家的工作强度太大了，他们每天只能全神贯注地工作几个小时，而"把一天中余下的时间都用在找碴儿上"。在哥德尔被任命为教授的几年后，高等研究院发生了一场严重的内斗，导火线是数学家经过投票表决，要求高等研究院为普林斯顿大学教授约翰·米尔诺提供一个职位。奥本海默拒绝了这个表决结果，理由是它违反了高等研究院和普林斯顿大学之间不互相挖墙脚的"君子协定"。奥本海默同时宣布，他会向董事会通报自己在这件事上的态度，即反对这项任命。作为数学部的负责人，塞尔伯格愤怒地回应道，从今往后，原本在奥本海默办公室举行的数学部会议将易地举行，并且不再邀请院长参加。数学部公然蔑视没有过失的高等研究院管理层，哥德尔感觉自己被夹在中间、里外不是人，心烦意乱之下，他不再参加数学部的任何会议。如果需要投票，他会先跟同事们通冗长的电话，然后委托他们把他的意见带到。[39]

塞尔伯格离任后，继任者安德烈·韦伊宣布延续塞尔伯格的做法，奥本海默决定不再忍让。但韦伊也不是好惹的，随即宣称："那就开战吧！"奥本海默于是单独设立了一个逻辑与数学基础研究委员会作为反击，委员会成员只有哥德尔和哈斯勒·惠特尼两个人。"如果有需要，他们会与我见面讨论"，这样一来，数学部就至少有一个地方不会再与高等研究院起直接冲突了。[40]

高等研究院的数学家在10年后掀起了更大的风波，该事件不仅登上了《纽约时报》，还成了《大西洋月刊》的一期封面故事（题目是《奥林波斯山上不安宁：高等研究院里的缠斗》。奥本海默的继任者是经济学家卡尔·凯森，当他宣布任命研究宗教学的社会学家罗伯特·贝拉为高等研究院的教授时，数学家们坐不住了，他们纷纷接受采访，大肆爆料，不仅抨击了贝拉自负的治学态度，还对凯森的道德和学术能力提出质疑，并要求他引咎辞职。高等研究院的物理学家可能看准了这是一个给不安分的数学家下马威的好机会，所以大多选择站在凯森一边。弗里曼·戴森别有用心地对《泰晤士报》说，高等研究院的数学家把宗教看作一种"长不大的病"。物理学家和数学家之间的纷争再次把可怜的哥德尔夹在了中间：一方面，他认为凭贝拉的资历还不足以在高等研究院获得职位；另一方面，他是唯一一个没有给这项任命投反对票的数学部教授（他投了弃权票）。内部的政治斗争让哥德尔心力交瘁，根据同事的回忆，"你争我斗的氛围让他感到非常痛苦"。哥德尔曾经告诉母亲："我经常后悔没有珍惜过去的美好时光，虽然那时候我还没有获得高等研究院教授的荣誉。"[41]

不过，与麻烦相对应的是，新职位让哥德尔的年薪一下子涨到了9 000美元，这不仅增强了哥德尔的安全感，也给了阿黛尔在异乡生活的充足理由。她比丈夫更不喜欢美国，尤其是普林斯顿的生活，以至于经常抱怨个不停。"很遗憾，阿黛尔完全无法体会我对这个国家的热爱。"来到美国6年后，哥德尔在给母亲的信中说道，

> 她对什么都抱怨个不停，尤其是本地的卫生条件……除此之外，她还讨厌小镇生活，而事实上，我们离特伦顿只有半小时车程，离纽约也仅有一小时车程，但这对她来说于事无补。她不开心的主要原因可能是见不到维也纳的熟人，那些人离得太远，而本地人又不太容易相处。[42]

阿黛尔的英语学得也不顺利，加上她不懂人情世故，摩根斯特恩从一开始就担心她会闯出什么祸事来。"像她这样的人怎么能在普林斯顿的社交圈子里生活呢？别人的妻子都那么正常。"他疑惑地写道。除了这样那样的问题，困扰阿黛尔的还有她的健康状况。她在1946年得了阑尾炎，下槽牙掉得不剩几个，体重不受控制地飙升，还有迁延不愈的心理障碍。[43]阿黛尔做出的补偿反应过了头，她养

成了在谈话里抢夺主导权的坏习惯，时不时还会采取更粗野的行为。有一场在奥本海默家举行的疯狂派对就颇具代表性，当天大约100名客人参加了奥本海默家的晚宴，派对不设座席，所有人都站着用餐。晚宴临近结束的时候，喝得烂醉的阿黛尔死死抓住年轻的弗里曼·戴森，把他拽到舞池中央，逼着他和自己跳了整整20分钟舞。哥德尔全程站在角落里，一脸无奈和痛苦的表情。"这对夫妇的生活可能很不和谐，光是想想就让我觉得不舒服。"戴森在那天晚上的日记里写道。[44]

不过20世纪50年代是哥德尔夫妇生活相对幸福和稳定的一段时期。哥德尔后来告诉精神科医生埃里克："我的婚姻既不算幸福，也不算不幸福。"他不过是对自己的生活不挑剔而已。[45] 1953年，在阿黛尔第二次回维也纳探亲期间，哥德尔的母亲抓住机会老调重弹，她批评阿黛尔挥霍和浪费哥德尔赚的钱，哥德尔再次站出来维护阿黛尔，摆事实讲道理，言辞恳切：

> 我很舍得在自己身上花钱，如果当初娶了一个吝啬的女人，想必我自己花钱也会变得束手束脚……您写信说"把阿黛尔看透了"，说她是一个喜欢小题大做、装腔作势的人，我觉得这肯定不对。阿黛尔绝对是一个生性纯良、不会伤害别人的人，但她多年来一直受到精神崩溃的困扰，加上不幸的个人遭遇（尤其是过于严苛的家教和她的第一段婚姻），才会变成如今的模样。这些遭遇导致阿黛尔过分依赖别人，几乎到了病态的程度。此外，这些遭遇还导致她对家人有过高的评价，尤其是对她的母亲（或许她的家人正是利用了这一点？）……
>
> 我在寄给您的上一封信里没有说一句谎话。阿黛尔身上的

确有很多缺点，我也没有瞒着您，只不过当她与我在美国一起生活时，她身上也有足以弥补那些缺点的优点。况且在您认识的人中，又有谁是生活在天堂并且从不抱怨的呢？[46]

阿黛尔此后每隔一段时间就会独自外出散心，常常一走就是几个月。她去过新罕布什尔州的怀特山、泽西海岸，还去过意大利。哥德尔不仅没有反对，而且非常支持她。毋庸置疑，他也意识到定期分居有助于缓和两人之间的紧张关系。

1949年，阿黛尔看上了一栋房子，两人随即决定把它买下来。摩根斯特恩把这桩交易看成是阿黛尔犯下的又一个错："哥德尔最近不太好过。他告诉我他的太太非常歇斯底里，以至于他不得不花高价买下了那栋地段不怎么样的房子（各种费用共计12 500美元）。"哥德尔夫妇买下的那栋房子位于普提巷129号（后来改成了145号），是战后建造的新房，主体用的是煤渣砖，单层，屋顶没有阁楼，既不能通风也起不到保暖隔热的作用。高等研究院给哥德尔预支

哥德尔与阿黛尔在普提巷住所的合影

了 3 500 美元的工资，供其支付首付款，拥有新房子让哥德尔夫妇喜不自胜。[47]

哥德尔同所有乔迁新居的人一样得意扬扬，他向母亲描述了"他的房子有多可爱"：安装了自动采暖炉，起居室铺了木地板，壁炉上方装了书架，摆放着各式各样的小饰品。"屋子看上去非常舒适，有时候我觉得仿佛回到了我们家的别墅。新房子还带一个花园。"阿黛尔全身心地打理着花园，种植了球茎植物、花卉、灌木和果树，修建了一座遮阳的门廊，还单独开了一块菜园，种上了土豆和莴苣。如今他们在美国有了自己的家，这种安定提高了生活的幸福感，阿黛尔打理花园的精力都源于这份好心情。阿黛尔对眼前的生活有多满意，她对自己的丈夫就感到多骄傲。"她每8天就要修剪一次草坪，这件事雷打不动。"库尔特对鲁迪说，"你不觉得这有点儿荒谬吗？"[48]

因为缺乏格调，阿黛尔的品位在普林斯顿没少遭那些大教授的白眼。尽管如此，哥德尔在这件事上却站在阿黛尔一边。同为奥地利人，两人都对略带俗气的艺术和稍显矫揉造作的音乐毫无抵抗力，当然还有摆满屋子的可爱小玩意。在克莱索尔的记忆里，哥德尔以从不改变自己的品位为荣，他认为善变的人"缺乏自洽性"。哥德尔的母亲会在复活节和圣诞节给他寄礼物，从他写的书信里可以看出，哥德尔不仅非常中意母亲寄给他的东西，比如造型可爱的八音盒、感人的图画书和小动物玩偶（"那只滑雪兔和另外两只企鹅都很可爱"），他还很喜欢阿黛尔养的长尾小鹦鹉（它的姿势总是很滑稽），迪士尼的动画片也一部不落（他最喜欢《白雪公主》，一共看过三遍），电台播放的拉丁音乐、流行歌曲及电视台日间播出的肥皂剧等节目更是他的心头好。"电视上有很多摔跤比赛节目，当然我对这种运动没什么兴趣。"他斩钉截铁地表示，但紧接着说，"你可能不会相信，竟然还有女子摔跤比赛，有些参赛的姑娘很漂亮。"[49]

哥德尔在户外工作

哥德尔与火烈鸟的合影

哥德尔最引以为傲的是阿黛尔摆放在花园里的火烈鸟水泥雕像，她把雕像漆成了粉色和黑色，放在花园正中央，就在哥德尔的书房窗外。（"它的样子真是可爱极了，"他告诉母亲，"尤其是阳光照在它身上的时候。"）在泽西海岸度过的那两个暑假，哥德尔最爱的消遣活动除了游泳以外，就是到游乐厅里玩滑雪球游戏。他自豪地告诉母亲，他赢了很多不锈钢厨具，还给阿黛尔赢了一个电子钟。[50]

有一年元旦，他和阿黛尔去纽约大都会歌剧院观看了《阿依达》。哥德尔对现代艺术的了解和喜爱，以及他持之以恒地阅读严肃文学的习惯，后来都让鲁迪感到惊讶。哥德尔年近60岁的时候还在读《哈姆雷特》（"这本书有趣的地方就在于，这么多年过去了，不同的文学评论家和文学史家对它的评价依然莫衷一是，对哈姆雷特这个角色的诠释却迥然不同"）和果戈理的某部小说（"写得太好了，令人惊讶"），还有德语诗歌和小说。他能就这些作品同别人侃侃而谈，还能深刻地体会到作者在创作时的心态，但也经常受制于文化和观念上的差异。[51]

"最近我发现了一位之前不知道的当代作家，他就是弗兰兹·卡夫卡。"哥德尔率真地对母亲说，"他的文笔相当疯狂，但刻画的事物却十分生动。"哥德尔虽然看过瓦格纳的《罗恩格林》《漂泊的荷兰人》《特里斯坦》，但他并非无所不知。有一天他看到这位作曲家的遗孀阿尔玛过生日的消息，便问母亲："谁是马勒？"哥德尔曾经坦承："巴赫和瓦格纳的作品让我感到紧张。"[52]

理性的乐观主义者

虽然世界局势风云变幻，哥德尔的身体状况也一直没有起色，这些让他每天忧心忡忡,但王浩依然认为,哥德尔本质上是一个"理性的乐观主义者"。在哥德尔患上消化道溃疡后的10年间,他的身体可以说并无大碍,比较健康;家庭和工作也平稳顺当,在很长一段时间里,哥德尔都过着宁静和规律的生活。他每天都和爱因斯坦一起步行到高等研究院上班,"半小时的路程,两人聊个不停"。上午11点到达办公室,下午2点左右回家。如果天气好,哥德尔到家后会坐在自家花园里读书或工作。他时不时会和其他数学家去镇上吃饭,他们经常光顾有"男人天地"之称的拿骚酒馆。哥德尔的同事阿特勒·塞尔伯格回忆说:"他似乎很享受这种比平时更随意和亲近的场合。"[53]

与此同时,哥德尔的疑病症有所恶化。疑病症的发作原因至今仍不甚明确,但像强迫症这类焦虑症状一样,病情的加重未必与特定的外部事件有关,更多的是因为当事人走进了自我暗示和自我设障的逻辑死胡同。哥德尔过分执着于在日常琐事里寻找隐藏的原因,他也坚信在数学领域里存在绝对的真理,而对于自己的病情,哥德尔却极度不相信基于经验主义的医学证据。虽然不能笃定地说这就是因和果,但你很难忽略这些特质之间可能存在的某种关联。无法容忍不确定性是绝大多数疑病症患者的突出特征,它让患者倾向于把无害的躯体症状当成是严重疾病的征兆:焦虑的心情催生寻求安心的举动,求而不得的结果只会产生反效果,进一步加剧患者的焦虑和恐惧,如此恶性循环。[54]

哥德尔养成了一天测三次体温的习惯,还到纽约遍访医学专家,坚称自己身患多种未被确诊的疾病,其中最常被提及的是心脏病,哥德尔认为医生们都漏诊了。即便心电图的结果是正常的,也不能改变他的想法,反而让他更加确信医生知道的不如他多。哥德尔认为他们只想给他开点儿维生素或安眠药，再说上两句模棱两可的好话，就赶紧把他打发走。[55] 哥德尔和阿黛尔后来还时不时地去看精神疾病专家，其中一位是派头十足的德国精神分析学家查尔斯·郝尔贝克，他经营着一家奢华的诊所，位于纽约中央公园西88号。郝尔贝克的本名是理查德·胡尔森贝克，他的另一个身份是瑞士达达主义艺术运动的奠基人之一。不过，无论是哥德尔还是阿黛尔，都没有在心理咨询的时候过多地谈论生活和婚姻方面的心结。

对哥德尔来说，比疑病症更严重的问题在于，他的自我诊断逐渐演变成了自我实现的预言。哥德尔开始给自己开乱七八糟的药，比如泻药、抗生素等，但这些药往往加剧甚至引发了他所担心的疾病，毕竟滥用药物绝对弊大于利。他收集处方药和非处方药，然后按照自己的理解服用：用健乐仙搭配碳酸盐药片治疗消化不良（他设了闹钟，时间一到就服下一剂）；用颠茄治疗肠易激综合征；体温升高不到一度，他就会服用青霉素、金霉素或土霉素。他每天还会吞下药箱里的所有泻药：镁乳、乳糖醇、美达施、通利妥、番泻苷，以及一种号称有奇效、名为"库雷拉"的专利药物。[56]

他总是把过多的注意力放在饮食上，20世纪50年代的医生会给消化道溃疡患者开一张详尽的清单，上面罗列了患者不能吃的东西。这大概也是哥德尔会特意给自己制定一份食谱的原因，不过这份食谱比医生开的清单要怪异得多，或者说更像一份婴儿食谱。比如，每天要吃1/4磅黄油和5个鸡蛋，没什么味道的婴儿食泥，以及蛋奶酒，这些其实都是他按照医生"饮食要清淡"的指示罗列的。但只要有机会，他还是会吃阿黛尔做的烘焙食物和菜肴，比如传统的维也纳圣诞新月饼干。1958年的平安夜，哥德尔吃了一整条阿黛尔烹制的鲤鱼。[57]

在接下来的20年里,哥德尔的体重伴随着他的情绪起起伏伏、时高时低。摩根斯特恩在1954年2月写道,"他的状态非常好";几个月后,"他幻想自己得了严重的心脏病,已经时日无多";"哥德尔的情况又恶化了";"他又一次完全走出了抑郁";"他看上去不错";"这个可怜的家伙看上去糟透了";"情绪和状态都处于最佳状态";"他从来没这么瘦过……他活着本身就是个奇迹了";"他好多了,我想一切很快又会回到正轨上";"他看上去就像个活死人";"真正的奇迹:他的体重增加了18磅,气色好得不得了"。[58]

1955年4月,爱因斯坦的去世触动了哥德尔的神经,他一直以来都极力逃避和拒绝接受熟人死亡事件。爱因斯坦和哥德尔对死亡的看法也截然相反。多年以前,爱因斯坦曾对妻子说:"我已经决定了,如果大限将至,我只需要最低限度的医疗救治,就让我顺从自己这颗衰败的心脏,任性到最后一刻吧。"爱因斯坦认为人活着应该想吃什么就吃什么,想什么时候睡就什么时候睡,他烟斗不离嘴,就像个会走路的"烟囱",他也不勉强自己锻炼身体,"只在有非常亲密的朋友做伴时他才会考虑出门散步,而这种机会非常少",哥德尔无疑是拥有这份殊荣的少数人之一。76岁时,爱因斯坦的主动脉瘤破裂,但他拒绝接受手术。他曾说过:"如果时候到了,刻意地延长生命将毫无意义。"[59]

哥德尔在信中对母亲说:"他的死无疑是重大的损失,当然只是对我个人而言。他以前就对我非常友好,最近更是有增无减;我感觉到他似乎比之前更乐于做自己……他去世后,有人想让我为他写悼词,前后一共两次,我都推掉了。"[60]

如果说爱因斯坦的去世是得偿所愿,那么两年后冯·诺依曼的去世则不然,后者与癌症抗争多年、受尽折磨,他的死对哥德尔来说更加难以面对。逻辑学家杰拉德·萨克斯用略显夸张的语气评价了那个时候的哥德尔:"多年来我发现,哥德尔安慰和激励将死之人的方式是写信跟他们探讨逻辑学或数学难题。"哥德尔对严重的疾病抱着逃避和恐惧的心理,他安慰别人的方式也是这种态度的反映。在写给冯·诺依曼的最后一封信里,哥德尔先是高兴地说冯·诺依曼一定能恢复健康,然后提到了一个关于计算机科学基础理论的高深问题。哥德尔想与奄奄一息的冯·诺依曼探讨的正是如今被称为"P对NP"问题,用"计算机领域的不完备性定理"来形容它是非常贴切的,他们显然是最早探讨这类问题的人。在计算机科学领域,"P"是指容易解决的问题,比如乘法和加法运算;而"NP"是指能以高效的算法检验答案是否正确的问题,简言之,就是那些答案的对错容易判定的问题,但这类问题是否容易解决却不一定。有些答案容易检验的问题本身也很容易解决,有些则不然,比如,对一个很大的整数进行因数分解,破解数独问题,设法证明一个数学公式,等等。[61]

哥德尔指出,理论上我们可以制造一种机器,它可以穷举所有证明步骤以验证用 n 个步骤证明某个公式是否可行。穷举这种手段本身并不是问题,关键在于随着"n"逐渐增大,为了解决一个问题,穷举所有可能性所需的时间会以多快的速率增加。如果它增加得很慢,比如呈线性增长,理论上这就是一个容易验证("NP"问题)且容易解决("P"问题)的问题;而如果随着"n"的增大,穷举所需的时间呈指数增长,这就意味着当"n"超过一定的值后,这类问题会因为计算量过大而成为实际上不可解决的问题。有解却无法找到该解,这与哥德尔不完备性定理的内容有异曲同工之妙,即在任何形式数学系统内,必定存在为真却无法判定的命题。

"N对NP"问题直到今天仍没有明确的结论，相关的研究和讨论还在继续。所以正如哲学家维尔弗里德·西格对哥德尔的评价："人终有一死，而哥德尔却选择以提出和探讨永恒不朽的数学问题的方式来应对这种命运。"[62] 我们从中也可以看出，就算到了50岁，哥德尔仍不断在学术方面磨砺自己的天赋和才华。

在美国相聚

在"二战"结束后写给母亲的第一封信里，哥德尔表达了尽快回维也纳探亲的想法。但一年又一年过去了，他一直没有兑现自己的承诺。哥德尔不停地制订详细的旅行计划，然后又以各种各样的借口将它们一一推翻：获得旅行许可碰到了困难；健康情况不稳定；工作压力大；他特殊的饮食需求；他和阿黛尔突然决定购置房子旁边的一块空地，导致手头资金短缺；医生建议他不要在夏季旅行，或者只能去海拔不超过1 000米的地方。

不过，最后他终于承认这些都不是他再也没有回维也纳的真正原因。真正的原因是从1936年开始他的各种痛苦的经历：他精神崩溃后被送入疗养院，石里克被谋杀，阿黛尔流产让他一直觉得自己应当为此负责且无法释怀，那次刻骨铭心、心惊胆战的大逃亡。哥德尔曾写道："能从美丽的欧洲逃脱真的让我无比高兴，既然好不容易有了今天的生活，那么无论如何我都不会冒可能导致自己无法回到美国的任何风险。"后来他还承认，虽然他也知道这毫无理性可言，但他就是摆脱不了这种想法。"我一度因为梦见自己回到维也纳却无法返回美国而夜不能寐。"他告诉母亲，"今天，一个噩梦显然不足以成为我不回去的理由。所以不管怎么样，我都要安排一次回乡探亲的旅行，不过我对这件事的抵触情绪总是挥之不去。"[63]

1957年，哥德尔第五次也是人生中最后一次违背了回家的诺言，他败给了自己的噩梦。"最近，我把1936年以来发生的事全都告诉了专业人士，"哥德尔在给母亲的信中写道，"他们不确定（尤其是眼前）我回家探亲的做法是否明智（并不是因为我现在回奥地利会遇到什么不好的事）。"[64]

战后发生在奥地利的一系列社会事件加深了哥德尔的负面看法：德奥合并后，哥德尔和许多朋友的生活被搅得天翻地覆，而现在，无论是当初支持德奥合并还是在合并后积极拥护当局政策的奥地利人，都想把他们身上应付的历史责任推卸得干干净净。那些厚脸皮的奥地利人在战争中幸存下来，摇身一变成了胜利者。战争结束后，维也纳大学只经历了一场短暂而敷衍的去纳粹化，没过多久，那些对清洗犹太人和自由主义者负有主要责任、当初靠践踏受害者才获得荣华富贵的人，又纷纷回到从前的岗位上。自诩"犹太问题"权威的纳粹党卫军军官维克多·克里斯蒂安在战时利用职权之便，大肆搜刮犹太人的文物，洗劫犹太人的坟墓，却在1950年得到了政府的大赦，他不光可以从维也纳大学领取退休金，甚至还被人类学学会选为荣誉会员。1960年，在克里斯蒂安获得博士学位50周年之际，维也纳大学甚至授予他金博士学位的荣誉头衔。另一位由纳粹指派的代理校长弗利茨·克诺尔也奇迹般地翻了身，先是在1959年被奥地利科学院选为秘书长，后又在1961年被维也纳大学学术评议会授予了一个特殊奖项，以"表彰他在艰难时期发挥的可敬而勇敢的领导作用"。亚瑟·马歇特早在1933年就加入了纳粹冲锋队，成为纳粹讲师协会的负责人，后来在1943年出任维也纳大学哲学院院长，战争刚结束时他的学位被撤销了，但在1950年又得到了恢复。在哲学院,有77%的教授都加入了纳粹党,战争刚结束时他们全被开除了,但没过几年,其中2/3的人就设法回到了学术界,又成了学者,一半的人甚至还官复原职(当年纳粹掌权的时候他们在维也纳大学担任什么职位,现在还是什么职位,没有丝毫差别)。[65]

谋杀石里克的凶手汉斯·内尔伯克也活到了战后,并在政府部门找到了一份石油工程师的工作。1951年,内尔伯克起诉维克托·克拉夫特毁谤,后者出版了第一本介绍维也纳学派沿革的书,并在书中称内尔伯克是个"有妄想症的精神病人"。因为害怕内尔伯克做事没有底线(毕竟有前车之鉴),最终克拉夫特同意与他庭外和解。[66]

而最让人唏嘘的人莫过于里奥·加布里埃尔,这个煽动敏感的内尔伯克去杀害石里克的人不仅逃脱了法律的制裁,后来还平步青云,在1951年成为哲学院有头有脸的人物,而且一待就是20年。加布里埃尔当初跟内尔伯克一样,都是一贫如洗的极右翼哲学家,整天在学校里游手好闲,学术上靠拾人牙慧度日。直到内尔伯克出庭受审时人们才发现,加布里埃尔一直在不遗余力地抨击和诋毁石里克,说他是"共济会成员""犹太人"等。在内尔伯克犯下杀人罪行前,加布里埃尔一连几个月都在给内尔伯克灌输关于石里克的谎言:内尔伯克最后一份带薪工作是在维也纳的一所业余大学里担任兼职教员,但后来遭到解雇,加布里埃尔把这件事也怪罪到石里克头上。审判内尔伯克当天,加布里埃尔躲进了因斯布鲁克的一家修道院里,以"宗教庇护"的名义轻松逃脱了出庭做证的义务。在学术方面,加布里埃尔作为哲学家是完全不合格的,他钟情于玄虚的空谈,一张嘴就是"整体性逻辑"和"整体合成论",而对科学方法论则持彻底否定的态度,他认为科学是腐朽且具有破坏性的。最具讽刺意味的是，加布里埃尔在维也纳大学哲学院担任的职位与石里克是同一个，他接过前任的衣钵后，转手就把研究方向改成了天主教哲学。[67]

而对于那些当年因为遭到迫害而失业或背井离乡的学者，校方却几乎没有采取任何弥补举措。维也纳大学在1946年通过了正式决议，由于门格尔的辞职时间是1938年，校方认定，"严格来说"他不能算是被纳粹逼走的。[68]哥德尔在给母亲的信里评论道：

> 今天的奥地利人并不想把原本属于出逃海外同事的东西还给他们，这么做在一定程度上是合情合理的。因为事实上（现在的奥地利政府显然把希特勒政府视为非法的独裁政权），政府有义务撤销所有大学的解职令，但它没有，也就无所谓归不归还了。我相信绝大多数受害者即使被平反也不会再回到奥地利，只是现在他们连拒绝的机会都没有。[69]

哥德尔后来拒绝了奥地利科学院荣誉会员的头衔，但相比表明他的政治态度，这个决定可能更多是出于哥德尔奇怪的认知：他坚持认为奥地利科学院是由奥地利帝国的皇帝创立的，所以美国公民没有成为其会员的资格。不过我们并不清楚哥德尔的政治倾向，因为他对战后奥地利的评价总是透露出一种对故乡的矛盾情感。

在终于意识到哥德尔不会再踏上维也纳的土地后，1958年春，玛丽安娜和鲁迪来到普林斯顿探亲，母子俩在那里停留了一周。无论相见之前的气氛如何不对，一家人的团聚终究还是相当欢乐和自然的。两年前，阿黛尔认为维也纳的家人没有好好照顾她的母亲，就把母亲接到了普林斯顿，从那以后哥德尔夫妇一直和阿黛尔的母亲住在一起。阿黛尔的90岁母亲的在场，或许给哥德尔一家的重聚

第 9 章 / 在柏拉图的阴影下

哥德尔与鲁迪及玛丽安娜在普林斯顿的合影

增添了些许不自在，但好在希尔德加德·波尔克特是个幽默风趣且好脾气的老太太。"她没有给我们添任何麻烦。"哥德尔写道。[70] 哥德尔带母亲和哥哥参观了纽约的帝国大厦和艺术博物馆，从那以后，玛丽安娜和鲁迪每隔两年就会去美国一次。"你们能来看我们，阿黛尔和我都觉得十分高兴，而且无论从哪个方面说，这趟旅行都算得上成功。"哥德尔在家人离开后写信说，"在如此令人高兴的团聚后，稍感空虚失落也是很正常的事，阿黛尔在你们走后，已经哭过多次了。"在这封信的下方是一幅阿黛尔画的画：一颗心在流着眼泪。[71]

第 10 章

世界是理性的产物?

一出好戏

数学界从20世纪40年代就开始盛传,经过多年的努力哥德尔已经找到了证明连续统假设和选择公理的独立性的方法。如果传言属实,那将是又一项令人惊异的伟大成就。哥德尔本人的说法与传闻的内容很像,1942年,他告诉摩根斯特恩就快要解决第一个问题了;几年后,他又说已经完成了对第二个问题的证明。在1950年的国际数学家大会上,相关消息不胫而走。但后来,满怀期待的人们却什么都没有等到。年轻的逻辑学家马丁·戴维斯于1955—1957年在高等研究院工作,他也听说了哥德尔的相关传闻,于是找到另一个年轻的学者约翰·薛帕德森,两个人鼓起勇气约见了哥德尔,想一探事情的究竟。"我记不清那次会面的细节了。"戴维斯说,"但气氛非常尴尬,离开时我们没有得到任何有用的信息。"[1]

1963年4月，哥德尔收到了一封署名为保罗·柯文的信。柯文是一名29岁的美国数学家，在斯坦福大学工作，信的大意是他发现了哥德尔25年来苦苦追寻而不得的证明方法。柯文还在信里说他下周要到普林斯顿做一次演讲，希望能趁此机会与哥德尔见个面，私下向他解释相关的发现。[2]

一方面，柯文为自己的发现兴奋不已；另一方面，许多杰出数学家的质疑却让他失去了自信。不胜惶恐的柯文在一个星期后又给哥德尔写了一封信，恳求后者通读一遍他的手稿，如果哥德尔能认可，柯文请求哥德尔担当这篇论文在《美国国家科学院院刊》上发表的推荐人。"简言之，我想说的其实是，我认为只有您才有资格给这项发现做'认证'……如果我不小心冒犯了您，请您原谅我，因为我实在背负了太大的精神压力……"[3]

哥德尔为了检验柯文的证明方法，停下了手头的一切工作。"要验证它的准确性是一件非常耗时的事。"他给母亲写信说。但当他发现柯文的方法真能解决问题且极具独创性后，他高兴得就像他自己攻克了这个难题一样。我们从中可以看出哥德尔慷慨大气和喜欢鼓励别人的亲切性格：在竞争激烈的数学领域卧薪尝胆多年，只差临门一脚就唾手可得的成果却被一个不知天高地厚的年轻人捷足先登，换作别人恐怕只会觉得心灰意冷。年轻时代在维也纳饱尝学术魅力的经历造就了他纯粹的数学审美品位，这是哥德尔从未丧失的个性品质。"阅读你对连续统假设独立性的证明文章真是一种享受。"他在给柯文的回信开头写道，"我认为不管从哪个方面说，你的证明方法都是最佳的，这么理想的情况并不常见。对我来说，阅读你的证明过程犹如欣赏一出品质上乘的戏剧，令人赏心悦目。"哥德尔随后又给柯文寄了一张字条，敦促他不要担心打磨结论的事，而应该放下顾虑和担心，考虑立刻发表论文。"你已经取得了自集合论公理化以来最重大的成就，"哥德尔再三鼓励柯文，"不要怀疑，你有充分的理由为自己欢呼。"[4]

几年后，普林斯顿数学家、哲学家阿隆佐·丘奇为筹备给柯文颁发菲尔兹奖（数学界的最高荣誉）的典礼而找到哥德尔，并询问哥德尔对这个证明方法的提出到底做出了什么贡献。哥德尔的回答非常坦率，当年盛传他早已找到证明方法的消息"是不实的"。他还解释说，1942年他的确取得了"部分结果"，但之后很快就把兴趣转移到哲学领域的其他问题上，所以"我当时没有得出详细的证明过程，后来也没有继续研究下去"。[5]

根据独立性证明，柯文同当今的大多数数学家一样，认为继续讨论连续统假设和选择公理（柯文后来用相同的方法证明了选择公理的独立性）是真是伪已经没有意义了，因为它们和集合论的其他公理是相互独立的，既不相互矛盾，也无法相互证明。从柯文的证明方法被提出开始，考虑或不考虑连续统假设的集合论都产生了许多有趣的结论。但不可知的论调永远无法满足哥德尔，他始终认为连续统假设可能是错误的，而且终有一天将得到证明，他还认为选择公理显然是正确的。（杰拉德·萨克斯唯一一次见到哥德尔"冷笑"，是在他听到有人否定选择公理的时候——结构主义学派的数学家大多持这种观点。"我倒是很想看看，"哥德尔冷冷地回应道，"一个把自己的一只手反绑在背后的人能搞出什么名堂。"）[6]

在哥德尔于1963年应邀为美国哲学学会写作的一份演讲稿（这场演讲后来并未成行）里，他尖锐而彻底地驳斥了"世界的本质是一堆无序且无意义的原子"的观点。这种世界观认为怀疑论、唯物主义、经验主义和实证主义（马赫、维也纳学派和绝大部分现代科学和哲学都认同的价值观）是"左派"；而唯灵论、唯心主义、先验论和神学则是与之相对的"右派"。哥德尔毫不畏缩地把自己归入了"右派"，即使这样做会将他置于"跟时代精神完全相悖的境地"（岂止是与时代精神相悖，应该说他站到了自文艺复兴以来所有的哲学和人类知识的对立面）。[7] 哥德尔曾对王浩说，他认为人脑是"一台有灵魂的计算机器"，它的功能不完全来自纯粹机械的演算，它是任何其他机械都无法比拟的。哥德尔偶尔还会语出惊人，着实吓到了一些来高等研究院访学的学者，比如，他不相信进化论，也不相信自然科学。这不仅是因为学科范式不同，更是因为看待事物的态度不同。哥德尔指出，从怀疑论和唯物主义的视角看，人类的知识催生了一种前景不明的厌世情绪，乃至引发人类质疑生命本身存在的意义，导致严重的虚无主义；而唯心主义和神学能让人看到"一切事物的意义、目标和它们存在的理由"。[8]

虽然哥德尔的意思是"左"和"右"并非区分事物对错的标准，不过在谈到不完备性定理时，他总会不厌其烦地强调不应当悲观地认为它设定了数学知识的上限，而应该从唯心主义的视角去看，相信"只要是明确地以理性阐释的问题，就同样可以用理性找到明确的答案"。哥德尔曾说，如果有人认为作为数学大厦地基的那些公理只是我们随机选定的，而没有绝对的先验事实为其背书，那么说"数学不过是一种基于人造规则诞生的符号游戏"也就没有什么问题了；但是，如果数学公理代表了一类可以被人脑感知且至今都无法由机器运用规则和推导过程进行模拟的真理，那就相当于打开了不可知论的大门。[9] 对于后一种情况，哥德尔把人脑的这种理解能力称为"直觉"，不过他指的并不是布劳威尔的"直觉主义"，哥德尔想说的是这个词的字面意思，即人类具有某种感知数学事实的能力，而数学就是基于这种感知能力和感知对象的学科，正如公认的物理定律都是经验主义者依据对物理现实的直观感知建立起来的一样，两者没有本质上的区别。1964年，在未发表的《康托尔的连续统问题是什么？》修订版中，哥德尔写道：

> 虽然与通常所说的感知觉相去甚远，但我们无疑能够感受到集合论，并且需要主动分析而不是随意判定数学公理的真实性。我们凭借感官建立起了物理理论，目的是用它预测未发生或我们未曾经历的物理现实。既然物理学可以这样做，我不知道为什么在很多人看来对数学的感知却不能算作感知。数学直觉与普通的感知觉一样，它能让我们给眼前某个不明朗的问题赋予特定的意义，以期在未来的某一天有机会彻底弄清楚该事物的本质。集合论里的悖论的确是数学理论方面的难题，尽管抽象，但它们与物理学中可以感知的难题没有本质区别。[10]

新的数学公理并不会严格遵循已有的逻辑规则，也无法从现有的公理推导出来，它们常常要在经年累月之后才会逐渐变得明确。哥德尔不完备性定理表明数学领域存在不可判定命题，这类命题不仅包括已经解决和证明的悖论（比如集合论悖论）及公理（比如连续统假设），也包括一些实实在在的、不太抽象的问题，而且我们的直觉明确告诉我们，这类问题属于非真即伪的二元问题（比如哥德巴赫猜想）。哥德尔有充足的理由相信，人类的"直觉能让我们不断理解和发现新的公理"，并最终解决目前悬而未决的命题。哥德尔的依据是，通过想象和构建集合论，我们得到了很多关于整数的性质，而且这些结论都能通过计算得到验证,其中一些还得到了物理学的证实。哥德尔认为这是数学公理有先验事实作为根据的最好证据,人类的直觉在这方面已经取得了颇为丰硕的成果。[11]

哥德尔总结说,希尔伯特观点的错误之处在于,他试图在数学真理和由公理推导出的自洽的形式数学系统之间画上狭隘的等号。公理本身就是数学真理的一部分,但形式主义学派却想用它定义整个数学。公理本身无法被定义和推导,而只能源于人类直觉的感知。"无论如何,"哥德尔说道,"都不能盲从时代的潮流。"[12]

哥德尔几乎没向任何人透露过他对上帝的真实看法,他非常清楚这些想法与时代的主流有多么格格不入。除了母亲之外,哥德尔只对摩根斯特恩有过些许暗示。1961年,哥德尔在写给母亲的信里花了很长的篇幅,表达了他相信存在"其他世界",其中包括人死后的世界。5年后,玛丽安娜去世,享年86岁。

> 您在上一封信里问我是否相信我们死后能在九泉之下相见,对于这个问题我只想说:倘若这个世界是理性的创造物,而且它是有意义的,我想我们一定会在死后再见面。试想如果造物主创造了一种生物(人类),赋予他们七情六欲和天资才华,可到最后他们却连千分之一的潜力和可能性都没能发挥出来就彻底消失了,这样的世界到底有何意义呢?这就好比有人费了很多力气、花了很多钱,好不容易打下了一栋房子的地基,却又把一切推倒重来。有没有什么理由可以证明这个世界是理性的创造物呢?我相信有。因为我们生活的世界绝对不是混乱和随意的,相反,从科学的角度看,世间万物都有颠扑不破的规则和秩序……哪怕再模糊,只要生命中的际遇和生命本身有任何

微妙的意义，我们就不应该把肉身的消失看作一种结束，而应视其为另一种存在的开始。[13]

虽然哥德尔非常看不上绝大多数"胡扯"的宗教理念，但他也指出，"就连今天的哲学研究也没能让我们对宗教问题有更深刻的理解，毕竟今天90%的哲学家都认为他们的本职工作是把愚昧的宗教观念从人们的头脑里驱赶出去，但这不就是那些不好的宗教一直在做的事吗？"[14]

1970年，哥德尔经历了自黑暗的1936年以来最严重的心理危机。一天，他精神饱满地来到办公室，滔滔不绝地告诉摩根斯特恩他完成了两个证明，一是证明了连续统的势为$\aleph_2$，二是在逻辑学上证明了上帝的存在。但在当年的晚些时候，哥德尔的连续统论文却被迫撤回。他本想把这篇论文发表在《美国国家科学院院刊》上，所以先把它寄给了塔尔斯基，但塔尔斯基的同事罗伯特·索洛维表示完全看不懂它的论据。"要不是这篇文章的作者是哥德尔，"索洛维回复塔尔斯基说，"我肯定会毫不犹豫地建议拒稿。"在一封没有寄出的信里，哥德尔向塔尔斯基坦承，他自己也认为这篇论文的质量"不太好"，并解释说这是因为他写这篇文章的时候过于着急，"当时我大病初愈，睡不好，还在服用会影响精神功能的药物"。[15]

至于那篇本体论论文，它是哥德尔在1970年年初深陷偏执型妄想症期间写的。他告诉摩根斯特恩，他非常犹豫，不知道该不该发表这篇文章，因为他担心别人会因此以为"这个人相信上帝的存在"，而事实上，他坚称自己所做的只是一项"逻辑学研究"，尝试把某些经典的宗教假设以恰当的方式公理化，比如"绝对之物"。摩根斯特恩打趣道，他应该考虑用笔名发表这篇文章，不过很有可能被人抓包。牛顿在解决了伯努利的最速降线问题后，匿名发表了相关论文，但伯努利的评价是："只要看到这只爪子，我就知道它属于哪头狮子了。"[16]

不管哥德尔愿不愿意，彼时的他已经声名显赫了，而且不仅是在数理逻辑的小圈子里。

连普林斯顿都受不了了

哥德尔第一次在公众面前崭露头角是在1956年，他在科普杂志《科学美国人》上发表了一篇用通俗的语言解释何为不完备性定理的文章，后来市面上出现了一本篇幅不长的书——《哥德尔的证明》，这本书名平平无奇的书大获成功，成了被读者追捧的数学读物。可是，谁能想到当初它差点儿没能出版？哥德尔的行事作风丝毫没有变化，关于能否把论文原稿授权给这本小书以及需要在多大程度上保留原稿的文字和措辞，他与该书的两名作者及出版商（分别是欧内斯特·内格尔、詹姆斯·纽曼和纽约大学出版社）进行了拉锯式谈判，当他提出要亲自审阅这本书的成稿并有权"删减"任何他觉得不妥当的内容时，内格尔的火终于压不住了。最终，这本书既没有选用哥德尔论文中的文字，也没有得到他的允许。[17] 1963年，《时代生活丛书》的数学卷用几页纸的篇幅专门介绍了哥德尔，其中还包括一张由著名摄影师阿尔弗雷德·艾森斯塔特给他拍摄的肖像照，占了整整一页。这本书的出版给哥德尔带来了更多的大众关注度。

寄给哥德尔的信件像洪水一样涌到了高等研究院，来信者有中学生和大学生，有苏格兰、南非的数学家，有建筑、航空公司的工程师，甚至还有从马里兰州巴尔的摩公共工程部门和印第安纳州特雷霍特市监狱寄来的信，他们都想向哥德尔讨要他在1934年讲解不完备性定理时用过的油印版笔记（市面上早就绝版了）。[18] 知名媒体BBC（英国广播公司）和《纽约时报》的科学专栏作者都想采访哥德尔，正在筹备给在世的数学家拍摄纪录片的美国数学学会也给他发来了邀请，但这些都被哥德尔拒绝了。此外，崇拜者和怪咖的来信也不少。比如，一个住在威尼斯的年轻美丽的女教师给哥德尔寄了一张她的照片（她站在教室里，背后的墙上贴着一幅巨大的哥德尔肖像照），她在随照片寄来的字条上解释道，"我悬挂你这张照片的目的有两个：一是监督学生，二是激励我自己"。各路业余科学爱好者给哥德尔寄来了许多自以为正确的理论，比如，一名印度灌溉工程师认为自己解决了四色地图问题；有人寄来了奇怪的哲学论文，还有人（一名在空调公司上班的员工）想用热力学第二定律驳斥选

哥德尔的新办公室，位于图中图书馆主楼右侧的那栋颇具现代主义风格的方形小楼里

择公理。杰拉德·萨克斯认为，哥德尔对那些擅自打电话给他并要求跟他探讨问题的怪人们表现得过于友善了。"他是个极有礼貌的人，"萨克斯评价道，"我认为他在这些怪人身上浪费了太多时间。"[19]

与此同时，哥德尔与数学专业的同事们的关系越来越疏远。他从来不收学生，只有那些胆子大到敢主动去敲他办公室门的人，才有机会和哥德尔讨论逻辑学。1967年，新的社会科学图书馆落成，哥德尔的新办公室就在这栋以玻璃和混凝土为主要建筑材料的楼里一间颇具现代主义气息的玻璃房后部，窗外是池塘和树林。你可以说这间办公室很清静，也可以说它很偏僻。

然而，社会总是不太平，20世纪60年代的世界动荡不安，再僻静的办公室也无法让哥德尔安心工作。全美的大学都在搞学生运动，好在慵懒保守的普林斯顿受到的影响不大。只有个别学生赶去华盛顿参加了1965年抗议越战和扩大征兵的游行示威活动，他们拉起横幅，上面写着讽刺政府的标语："连普林斯顿都受不了了"。（"他们说的对！"哥德尔当时如此评价学生运动。）[20] 1970年春，普林斯顿大学的学生和教师为了抗议美国把战争扩大到柬埔寨境内，宣布罢课4天。在那个艰难的春天，长期遭受慢性焦虑和疑病症折磨的哥德尔又患上了偏执型妄想症。他幻想有一个黑色幽灵闯进了他的房间，强行给他注射药物，而他的哥哥鲁迪就是幕后黑手。与此同时，支持民主社会的激进学生堵住了普林斯顿大学一栋教学楼的入口，还朝窗户扔砖头。那栋楼是大学智库的所在地，里面有许多国防分析研究所的数学家和计算机科学家在为国家安全局工作，他们接手的都是绝密的代码破译项目，该事件最终以300名学生被警察抓走而平息。[21]

普林斯顿大学的学生抗议者，1969年

1970年，哥德尔的精神科医生埃里克把办公室搬到了另一栋历史悠久的普林斯顿建筑内。新诊所距离埃里克原来的办公室只有一个街区，从大门进入，一楼的门廊墙上贴着古雅的木条，尽头是华美的木楼梯，除了埃里克医生的诊所外，在这栋楼里办公的还有和平教育与征兵信息基金会，以及新国会运动等反战左翼组织。一年后，麦戈文竞选办公室也入驻了这栋楼。当地报纸评论说，这些扎堆的反战组织让拿骚街163号成了"普林斯顿最有活力的地方之一"。[22]

哥德尔坚持每周见一次埃里克医生，现在，他的焦虑和强迫症的重心又转移到妻子的健康问题上。哥德尔认为妻子的医生没能恰当地治疗她的坐骨神经痛和多神经病，导致她的病情不断恶化。1971年春，哥德尔的病情缓解了一些，于是他中止了跟埃里克医生的定期会面。摩根斯特恩又见到了他的老朋友："跟以前一模一样"，"能与哥德尔成为朋友真是人生幸事"。1973年秋，哥德尔出席了院长为迎接研究院新成员而举办的盛大花园派对。"哥德尔表现得非常风趣。许多年轻的逻辑学家及其太太都围着他,俨然一个'拜会偶像的小派对'。"摩根斯特恩事后在日记里写道。[23]

1974年4月,突然发作的尿道堵塞严重影响了哥德尔的身心健康。他的精神状态也时好时坏,总是在陷入低迷的偏执型妄想症后又紧接着经历一段精神高涨的头脑清醒期,如此反反复复。病症刚发作时,哥德尔和阿黛尔经常吵架,因为他拒绝接受显而易见的诊断:医生认为他的病因是严重的前列腺肿大。摩根斯特恩非常不情愿地见证了哥德尔夫妇旷日持久的争吵。后来哥德尔终于答应去医院治疗,但依然固执地拒绝接受手术。他刚开始坚称只要服用镁乳就可以治好自己的病,在病情没有得到改善后,他又想让医生给他安一根永久性导尿管,简单粗暴地解决排尿问题。摩根斯特恩痛心疾首地说:"为什么如此天才的人却会如此固执?!"[24]

哥德尔与桃乐茜·摩根斯特恩在研究院花园派对上的合影,1973年

永久性导尿管的植入增加了哥德尔晚年生活的痛苦。而且只要导尿管在体内,患者就有尿路感染的风险,为此,哥德尔一直私

下同时服用多种抗生素。摩根斯特恩又一次被哥德尔心智上的分裂震惊了：说到医生和健康问题，哥德尔的言语中充斥着自说自话的妄想；但一谈到数学和科学，他的观点又"强大、清晰和敏锐"得令人钦佩。1975年9月，在获得美国国家科学奖章的当天，哥德尔给摩根斯特恩打了一个电话，他为自己获得这份荣誉和那枚沉甸甸的金质奖章而高兴（他本应前往华盛顿，在白宫由时任总统杰拉尔德·福特为他颁奖，但哥德尔不想忍受舟车劳顿之苦，后来金质奖章是邮寄到他手中的）。这段时间，摩根斯特恩在日记里提到哥德尔时，一方面为他固执的妄想和日益消瘦的身体而唏嘘，另一方面又经常提及他的才智和两人之间历久弥新的友谊。[25]

但哥德尔无疑成了摩根斯特恩的负担。由于阿黛尔的身体状况也越来越差（1975年，她经历了一次轻微的胸卒中，虽无性命之忧，但此后经常卧床不起），这让哥德尔越发觉得孤单和想要依靠他人，他经常一天就要给摩根斯特恩打两三通电话。[26]摩根斯特恩认为，哥德尔对健康问题的满腹牢骚和他关于医生的阴谋论（有一次他告诉摩根斯特恩，他认为市面上销售的药物类书籍都是"假"的，因为医生们私下还有一个版本）是为了吸引别人的注意力，某种程度上可算是一种"哗众取宠"的行为。摩根斯特恩的妻子桃乐茜对哥德尔的评价是，他总是在行动中追求某种"戏剧感"。但即便他们能够理解哥德尔的动机，也不能完全消解他带给他们的烦恼。[27]

1974年4月，就在哥德尔被收治入院的两天后，摩根斯特恩也拿到了一份诊断书。得知癌症已经转移至骨髓，他担心自己的结局会像好友冯·诺依曼那样全身瘫痪而亡。摩根斯特恩对健康状况不佳的哥德尔一直非常关爱和有耐心，而老天似乎有意开了一个残忍的玩笑：经过三年的手术治疗，摩根斯特恩的人生在全身瘫痪中谢幕了。[28]

"真是彻头彻尾的悲剧,我究竟如何做才能帮到他。"摩根斯特恩在日记里写道,此时距离他本人离世(1977年7月26日)仅有两个星期,"哥德尔谁的话都不听,加上各种各样的其他原因,医生已经不愿意收治他了。然而,他却相信再过几天我瘫痪在床的情况就能好转,重新站起来开始新的生活!"摩根斯特恩临终前写了一篇关于哥德尔的备忘录,字字泣血:"这位堪称20世纪最杰出的数学家把我视为可以依靠的人……他希望得到我的帮助,而我却辜负了他……他对我的依赖(因为没有其他人可以指望,这一点再清楚不过了)让我感受到了沉重的压力。"摩根斯特恩去世当天,哥德尔打电话想找他聊聊,却意外地从桃乐茜嘴里得知了摩根斯特恩的死讯,这是他人生中最后也是最亲密的一位朋友,而现在这个人不在了。哥德尔一言不发,直到挂断电话前才勉强地挤出了一声"哦"。[29]

摩根斯特恩去世的那个月,阿黛尔被紧急送到医院接受结肠造口手术,随后的几个月,她一直待在疗养院里。这件事成了压垮哥德尔的"最后一根稻草"。过去一年,他的精神状况已经差到极点,只在阿黛尔的强烈要求下才于1977年2月重新回到埃里克医生的诊所就诊。这次他的妄想症更严重了,比如,他坚持认为纳粹党想给他扣上一顶精神失常的帽子;国税局因为他没能依法缴纳与其工资相当的社会保障费而在追查他;高等研究院将不再给他发放退休金;由于当初曾向纳粹政府承诺会如期返回奥地利而最后未能兑现,哥德尔认为他害得哥哥一直被关押在集中营里;他觉得在美国自我感觉良好是自欺欺人,其实美国人都讨厌他;他是个恶劣的人;给他治病的医生都是骗子;他那篇关于卡尔纳普的文章放在办公桌上,还没来得及完成就被恶灵偷走了;好友亚布拉罕·瓦尔德并没有在航空事故里丧生,他活了下来并隐姓埋名地在苏联生活。哥德尔和哥哥也闹翻了,鲁迪在1970年曾出面干涉他的决定,要求他去看精神科医生,哥德尔很可能一直对此事耿耿于怀,以至于最后跟鲁迪翻脸了。"这件事很有可能是库尔特的错。"对于两兄弟之间的不快,摩根斯特恩悲伤地写道。[30]

埃里克医生此前就在诊疗记录里提到,他发现哥德尔只要一生病就会陷入"情绪代偿性失调"状态。也就是说,他的心智调节机制已崩溃,无法很好地处理和排解生活中遇到的压力。现在的哥德尔就像一架没有动力的纸飞机,正以螺旋下降的方式坠入抑郁和偏执的深渊。埃里克给哥德尔开了大剂量的三环类抗精神病药物,但没人知道哥德尔到底有没有服用。1977年8月28日,埃里克跑到哥德尔家,告诉他必须住院治疗,但遭到了哥德尔的拒绝,即使后来埃里克把救护车叫到哥德尔家门口也无济于事。从那以后,哥德尔单方面终止了埃里克对他进行的精神治疗。[31]

阿黛尔不在家的日子里,热心的邻居艾德琳·费德里希主动提出,她去杂货铺的时候可以帮哥德尔捎东西,不过哥德尔想要的就只有奇迹牌面包、加州脐橙和罐装汤,而在罐装汤的价格涨了两美分后,哥德尔再也不买了。除了艾德琳,其他上门拜访的人(包括别人给他安排的看护)都被他拒之门外。[32]

12月19日,在普林斯顿疗养院休养的阿黛尔自作主张,搭费德里希家的车回了家。高等研究院的负责人再三向哥德尔保证,阿黛尔的医疗费可以用他的保险全额报销,还设法给她安排了24小时的住家看护。直到阿黛尔回了家,高等研究院的人才得知她丈夫的病情已经发展到如此严重的地步。在阿黛尔离家的几个月里,哥德尔过着几乎完全离群索居的日子,他食不果腹,快把自己饿死了。那个秋天的大部分时候，任职于纽约洛克菲勒大学的王浩都因为有事外出而不能到普林斯顿探望哥德尔，在阿黛尔回家的两天前，他终于找到机会去看望了哥德尔，这也是两人的最后一次见面。王浩发现哥德尔思维清晰，看起来一点儿也不像病入膏肓的人。但哥德尔落寞地告诉他的朋友："我已经失去做积极决定的能力了，现在的我只会做消极的决定。"[33]

12月29日，阿黛尔终于说服哥德尔住进了普林斯顿医院。1978年1月14日，哥德尔在医院去世，死前他蜷缩在病床上，就像一个安静的胎儿。在他人生的最后几个星期，哥德尔一直拒绝进食。在医院出具的死亡证明上，他的死因是"由人格障碍导致的营养不良和体弱无力"。[34]

未选择的道路

哥德尔去世一个半月后，就在遗嘱执行人向阿黛尔宣布哥德尔的遗产处置结果的一天后，她走进普林斯顿最大的一家珠宝店，购买了一枚硕大的钻石戒指和两个手镯，三件首饰总计花了15 888美元。珠宝店的老板警觉地联系了哥德尔的遗嘱执行人，后者又马上联络了高等研究院院长哈里·伍尔夫。处理哥德尔遗嘱事宜的律师强烈建议高等研究院为阿黛尔提供必要的财务指导："我提议对她进行相关指导，而且越快越好。"[35]

大手大脚的消费只是麻烦的开端。哥德尔去世后，阿黛尔获得了11.5万美元的现金遗产。此外，算上高等研究院发放的抚恤金，以及社会保障金和存款利息，她每年还有30 000美元的收入。但是，金钱解决不了阿黛尔的麻烦：由于喜怒无常的坏脾气，她找来做护理和家政的人都干不长。1978年年底，阿黛尔把位于普提巷的自家宅邸和邻近的一块空地挂牌售卖，自己则搬去了宾夕法尼亚州多伊尔斯敦的一家广受好评的护理中心。可是，她与那里的工作人员相处得非常不愉快，随后她不顾医生的强烈反对（医生担心她搬到那里后将无法获得所需的医疗服务）搬到了新泽西州詹姆斯堡的一个退休人员社区。阿黛尔于1981年2月4日去世，她人生的最后几年孤独而悲情，与她的丈夫相比有过之而无不及。直到咽下最后一口气，她都未能真正融入美国的生活。[36]

阿黛尔把哥德尔留下的所有文字材料及其处置权都交给了高等研究院，但在那之前，虽然鲁迪再三央求，但是阿黛尔还是销毁了玛丽安娜和鲁迪寄给库尔特的所有信件。不仅如此，她也销毁了哥德尔与她的往来书信，迄今为止我们没有发现一封夫妇二人寄给对方的信。哥德尔留下的文字材料被放在纸箱里存储在高等研究院图书馆的地下室，一放就是好几年。箱子足足叠了6英尺高，因为过重，底部的箱子已经变了形。约翰·道森是宾夕法尼亚州立大学约克分校的数学系教授，出于对历史学和符号逻辑学的浓厚兴趣，他为了了解更多关于哥德尔的生平事迹和哥德尔论文背后的故事而奔走多年，但一直收获寥寥。他曾多次询问高等研究院是否打算对专业的研究者公开哥德尔留下的文字资料。有一天，道森终于接到了高等研究院打来的电话。高等研究院表示，如果道森有心研究哥德尔的资料，可以正式申请成为高等研究院的访问学者。高等研究院还提出了一个附加条件，即道森在研究这些材料的同时需要对它们进行分类归档。[37]

道森花了足足两年的时间才把哥德尔留下的堆成山的资料浏览了一遍，其中包括书信、没有寄出的信件草稿、管道工的收据、家人的照片，以及记满笔记的本子，不过那些笔记都是用加贝尔斯贝格速记法记的，非常晦涩难懂。为了破译材料里最重要的笔记，道森的妻子谢丽尔自学了加贝尔斯贝格速记法。直到哥德尔去世将近40年，才有专门的研究者开始抄录哥德尔用加贝尔斯贝格速记法记录的哲学箴言和数学笔记。

哥德尔虽然去世了，但他的名气却越来越大。1979年，美国作家侯世达的旷世奇书《哥德尔、艾舍尔、巴赫：集异璧之大成》登上畅销书榜，把哥德尔的名望推上了新的高峰。侯世达在书中以哥德尔的证明工作为引子，探讨了艺术、音乐和思想领域中的自我指涉形式。不过，这本书并没有在哥德尔身上花多少笔墨。严谨的数学证明并非哥德尔在世俗文化里占有一席之地的原因，真正对公众产生无穷吸引力的是不完备性定理的衍生观念：这个世界上存在无法被证明的真理。哥德尔的人气高涨，美国数学家、作家乔丹·艾伦伯格评价他是"浪漫主义者最喜爱的数学家"。在后现代主义反对者艾伦·索卡尔和让·布里克蒙看来，同海森堡的不确定性原理和爱因斯坦的广义相对论一样，哥德尔的不完备性定理"成了知识滥用的不竭源泉"：神学家、文学理论家、建筑师、摄影师、学术解构主义者、流行文化哲学家以及形形色色的神秘主义者，都试图借用哥德尔的理论解释各种现象，比如上帝的存在、自由意志的本质、诗歌的结构、人类的苦难等。下面这段论述的腔调就颇具代表性："哥德尔的不完备性定理基本上证明了原罪的存在，所以祈祷和告解礼是必不可少的，永恒的未来也是真实的。"[38]

公众对不完备性定理的解读常常让科班出身的逻辑学家嗤之以鼻，不过哥德尔本人反倒没有那么愤世嫉俗。"别人拿我的证明方法为宗教服务是可以预料的，这不过是迟早的事。"1963年，他在给母亲的信里写道,"因为只要找对了角度,两者之间的关联就说得通。"[39]不过,不完备性定理或许是有史以来被曲解得最严重的数学理论,它给哥德尔带来了无数虚名。正所谓人红是非多,尤其是像数学这样的学科,如果数学家想获得世俗意义上的名气,这可能就是注定的结局。

而在相对专业的科学和哲学圈内,众人对哥德尔名气和影响力的评价尚未盖棺论定。虽然哥德尔生前就以物理学家和哲学家的身份为人所知,但直到去世后,他在相对论和哲学领域的研究成果才引起了越来越多人的关注,甚至超过了他生前在物理学领域取得的成就。在一场高等研究院为哥德尔举办的纪念座谈会上,院长在一张罗列了哥德尔主要贡献的纸上做了标记,他在"相对论"一项的旁边草草地写上了"不值一提"几个字,而哥德尔在哲学领域的贡献甚至没被列出来。[40]但40年后,为了研究哥德尔在相对论和哲学领域的观点,人们不仅组织过专门的研讨会,还出版了多本知名的专著。

无论对数学还是哲学而言,不完备性定理一直都是令人头疼的问题,但与当初的设想不同,许多时候它带来的麻烦微妙且有趣。与哥德尔同时代的人认为不完备性定理简直是数学界的"大灾难",而随着时间的推移,数学家对它的恐惧正在逐渐消减。高等研究院的艾维·威格森是哥德尔衣钵的继承者之一,他曾说"数学还是一如既往地欣欣向荣"。威格森指出,虽然哥德尔证明了数学领域的某些重要命题(比如连续统假设)的真伪性在特定的形式系统内是不可判定的,但关于"是否存在某些有趣的数学事实,它们在任何情况下都是不可知的"这个问题,却始终没有明确的答案。哥德尔当年在证明不完备性定理的时候采用了一种自我指涉的陈述形式,这种独特的思路有非常浓厚的人为构造意味,用数学家的行话说,就是非常"不天然"。而从不完备性定理被提出至今,在数学和计算机科学领域里既符合哥德尔所说的不可判定性又"天然"的发现寥寥无几。1970年,在朱莉娅·罗宾逊等人几十年的研究工作基础上,尤里·马蒂亚谢维奇证明了对于任意整系数多项式方程,比如$3x^2 + 5y^3 + 2z = 0$,并不存在可以判定其是否有整数解的通用规则。1900年,在希尔伯特提出的亟待解决的数学问题中,"整系数多项式方程的整数解的通用判定方法是否存在"的问题排在第10位;1977年,杰夫·帕里斯和利奥·哈林顿证明了,拉姆齐定理的一个变体在皮亚诺算术系统内虽可表述但不可判定;1982年,帕里斯和劳里·卡比一起证明了古德斯坦定理具有同样的性质,它是数论领域的一个理论,与上述两个理论一样非常"天然"。相比激励数学家寻找不完备性定理的实例,哥德尔不完备性定理最实际的意义在于,它就像一块提醒数学家的指路牌:如果没有特殊理由,就不需要沿着这条曾被前人看好的死路继续走下去。[41]

类似的情况也发生在哲学界,"世界上存在着超出人类理解能力的真理"的说法曾让哲学家惊惧和气馁,但时过境迁,今天的哲学界已不像当初那么惊慌失措了。按照哲学家罗伯特·福格林的说法(当然这是戏谑的调侃),对人类认知极限持怀疑态度的人分为两个派别,其区别只在于他们有多在意这个事实,一个是东海岸怀疑论学派,另一个是西海岸怀疑论学派。"东海岸学派承认他们的知识是有限的并深受其扰,"福格林说,"西海岸学派则正相反,他们并不为此烦恼。"[42]

哥德尔坚信他的证明恰恰说明人类的创造力是非比寻常的。他一贯的主张是,人类总能通过直觉认识到一些真理,人类认知的自洽性无须证明,哪怕最先进的计算机也难以企及。如果哥德尔的定理及由这些定理推导出的结论是正确的,就意味着能够完美复制人脑推理、学习、计划和解决问题能力的计算机将沦为无源之水,永远不可能被制造出来。在知识鞭长莫及的认知极限之外,确定性成了虚无缥缈的空谈,哥德尔深知,只有人类的精神不可替代,并且独一无二。

杰拉德·萨克斯曾对哥德尔做出了精辟的评价:"他让数学变得更有趣。"[43]虽然"他的哲学思想相当复古",但他从未怀疑过这一点:只要是人脑能提出的问题,它就能够得到解决。

附录
哥德尔不完备性定理的证明

不完备性定理证明的第一步是,设法用一个整数编码一个数学公式(表达式)。尽管哥德尔每次采取的编码方式并不固定,但不变的原则是:在任意一个形式系统中,以伯特兰·罗素和阿尔弗雷德·诺尔斯·怀特海的《数学原理》为例,哥德尔要给每个"基本"的符号分配一个不同的数字,这就是证明的准备工作。1934年,哥德尔在一场介绍不完备性定理的演讲中采取了如下编码方式,他用自然数1~13分别对应13个基本的数学和逻辑符号:

符 号	定 义	编码数字
0	零	1
N	后继数*	2
=	等于	3
~	非	4
∨	或	5
&	与	6

(续表)

符号	定义	编码数字
→	如果……则……	7
≡	当且仅当	8
∀	全称量词	9
∃	存在量词	10
∋	属于该集合	11
(	左括号	12
)	右括号	13

*符号 $N(x)$ 代表比 x 大的最小整数,比如 $N(0)$ 相当于1,以此类推。

除了这13个数字以外,如果有需要,还可以用更大的数字编码变量和函数。比如,分配给变量 x 的数字是16,分配给 y 的是19,分配给 z 的是22,等等。

不过哥德尔指出,从这里开始你"最好忘掉"这些符号的实际意义,就像密码员把信息译成代码一样。你只需要按照一一对应的关系,把某条信息的单词逐一替换成相应的编码,而无须在意原文的字面意思。

为了保证数学表达式与整数建立起一一对应的关系,哥德尔在他的编码规则中引入了素数。以等式"0 = 0"为例,按照上面的规则,等式中每个元素的编码如下:

$$0 \quad = \quad 0$$
$$\downarrow \quad \downarrow \quad \downarrow$$
$$1 \quad 3 \quad 1$$

然后,把素数按照从小到大的顺序排列(2, 3, 5, 7, 11,

13…），再以上面的编码作为指数，按照由小到大的顺序依次分配给素数，最后计算其乘积：

$$2^1 \times 3^3 \times 5^1 = 2 \times 27 \times 5 = 270$$

以这种方式得到的乘积就是该表达式的"f数"。可想而知，对于任意一个数学表达式（就算没多长或多复杂），它的f数也能轻易达到十分惊人的大小。比如，对于等式"~~0 = 0"：

$$\begin{array}{ccccc} \sim & \sim & 0 & = & 0 \\ \downarrow & \downarrow & \downarrow & \downarrow & \downarrow \\ 4 & 4 & 1 & 3 & 1 \end{array}$$

$$2^4 \times 3^4 \times 5^1 \times 7^3 \times 11^1 = 16 \times 81 \times 5 \times 343 \times 11$$

这个等式的f数为24 449 040。不过，千万不要误会，哥德尔的本意并不是让大家把注意力放在烦琐的计算上，他想说明的是：在所有类似《数学原理》的形式逻辑系统内，只要借助上述手段，就可以在数学表达式和整数之间建立起一一对应的映射关系；不仅如此，这种编码手段还可以被"解码"，你只需要对f数进行素因数分解，再按顺序读取每个素因数的指数，就可以把一个整数还原成一个数学表达式。

哥德尔指出，对于同一个形式系统内的数学表达式，只要它们之间存在某种符合该系统推理规则的关系，那么无论这种推理关系是什么，它都可以被保留和反映在两个f数之间的纯算术关系里。比如，数学表达式"~~A（表达式A的否定之否定）"，它本身就包含了表达式A，由于两者之间存在"否定之否定"的推理关系，所以这种关系也可以反映在它们的f数中。上文中的表达式"~~0 = 0"就是一个具体的例子，它的f数只要经过以下转换就可以得到"0 = 0"的f数：先去掉前者的f数的前两个素因数（$2^4 \times 3^4$）的指数，然后把余下的指数向左移动两位，得到$2^1 \times 3^3 \times 5^1$，这就是后者的$f$数。

有了单个表达式的f数，接下来就可以计算整个证明过程的f数了。哥德尔先算出证明过程中每个式的f数，然后把每个表达式的f数作为素数的指数，再将其分配给由小到大排列的素数，以此计算整个证明过程的f数。按照这种方式，如果证明过程的第一步是"~~0 = 0"，第二步是"0 = 0"，该证明过程的f数就是$2^{270} \times 3^{24\,449\,040}$，这个数字远比上面提到过的那些$f$数要大得多。但是，即使$f$数再大也不用担心，因为我们并不需要知道它的具体数值，只要它原则上可计算即可。每一个有意义的证明过程都是类似的：证明需要基于某个形式逻辑系统，以一个或多个该形式系统内的公理作为出发点，遵循推理规则，经过一轮又一轮的推理，最后以需要论证的那句表述（结论）作为结尾。因此，就像单个表达式有其唯一对应的f数一样，单个证明过程也可以用与其对应的f数作为区分的特征，而且区分的依据仍是数字的算术性质。虽然计算量可能极其恐怖，但理论上总归是可行的。

有了上面这些铺垫，哥德尔接下来构造出一个函数B，它本身是一个纯粹的算术表达式，其含义完全可以用《数学原理》规定的符号表述。与此同时，它又是一个元数学命题，它的文字表述是："f数为x的证明步骤是f数为z的表达式的证明"，写作：

$$x\,B\,z$$

能得出这一步，哥德尔的想法可以说已经非常独到了，但他并未就此止步，接下来的步骤才是化腐朽为神奇的关键。利用函数B，我们可以写出以下命题：存在 x，使其满足函数表达式 $x\,B\,z$。这个命题如果换一种措辞来表述，就是"f 数为 z 的表达式可证"。哥德尔注意到，这个命题可以用《数学原理》规定的符号来表述，写成形式典型的数学表达式。哥德尔给这个表达式取名为 Bew，它是德语单词 Beweisbar（"可证明的"）的缩写，定义如下：

$$Bew\,(z) = (\exists x)\,x\,B\,z$$

它的否定形式则是：

$$\overline{Bew}\,(z) = \sim(\exists x)\,x\,B\,z$$

按照推理规则，这个否定形式的含义为：不存在 x 满足函数表达式 $x\,B\,z$ 的表达。换句话说，就是"f 数为 z 的表达式不可证"。

既然有了一个描述不可证明性的数学表达式（f 数为 z 的表达式无法通过逐步的推理被证明），哥德尔要做的就是想办法将这句话的矛头对准它自己。为了达到这个目的，他需要证明存在数字 z，当把它代入上述不可证的数学表达式时，该表达式的 f 数恰好是 z 自己。如此一来，我们就可以得到一个"自身不可证"的数学表达式。

哥德尔找到了一个十分精妙的办法来实现这种自我指涉。首先他定义了一个特殊的函数 $Sub\,(y^{19}_{G(y)})$，这个函数本身就代表了一个 f 数，求取的步骤如下：以表达式 $G(y)$ 为起点（它表示一个 f 数为 y 的数学表达式），假设该表达式包含自变量 y（与 f 数 y 相区别，这个 y 指的是表达式里的自变量），由于我们在上文中假设自变量 y 的编号为 19，现在我们用计算 f 数 y 的算式替代表达式中每一个编号为 19 的逻辑符号，由此得到的新 f 数就是 $Sub\,(y^{19}_{G(y)})$。

接下来，哥德尔把 $Sub\,(y^{19}_{G(y)})$ 代入 (z)，就得到了：

$$\overline{Bew}(Sub\,(y_{G(y)}^{19})) \qquad 表达式\,A\,(f数为\,a)$$

我们把通过上述方式构造出的表达式定义为"表达式A",并认为该表达式的f数为a。显然,a的数值很可能大到无法想象,但没关系,因为哥德尔并不打算计算它的精确值,我们只需要知道这个数是a即可。

然后,哥德尔又写下了另一个表达式,这次他把f数a的值代入,替代所有自变量y,并将新得到的f数定为g:

$$\overline{Bew}(Sub\,(a_{G(a)}^{19})) \qquad 表达式\,G\,(f数为\,g)$$

如前所述,编号19对应的逻辑符号就是自变量y,因此f数$Sub(a_{G(a)}^{19})$的意义就相当于:对f数为a的表达式(也就是表达式A),用计算f数a的算术表达式替代所有自变量y,由此得到的f数为$Sub(a_{G(a)}^{19})$。另一方面,根据上述不可证表达式的定义,只要在表达式A内把所有自变量y替换成f数a的值,就可以得到表达式G,这个转化过程与$Sub\,(a_{G(a)}^{19})$的换算过程完全相同。所以$Sub\,(a_{G(a)}^{19})$其实就是表达式G的f数,即g,如此一来就有了下面这个结果:

$$\overline{Bew}(g) \qquad 表达式\,G\,(f数为\,g)$$

它表述的意思是G本身是不可证的。

致　谢

这些年，书籍的致谢已经有了非常常见的套路：先自我恭喜一番，再罗列一堆人名。虽然我也想不落窠臼，但本书在写作过程中得到了太多人的帮助，这些人原本大可不必伸出援手，只因为他们都乐善好施、对哥德尔的生平和工作抱有浓厚的兴趣，而且敢于直面奥地利和维也纳的历史，既不夸耀它的强盛，也不避讳它的污点。我对他们怀有深深的感激。如果自知受惠于人，却提都不提对方的名字，这不是自诩为作家的人该有的行为。陈言浮词，聊表谢意。

首先，最需要感谢的是维也纳大学数学系荣休教授卡尔·西格蒙德，他是一本行走的百科全书，通晓维也纳的思想史。西格蒙德教授的鼎力相助远远超出了我可以心安理得接受的程度，他不但忍受了我无穷无尽的邮件骚扰，耐心回答我的疑问，还亲自带我参观和游览维也纳城内与哥德尔生平有关的地点。教授所做的这一切都不求回报，加上他为人风趣幽默，他的帮助让我的整个写作过程妙趣横生。西格蒙德教授研究维也纳学派的著作《癫狂时代的精确思维》为我深入了解20世纪20和30年代的维也纳知识分子圈、哥德尔治学研究的科学背景,以及其他维也纳学派的代表人物提供了巨大的帮助。当然,它本身就是一部介绍思想史的无与伦比的科普作品,非常值得一读。2006年,西格蒙德教授在维也纳组织了纪念哥德尔百年诞辰的展览活动,事后还将该次展品的目录整理出版——《库尔特·哥德尔:纪念相册》,其中收录了众多重要的档案和文件,涉及哥德尔的私人生活和工作,对研究他生平的人而言简直是无价之宝。

玛丽亚·维特托·瑞斯是北亚利桑那大学的德语教授,她曾为哥德尔的亲属翻译过他的所有信件。瑞斯绝不只是个拿钱办事的翻译,她做的很多事都超出了职责的范畴,尤其值得一提的是,她认真地检查和校对了我翻译的许多文件和书信。瑞斯和我谈过很多次话,内容大多着眼于奥地利的文化和语言,尤其是它们独特的细致微妙之处。那些谈话,外加瑞斯在翻译研究领域的宝贵经验,令我受益良多。

格拉茨大学的社会学教授克里斯蒂安·弗莱克非常热心且无私地提出帮我申请研究经费,研究的内容是抄录和编译哥德尔写于1937—1938年的日常笔记,这个时期的文字对研究哥德尔尤为重要,不过它们都是用加贝尔斯贝格速记法记录的,这种德语速记法在很早以前就已经没人用了。后来我们获得了奥地利共和国未来基金的资助,有了这笔资金的支持,我们才得以邀请到加贝尔斯贝格速记法的专家埃里希·鲁夫教授负责哥德尔笔记的破译和抄录,再由玛丽亚·维特托·瑞斯负责把抄录的德语翻译成英语。我还要向伊娃-玛丽亚·英格伦表达深深的谢意,她抄录了哥德尔另一本重要的速记本《时间管理》,并在正式出版前给我看了书稿的早期版本,这部分内容对理解哥德尔的内心世界和想法意义重大。

致 谢

普林斯顿高等研究院历史研究与社会科学图书馆的图书管理员玛西亚·图克,从始至终都在毫无保留地鼓励和支持我的工作。对于能够直接接触和引用哥德尔的资料,我在这里除了要正式对批准了该请求的高等研究院表达感谢之外,尤其要感谢档案管理员艾丽卡·默斯纳和实习生麦克斯·拉韦里,他们负责从高等研究院海量的文档库里检索和扫描所有我需要的文件。普林斯顿大学图书馆特殊馆藏区的员工想尽一切办法及时把有关哥德尔的照片送到我手上,使我不至于延误交稿,考虑到2020年年中正值新冠肺炎疫情肆虐,我对他们的感激溢于言表。

维也纳市政厅图书馆负责人安妮塔·艾兴格给我省了很多麻烦:她收集了哥德尔写给家人的所有书信,将其数字化后做成了所有人都能浏览的公开资源。起初我只是抱着试一试的心态问她做这样一个在线数据库是否可行,非常感谢她做出了热情积极的回应,我尤其感激她为开源档案资源事业所做的贡献。

注　释

注释中的部分名词采用了缩写，完整的引用条目请参见参考文献部分。如果没有特别说明，所有哥德尔与家人的信件均来自维也纳市政厅图书馆，你可以登录它的网站查看原件的数字版。以下作品和名字出现的频率较高，所以在注释中以字母缩写表示：

CW　　库尔特·哥德尔著。*Collected Works*（《作品汇编》）。所罗门·费弗曼等编。共5卷。出版地：纽约。出版社：牛津大学出版社，1986~2003。

GA　　卡尔·西格蒙德，约翰·道森及库尔特·穆尔伯格著。*Kurt Gödel: Das Album/The Album*（《库尔特·哥德尔：纪念相册》）。出版地：威斯巴登。出版社：费维克，2006。

IAS　　普林斯顿高等研究院，位于新泽西州普林斯顿。资料来源：档案馆，哥德尔相关档案。

KG　　库尔特·哥德尔（Kurt Gödel）

KGP　　库尔特·哥德尔留下的文字材料（KG Paper）。来源：普林斯顿高等研究院档案馆。保存于新泽西州普林斯顿大学图书馆原稿部特殊馆藏区。

MG　玛丽安娜·哥德尔（Marianne Gödel, KG 的母亲）

OH　口述史（Oral History）

OMD　奥斯卡·摩根斯特恩（Oskar Morgenstern）的日记及论文。资料来源：北卡罗来纳州达拉姆杜克大学珍惜书本与手稿图书馆。电子版参见奥地利格拉茨大学的网站"Oskar Morgenstern Tagebuchedition"。

RG　鲁道夫（昵称"鲁迪"）·哥德尔（KG 的哥哥）

W&B　埃克哈特·科勒等编。*Wahrheit & Beweisbarkeit*（《真相与可证明性》），卷一，*Dokumente und historische Analysen*（《档案与历史分析》）。出版地：维也纳。出版社：öbv & hpt，2002。

序言

1. 在序言及后文中，精神科医生对KG病情的评估均直接或间接引用自菲利普·埃里克医生。该部分收录于KGP，文件名称为"菲利普·埃里克医生对库尔特·哥德尔的病情诊断"，编号27/1。

2. OMD，1974年9月23日；KG的身高数据来自1948年4月2日签发的美国入籍证书，参考资料为KGP，编号13a/6（第8组）。在德保利-希马诺维奇（DePauli-Schimanovich）与魏贝尔（Weibel）执导的纪录片《数学神话》（*Ein mathematischer Mythos*）里收录了一段哥德尔在1949年录给母亲的生日祝福，可以听到他的声音。

3. 1965年10月25日，奥斯卡·摩根斯特恩向布鲁诺·克莱斯基（Bruno Kreisky）转述了爱因斯坦的原话，后被收录于W&B，第

23~24页。

4. 引用自KG在1950年11月1日写给MG的信件。

5. 卡尔·凯森（Carl Kaysen）写给KG的信，1970年4月13日，IAS，学院档案，1951—1977。

6. 哈维·罗斯伯格（Harvey Rothberg）发给阿波斯托洛斯·佐克西亚基斯（Apostolos Doxiadis）的电子邮件，2001年7月4日，KGP，编号27/1。

第1章　帝国一梦

1. Rudolf Gödel, "Chronik der Familie," 55.

2. Roth, *Emperor's Tomb*, 26; Johnston, *Austrian Mind*, 45; Beller, *Vienna and the Jews*, 176.

3. Roth, *Emperor's Tomb*, 28.

4. Berkley, *Vienna and Its Jews*, 367.

5. Roth, *Emperor's Tomb*, 28.

6. Zweig, *World of Yesterday*, 23–24.

7. Janik and Toulmin, *Wittgenstein's Vienna*, 42.

8. Hofmannsthal, "Die österreichische Idee," 405; Roth, *Emperor's Tomb*, 114.

9. Spiel, *Vienna's Golden Autumn*, 26.

10. Judson, *Habsburg Empire*, 63–66; Beller, *History of Austria*, 98–99.

11. Beller, *History of Austria*, 100; Judson, *Habsburg Empire*, 61–62.

12. Judson, *Habsburg Empire*, 62, 65–66; Deak, "Austrian Civil

Service," 64, 135–36; Heindl, *Gehorsame Rebellen*, 102.

13. Hamann, *Hitler's Vienna*, 6.

14. Beller, *History of Austria*, 98–100; Judson, *Habsburg Empire*, 61–63.

15. Winkler, "Population of Austrian Republic," 1.

16. Spiel, *Vienna's Golden Autumn*, 34.

17. Judson, *Habsburg Empire*, 156.

18. Spiel, *Vienna's Golden Autumn*, 31; Janik and Toulmin, *Wittgenstein's Vienna*, 38; Beller, *History of Austria*, 116–17.

19. May, *Hapsburg Monarchy*, 145; Johnston, *Austrian Mind*, 33–34.

20. Beller, *History of Austria*, 131; Deak, "Austrian Civil Service," 247.

21. Musil, *Mann ohne Eigenschaften*, 31.

22. Johnston, *Austrian Mind*, 50–51.

23. Roth, *Radetzky March*, 192–93.

24. Hamann, *Hitler's Vienna*, 90.

25. Schorske, *Fin-de-Siècle Vienna*, 25–27.

26. Beller, *History of Austria*, 167; Spiel, *Vienna's Golden Autumn*, 41.

27. Germaine de Staël quoted in Spiel, *Vienna's Golden Autumn*, 38.

28. Johnston, *Austrian Mind*, 224, 226–27.

29. Von Kármán, *Wind and Beyond*, 21; Smith, "Elusive Dr. Szilard."

30. Johnston, *Austrian Mind*, 132.

31. Beller, *Vienna and the Jews*, 34, 51, 166.

32. Aly, *Why the Germans*, 15.

33. Aly, *Why the Germans*, 23–25; Beller, *Vienna and the Jews*, 89, 92.

34. Sigmund Freud quoted in Beller, *Vienna and the Jews*, 208.

35. Beller, *Vienna and the Jews*, 39; Karl Kraus quoted in Spiel, *Vienna's Golden Autumn*, 39–40.

36. Beller, *Vienna and the Jews*, 90 and n. 12; Monk, *Wittgenstein*, 228.

37. Graf, *Musical City*, 65.

38. Janik and Toulmin, *Wittgenstein's Vienna*, 34, 50–51; Hamann, *Hitler's Vienna*, 147–49.

39. Zweig, *World of Yesterday*, 104–5, 110.

40. Spiel, *Vienna's Golden Autumn*, 32; Klemens von Klemperer quoted in Berkley, *Vienna and Its Jews*, 22.

41. Musil, *Mann ohne Eigenschaften*, 34; Wickham Steed quoted in Beller, *Vienna and the Jews*, 175; Johnston, *Austrian Mind*, 48.

42. Viktor Adler quoted in Johnston, *Austrian Mind*, 22–23.

43. Bahr, *Wien*, 72; Franz I quoted in Spiel, *Vienna's Golden Autumn*, 33.

44. Johnston, *Austrian Mind*, 50.

45. Hamann, *Hitler's Vienna*, 284–90; for "Judapest" see Connolly, "Lueger," 248 n. 3.

46. Hamann, *Hitler's Vienna*, 285–86, 290.

47. Zweig, *World of Yesterday*, 85–86.

48. Hermann Broch quoted in Beller, *Vienna and the Jews*, 176.

49. Schorske, *Fin-de-Siècle Vienna*, 10, 304.

50. Johnson, *Introducing Austria*, 171; Anton Kuh quoted in Spiel, *Vienna's Golden Autumn*, 57.

51. Musil, *Mann ohne Eigenschaften*, 35 (my translation).

52. Sigmund, *Exact Thinking*, 13, 20–23; Spiel, *Vienna's Golden Autumn*, 134.

53. Roth, *Emperor's Tomb*, 91; Hermann Broch quoted in Beller, *Vienna and the Jews*, 177.

54. Kraus, "Franz Ferdinand," 2; Sigmund Freud quoted in Johnston, *Austrian Mind*, 238.

第 2 章　真正的维也纳人都来自布吕恩

1. Berend, *European Economy*, 192.

2. List, *Deutsches Bollwerk*.

3. 如不做特别说明，此处鲁迪·哥德尔的话以及后文所有涉及哥德尔家的情况均来自鲁道夫·哥德尔的《家族编年史》(第51~57页)。

4. KG to MG, 27 June and 31 July 1954; Johnston, *Austrian Mind*, 267.

5. Dr. Philip Erlich File on Kurt Gödel, 2 February 1971, KGP, 27/1.

6. Engelen, ed., *Notizbücher*, 395; KG to MG, 26 August 1946.

7. KG to MG, 14 August 1961; KG to RG, 31 January 1952.

8. KG to MG, 25 June 1961.

9. Rudolf Gödel, "History of Gödel Family," 15.

10. KG to MG, 30 April 1957.

11. KG to MG, 27 February 1950.

12. Notebook entry, n.d., quoted in *CW*, 4:425.

13. Rothkirchen, *Jews of Bohemia and Moravia*, 10–11.

14. Schober-Bendixen, *Tuch-Redlichs*, 32–36, 127.

15. Rothschild, *Europe Between Wars*, 79–80; Judson, *Habsburg Empire*, 434–35.

16. Judson, *Habsburg Empire*, 314–16, 377.

17. Rothschild, *Europe Between Wars*, 80–81, 81 n. 4.

18. Zahra, *Kidnapped Souls*, 106, 121–22; Rothschild, *Europe Between Wars*, 111.

19. Judson, *Habsburg Empire*, 444–45.

20. Rothschild, *Europe Between Wars*, 86–87.

21. Johnson, *Introducing Austria*, 63–66; Beller, *History of Austria*, 203.

22. Zweig, *World of Yesterday*, 305, 306–7.

23. Slezak, *Rückfall*, 177.

24. KG mentions his appendectomy in KG to MG, 14 February 1962.

25. "Frequentations-Zeugnis," 5 July 1916, KGP, 13a/0.

26. School reports, Staats-Realgymnasium, KGP, 13a/0.

27. KG to MG, 31 July 1954; Harry Klepetar quoted in Dawson, *Logical Dilemmas*, 15.

28. Klepetar, "Chances of Communism," 301n.

29. "Deaths," *Journal of the American Medical Association* 168, no. 10 (November 8, 1958): 1388; KG to RG, 25 May 1941; Claims Resolution Tribunal, Adolf Hochwald, Case No. CV96-4849, 21 April 2003.

30. KG to MG, 16 April 1949.

31. Harry Klepetar quoted in Dawson, *Logical Dilemmas*, 17; KG to MG, 11 September 1960.

32. KG to Burke D. Grandjean, unsent reply to questionnaire ca. 1976, *CW*, 4:446–47.

第3章　1924年的维也纳

1. Sigmund Freud quoted in Johnston, *Austrian Mind*, 238.

2. Kraus, *Last Days*, 3; Patterson and Pyle, "1918 Influenza Pandemic," 14.

3. Clare, *Last Waltz in Vienna*, 39; Max von Laue to Moritz Schlick, 3 September 1922, quoted in Sigmund, *Exact Thinking*, 105–6.

4. Menger, *Reminiscences*, 2.

5. Menger, *Reminiscences*, 2; Beller, *History of Austria*, 206–8.

6. Taussky-Todd, OH, 14; Kuh, "Central und Herrenhof," 22; Segel, ed., *Coffeehouse Wits*, 27–28.

7. Ludwig Koessler to Albert Einstein, 31 December 1920, Einstein, *Collected Papers*, 12 (English trans. supp.): 422 and 35–36 n. 5.

8. Sigmund, "Hans Hahn," 27; Karl Menger interview, *W&B*, 227; Menger, *Reminiscences*, 9.

9. Hamann, *Hitler's Vienna*, 216–27; Menger, *Reminiscences*, 14–16.

10. Hilbert, "Mathematische Probleme," 262.

11. Taussky-Todd, OH, 10–11.

12. Taussky-Todd, OH, 1–10.

13. Taussky-Todd, "Remembrances of Gödel," 35–36.

14. List of KG's enrolled courses, *W&B*, 145–46.

15. Kreisel, "Kurt Gödel," 153; Wang, *Reflections on Gödel*, 18.

16. Heinrich Gomperz quoted in Stadler, *Vienna Circle*, 235.

17. Taussky-Todd, OH, 17–18; *GA*, 23.

18. KG, "Protokolle," 10.

19. Menger, *Reminiscences*, 212–13 (economic theory); OMD, 13 January 1948 (fog statistics); Menger, *Reminiscences*, 71–72 (Hegel); OMD, 23 January 1947 (*World Almanac*).

20. Gödel preserved his library request slips: see Wang, *Reflections on Gödel*, 21; Dawson, *Logical Dilemmas*, 25.

21. Sigmund, *Exact Thinking*, 7.

22. Hans Hahn to Paul Ehrenfest, 26 December 1909, quoted in Sigmund, *Exact Thinking*, 79.

23. Sigmund, "Hans Hahn," 18; Menger, "Introduction," ix.

24. Menger, "Introduction," ix; Hans Hahn quoted in Sigmund, "Hans Hahn," 25–26.

25. List of KG's enrolled courses, *W&B*, 145; Hans Hahn quoted in Menger, "Introduction," xi.

26. Russell, *Autobiography, 1914–1944*, 29–30.

27. Menger, *Reminiscences*, 57; Karl Popper quoted in Sigmund, "Hans Hahn," 17.

28. Menger, "Introduction," xi, xvii.

29. Menger, *Reminiscences*, 201; Wang, *Reflections on Gödel*, 41; OMD, 12 May 1949.

30. Engelen, ed., *Notizbücher*, 346–47; OMD, 12 May 1949; KG to MG, 21 April 1965.

31. Broch, *Unknown Quantity*, 42.

32. Broch, *Unknown Quantity*, 27.

33. This famous anecdote is quoted with the most convincing source of its authority in Adani, "Hans Bethe," 96–97.

注　释

34. Hilbert, "Mathematical Problems."

35. Richard Courant quoted in Reid, *Hilbert*, 111.

36. Reid, *Hilbert*, 109, 131–32.

37. Weyl, "Hilbert," 612.

38. Curbera, *Mathematicians of the World*, 85; Reid, *Hilbert*, 188.

39. Siegmund-Schultze, "Mathematics Knows No Races," 58–59; Fraenkel, *Recollections*, 137.

40. Curbera, *Mathematicians of the World*, 88–89.

41. David Hilbert quoted in Reid, *Hilbert*, 185, and Sigmund, "Hans Hahn," 23.

42. Sigmund, *Exact Thinking*, 165; Menger, *Reminiscences*, 5; Stadler, *Vienna Circle*, 285.

43. Menger, *Reminiscences*, 5; Stadler, *Vienna Circle*, 298–99.

44. Quoted in Beller, *History of Austria*, 212.

45. Pauley, *Forgotten Nazis*, 17–18.

46. Aly, *Why the Germans*, 73–74, 129–30, 173; Weber, "Science as Vocation," 134.

47. Sigmund, *Exact Thinking*, 173; Pauley, *Prejudice to Persecution*, 121–122; Stadler, *Vienna Circle*, 291–92.

48. "Terror against the Anatomical Institute of Julius Tandler," University of Vienna, *650 Plus*.

49. Stadler, *Vienna Circle*, 289; Sigmund, *Exact Thinking*, 173.

50. "The 'Bärenhöhle,'" University of Vienna, *650 Plus*.

51. Stadler, *Vienna Circle*, 293–95; Sigmund, *Exact Thinking*, 175.

52. Beller, *History of Austria*, 210–12; Johnson, *Introducing Austria*,

99–101.

53. Marcel Natkin to KG, 20 July 1927, KGP, 2c/114.

54. Clare, *Last Waltz in Vienna*, 116.

第4章 空中楼阁

1. Sigmund, *Exact Thinking*, 108–9, 244; Menger, *Reminiscences*, 54–55.

2. Sigmund, *Exact Thinking*, 108; Feigl, "Wiener Kreis," 631.

3. "Olga Hahn-Neurath," University of Vienna, *650 Plus*; Robert Musil quoted in Sigmund, *Exact Thinking*, 89.

4. Menger, *Reminiscences*, 16–17, 69; Stadler, *Vienna Circle*, 54.

5. Menger, *Reminiscences*, 54.

6. Menger, *Reminiscences*, 55; Moritz Schlick to Albert Einstein, 12 June 1926, Schlick, Einstein Correspondence.

7. Menger, *Reminiscences*, 224–25.

8. Arthur Schnitzler quoted in Sigmund, *Exact Thinking*, 202–4.

9. Menger, *Reminiscences*, 38–43.

10. Menger, *Reminiscences*, 200.

11. KG to MG, 15 August 1946.

12. Sigmund, *Exact Thinking*, 116–18; Feigl, "Wiener Kreis," 636 ("engineer"), 655 ("verbal sedatives").

13. Stadler, *Vienna Circle*, 53.

14. Feigl, "Wiener Kreis," 630.

15. Menger, *Reminiscences*, 70.

16. Carl Gustav Hempel interview, *W&B*, 262.

17. Hans Hahn quoted in Sigmund, *Exact Thinking*, v.

18. Sigmund, *Exact Thinking*, 5, 178.

19. Rudolf Carnap quoted in Sigmund, *Exact Thinking*, 165; Carnap diary, 10 September 1931, quoted in Wang, *Reflections on Gödel*, 91.

20. Menger, "Introduction," xviii n. 11.

21. Feigl, "Wiener Kreis," 634.

22. Waugh, *House of Wittgenstein*, 29–30, 34.

23. Bertrand Russell to Ottoline Morrell, 1 and 2 November 1911, quoted in Monk, *Wittgenstein*, 39; Russell, *Autobiography, 1914–1944*, 137.

24. Russell, *Autobiography, 1914–1944*, 136–37.

25. Ludwig Wittgenstein to G. E. Moore, 7 May 1914, quoted in Monk, *Wittgenstein*, 103.

26. Monk, *Wittgenstein*, 102.

27. Monk, *Wittgenstein*, 138; Ludwig Wittgenstein to Bertrand Russell, 13 March 1919, Russell, *Autobiography, 1914–1944*, 162.

28. Russell, *My Philosophical Development*, 88; Feigl, "Wiener Kreis," 634, 637.

29. Moritz Schlick to Albert Einstein, 14 July 1927, Schlick, Einstein Correspondence.

30. Sigmund, *Exact Thinking*, 127, 133–34; Waugh, *House of Wittgenstein*, 148–149.

31. Monk, *Wittgenstein*, 242–243.

32. Feigl, "Wiener Kreis," 639; Menger, *Reminiscences*, 131. 1972年，哥德尔在写给卡尔·门格尔的一封信中提到，他记得自己见过维

特根斯坦，这也是哥德尔一生中唯一一次亲眼见到维特根斯坦，当时"是在维也纳的一场讲座上，我记得应该是布劳威尔的讲座"：KG 写给门格尔的信，日期为1972年4月20日，CW，第5卷，第133页。

33. KG回复伯克·格朗让的信，最终未寄出，时间大约是1976年，CW，第4卷，第447页和第450页。对于质疑哥德尔是否终生贯彻柏拉图主义，可以参考以下文章：Feferman, "Provably Unprovable"; Davis, "What Did Gödel Believe"; Martin, "Gödel's Conceptual Realism."

34. Gespräch mit Gödel über Logik und Mathematik, Rudolf Carnap Diary, 14 December 1928, Carnap Papers, Gödel Allgemein, 102b/43.

35. Dr. Philip Erlich File on Gödel, 10 August 1970, KGP, 27/1; KG, "Is Mathematics Syntax of Language?"

36. KG to Burke D. Grandjean, January 1976, CW, 4:443–44.

37. Marcel Natkin to KG, 20 July 1927, KGP, 2c/114.

38. Menger, *Reminiscences*, 210.

39. Menger, *Reminiscences*, 201.

40. Taussky-Todd, "Remembrances of Gödel," 33, 36.

41. KG, "Protokolle," 10–11.

42. Menger, *Reminiscences*, 205.

43. Karl Sigmund, personal communication; Feigl, "Wiener Kreis," 640; Herbert Feigl to KG, 22 November 1956 and 21 February 1957, KGP, 1c/46.

44. OMD, 27 May 1958, 9 September 1974, and 25 October 1969.

45. Rucker, *Infinity and Mind*, 178.

46. Sacks, "Reflections on Gödel."

47. Taussky-Todd, "Remembrances of Gödel," 32–33.

48. 从1929年到1931年，阿黛尔提供按摩服务的信息都可以在《莱曼氏指南》(*Lehmann*) 上找到，这本书记录了维也纳城内各个机构的位置和联系方式。经常有人会提到阿黛尔曾在夜总会当跳舞女郎的经历，虽然有人极力否定这种说法（代表人物如德保利-希马诺维奇，*Gödel und Logik*（《哥德尔与逻辑学》），第405页），但是1970年，哥德尔在普林斯顿曾亲口对精神科医生埃里克承认这是真的（菲利普·埃里克医生对库尔特·哥德尔的病情诊断，日期为1970年5月21日，KGP，档案编号：27/1）。

49. Whitehead and Russell, *Principia Mathematica*, 2:86.

50. Russell, *Autobiography, 1872–1914*, 221–22; Bertrand Russell to Jeanvan Heijenoort, 23 November 1962, in Heijenoort, ed., *Frege to Gödel*, 127.

51. Frege, *Grundgesetze der Arithmetik*, 2:253.

52. Musil, "Der mathematische Mensch."

53. KG, "On Undecidable Propositions," *CW*, 1:362; Weyl, "Mathematics and Logic," 6.

54. Russell, *Autobiography, 1872–1914*, 229; Monk, *Russell*, 193.

55. Sales receipt, Franz Deuticke Buchhandlung, 21 July 1928, reproduced in *GA*, 110; Kurt Gödel to Herbert Feigl, 24 September 1928, *CW*, 4:403.

56. Snapper, "Three Crises in Mathematics," 208–9.

57. David Hilbert quoted in Hoffmann, *Gödel'schen*, 35–36; Hilbert, "On the Infinite," 375.

58. Fogelin, "Wittgenstein and Intuitionism," 273.

59. Hans Hahn quoted in Sigmund, "Hans Hahn," 26, and Sigmund, *Exact Thinking*, 151–52. 我（原作者）在翻译德语原文时做了少许调整和润色。

60. Sigmund, *Exact Thinking*, 213.

61. Fogelin, "Wittgenstein and Intuitionism," 268–69.

62. Russell, *Mathematical Philosophy*, 179.

63. KG, "Situation in Foundations of Mathematics," *CW*, 3:49.

64. David Hilbert quoted in Hoffmann, *Gödel'schen*, 35.

65. Hilbert quoted in Reid, *Hilbert*, 157, 184.

66. Brouwer, "Reflections on Formalism," 492; *CW*, 1:49; Hoffmann, *Gödel'schen*, 27–28.

67. KG, "Lecture at Zilsel's," *CW*, 3:93.

68. KG, "Existence of Undecidable Propositions," 3.

第 5 章　不可判定的真理

1. KG, "Vollständigkeit des Logikkalküls"; Wang, "Facts about Gödel," 654 n. 2.

2. KG, "Vollständigkeit der Axiome."

3. Sacks, "Reflections on Gödel."

4. Rudolf Gödel, "Chronik der Familie," 58.

5. Herbert Feigl to KG, 29 March 1929, KGP, 1c/45.

6. KG, "Protokolle," 10; KG to MG, 30 September 1956.

7. Rudolf Gödel, "Chronik der Familie," 58.

8. KG income/expense ledger, KGP, 13b/31.

9. Stadler, *Vienna Circle*, 153–55.

10. Program of the Second Conference on the Epistemology of the Exact Sciences, Königsberg, September 5–7, 1930, reprinted in Stadler, *Vienna Circle*, 162–63.

11. Sigmund, *Exact Thinking*, 221.

12. Von Plato, "Sources of Incompleteness," 4047.

13. Rudolf Carnap diary quoted in Wang, *Reflections on Gödel*, 84.

14. Rudolf Carnap diary quoted in Wang, *Reflections on Gödel*, 85.

15. KG, "Lecture at Königsberg," *CW*, 3:28.

16. Von Plato, "Sources of Incompleteness," 4047; Hahn et al., "Diskussion zur Grundlegung," 148.

17. Hahn et al., "Diskussion zur Grundlegung," 148.

18. KG's postscript in Hahn et al., "Diskussion zur Grundlegung," 147–51; KG, "über unentscheidbare Sätze."

19. Rucker, *Infinity and Mind*, 182; Engelen, ed., Notizbücher, 376, 390.

20. Enzensberger, "Hommage à Gödel," reprinted in *W&B*, 25 (my translation).

21. KG, "Existence of Undecidable Propositions," 6.

22. KG, "Existence of Undecidable Propositions," 6–7.

23. KG, "Situation in Foundations of Mathematics," *CW*, 3:50–51.

24. KG, "Existence of Undecidable Propositions," 8–9.

25. KG, "Undecidable Propositions of Formal Systems," *CW*, 1:355.

26. KG, "Existence of Undecidable Propositions," 14.

27. KG, "Undecidable Propositions of Formal Systems," *CW*, 1:359.

28. Kleene, "Kurt Gödel," 154.

29. Vinnikov, "Hilbert's Apology."

30. Heinrich Scholz to Rudolf Carnap, 16 April 1931, quoted in Mancosu, "Reception of Gödel's Theorem," 33; Marcel Natkin to KG, 27 June 1931, KGP, 2c/114.

31. Goldstine, *Pascal to von Neumann*, 167–68.

32. John von Neumann to KG, 20 November 1930, *CW*, 5:336–39.

33. Drafts of KG to John von Neumann, late November 1930, quoted in von Plato, "Sources of Incompleteness," 4050–51.

34. John von Neumann to KG, 29 November 1930, *CW*, 5:338.

35. Von Plato, "Sources of Incompleteness," 4054.

36. Ulam, *Adventures of a Mathematician*, 80; Goldstine, *Pascal to von Neumann*, 174.

37. 冯·诺依曼致辞的场合是第一届阿尔伯特·爱因斯坦奖的颁奖礼，获奖者是库尔特·哥德尔博士，时间是1951年3月14日。高等研究院档案；古斯塔夫·亨佩尔的访谈，*W&B*，第253~254页。

38. Afterword by Franz Alt in Menger, *Ergebnisse*, 469–70.

39. Menger, *Reminiscences*, 202–4.

40. Reed, *Hilbert*, 198.

41. David Hilbert quoted in Dawson, "Reception of Gödel's Theorem," 267 n. 10.

42. Taussky-Todd, OH, 16.

43. Ernst Zermelo to KG, 21 September 1931 and 29 October 1931, KG to Zermelo, 12 October 1931, *CW*, 5:420–31. For examples of later attacks on the proof, see for example Perelman, "Paradoxes de la Logique" and the reply by Helmer, "Perelman *versus* Gödel."

注　释

44. Van Atten, "Gödel and Brouwer," 168.

45. Emil L. Post to KG, 29 October 1938, *CW*, 5:169.

46. Postscript added by KG in 1964 to a reprint of his 1934 lectures on undecidable propositions, *CW*, 1:369–70.

47. Post, "Finite Combinatory Processes"; Turing, "On Computable Numbers."

48. Report by Hans Hahn, 1 December 1932, reproduced in *GA*, 119.

49. Sigmund, "Dozent Gödel," 79–81.

50. Sigmund, "Dozent Gödel," 81–82; Edmund Hlawka interview, *W&B*, 238; *Kollegiengeld* receipt, calendar year 1937, KGP, 13c/44.

51. Karl Menger to KG, [1932], *CW*, 5:94–95; KG to Menger, 4 August 1932, *CW*, 5:96–97; Einnahmen, 1./X.1932–20./VIII 1933, KGP, 13b/31.

52. Rudolf Gödel, "Chronik der Familie," 58.

53. Herbert Feigl to KG, 23 November 1932, KGP, 1c/45.

54. Beller, *History of Austria*, 222; Sigmund, "Dozent Gödel," 83; KG's membership card in the Vaterländische Front reproduced in *GA*, 48.

55. Karl Menger to Oswald Veblen, 27 October 1933, Veblen, Papers, 8/10.

56. Menger, *Reminiscences*, 211; invitation from H. Hahn, Veblen, Papers, 6/13; KG, "Zur intuitionistischen Arithmetik."

57. Oswald Veblen to Karl Menger, 11 November 1932, Veblen, Papers, 8/10.

58. KG to Oswald Veblen, 11 January (cable), 25 January, and 31 March 1933, and Veblen to KG, 20 April 1933, Veblen, Papers, 6/5.

59. Taussky-Todd, "Remembrances of Gödel," 32.

60. Herbert Feigl to KG, 9 December 1933, KGP, 1c/45.

第 6 章　学者的极乐天堂

1. Taussky-Todd, "Remembrances of Gödel," 32; 根据美国移民局官员的外国游客入境名单，1933年9月23日从法国瑟堡驶来的皇家贝伦加利亚号邮轮上没有哥德尔的名字。

2. 根据美国移民局官员的外国游客入境名单，皇家阿奎塔尼亚号邮轮在1933年9月30日从法国瑟堡启航，船上乘客于1933年10月6日抵达纽约港；阿布拉罕·弗莱克斯纳写给埃德加·班伯格的信，日期为1933年9月26日，IAS，研究院档案，分类为"1953年前"。

3. Dyson, *Turing's Cathedral*, 24; Stern, "History of Institute," 1:24–25.

4. Klári von Neumann quoted in Dyson, *Turing's Cathedral*, 24.

5. Stern, "History of Institute," 1:26, 47–48.

6. Stern, "History of Institute," 1:48–49.

7. Stern, "History of Institute," 1:56.

8. Stern, "History of Institute," 1:2–3, 8.

9. Dyson, *Turing's Cathedral*, 28; Stern, "History of Institute," 1:15–17.

10. Stern, "History of Institute," 1:1–3.

11. Stern, "History of Institute," 1:4.

12. Flexner, "Useless Knowledge"; Stern, "History of Institute," 1:77–82, 134.

13. Oswald Veblen quoted in Dyson, *Turing's Cathedral*, 31–32.

14. Dyson, *Turing's Cathedral*, 32.

15. Dyson, *Turing's Cathedral*, 18–19, 21; Goldstine, OH, 4.

16. Oswald Veblen quoted in Dyson, *Turing's Cathedral*, 26; "A Memorial to a Scholar-Teacher," *Princeton Alumni Weekly*, 30 October 1931; Tucker, OH, 16.

17. Tucker, OH, 7–8.

18. Stern, "History of Institute," 1:73 n. 7, 139, 189 n. 19, 193 nn. 63 and 65, 194 n. 85.

19. Stern, "History of Institute," 1:195–96 n. 111.

20. Stern, "History of Institute," 1:219.

21. KG to MG, 29 September 1950; he mentions having written to her back in 1933 about "the local beauties of nature" in KG to MG, 28 May 1961.

22. Fitzgerald, *This Side of Paradise*, 40, 47.

23. Maynard, "Princeton in Confederacy's Service"; Watterson, *I Hear My People*, 79.

24. Albert Einstein to Elisabeth of Belgium, 20 November 1933, Einstein, Archives, 32-369.

25. Carl Ludwig Siegel to Richard Courant, 18 September 1935, quoted in Siegmund-Schultze, *Mathematicians Fleeing Nazi Germany*, 247.

26. Kreisel, "Kurt Gödel," 154.

27. Dawson, *Logical Dilemmas*, 97–98; KG to MG, 3 October 1948.

28. Albert Einstein to Hans Reichenbach, 2 May 1936, quoted in Siegmund-Schultze, *Mathematicians Fleeing Nazi Germany*, 226 (I have

slightly adjusted the translation from the original German); Blaschke, "History of American Mathematical Society"; Segal, "Mathematics and German Politics," 131–32.

29. Albert Einstein quoted in Siegmund-Schultze, *Mathematicians Fleeing Nazi Germany*, 225; Birkhoff, "American Mathematics," 2:277; Abraham Flexner to George Birkhoff, 30 September 1938, quoted in Institute for Advanced Study, *Refuge for Scholars*, 8, and Siegmund-Schultze, *Mathematicians Fleeing Nazi Germany*, 226.

30. Halperin, OH, 14; Klári von Neumann quoted in Dyson, *Turing's Cathedral*, 54; Graham, "Adventures in Fine Hall."

31. Whitman, *Martian's Daughter*, 16–17.

32. Dyson, *Turing's Cathedral*, 54; Churchill Eisenhart quoted in Graham, "Adventures in Fine Hall."

33. Graham, "Adventures in Fine Hall."

34. KG to Oswald Veblen, 31 March 1933, Veblen, Papers, 6/5.

35. KG, "Foundation of Mathematics," *CW*, 3:45.

36. KG, "On Undecidable Propositions," CW, 1:346–71 (lectures at IAS); KG, "Existence of Undecidable Propositions" (NYU talk); Engelen, ed., *Notizbücher*, 394 (depressed afterward); John Kemeny quoted in Graham, "Adventures in Fine Hall." No notes of his Washington talk survive.

37. Siegmund-Schultze, *Mathematicians Fleeing Nazi Germany*, 244.

38. Abraham Flexner to KG, 7 March 1934, IAS, Faculty Files, Pre-1953.

39. *GA*, 51.

40. Sigmund, *Exact Thinking*, 291–92, 296; Menger, *Reminiscences*, 214.

41. Menger, *Reminiscences*, 211, 213.

42. Menger, *Reminiscences*, 211–12; Feferman and Feferman, *Tarski*, 81–82.

43. Feferman and Feferman, *Tarski*, 12, 19, 37–39, 53.

44. Feferman and Feferman, *Tarski*, 5, 84–85, 144–45.

45. Karl Menger quoted in Sigmund, *Exact Thinking*, 230; Morgenstern, "Abraham Wald," 361–62; OMD, 6 June 1936.

46. Menger, *Reminiscences*, 212–13; Morgenstern, "Abraham Wald," 363.

47. Menger, *Reminiscences*, 214.

48. Menger, *Reminiscences*, 216.

49. Kreisel, "Kurt Gödel," 154.

50. KG to Oswald Veblen, 1 January 1935, Veblen, Papers, 6/5.

51. Topp, "Hoffmann's Purkersdorf."

52. KG to MG, 28 July 1946.

53. Kreisel, "Kurt Gödel," 154; Dr. Philip Erlich File on Kurt Gödel, 14 April 1970, KGP, 27/1; Menger, *Reminiscences*, 211.

54. KG to MG, 19 September 1946, 11 January 1948, 10 March 1952.

55. Receipt, Dr. Max Schur, KGP, 13b/45; prescription, 4 August 1930, Dr. Otto Porges, KGP, 14a/14; KG to MG, 12 June 1952, 4 July 1962.

56. KG, "Protokolle," 11–12; Engelen, ed., *Notizbücher*, 283–87, 327–38, 400, 412.

57. Engelen, ed., *Notizbücher*, 504, 511, 513, 526.

58. Goldstein, *Incompleteness*, 215.

59. Hao Wang and Hassler Whitney interviews, *W&B*, 242, 250.

60. Huber-Dyson, "Gödel and Mathematical Truth."

61. KG to Oswald Veblen, 1 August and 17 November 1935, IAS, Faculty Files, Pre-1953.

62. Dawson, *Logical Dilemmas*, 109.

63. Abraham Flexner to KG, 18 and 21 November 1935, IAS, Faculty Files, Pre-1953; hotel receipts, Hotel Pennsylvania, Shelton Hotel, and Hotel New York, November 1935, KGP, 13b/24.

64. 对于自己当时是否去了巴黎接弟弟，鲁道夫·哥德尔多年后的说法与最初的说法自相矛盾，哥德尔的酒店账单显示他于当年12月7日抵达巴黎，并在12月11日离开，除此之外，他还开了一个房间，入住时间是从12月9日到11日。由此可见，鲁迪的确亲自跑到了巴黎，而后陪同弟弟一起回家。12月8日，哥德尔的电话费高达701法郎，第二天则是102法郎，加在一起大约是50美元，相当于客房费用的30倍。本条参考资料如下：宫廷旅馆收据，巴黎，日期为1935年12月7日至11日，KGP，档案编号为13b/24。

65. Oswald Veblen to KG, 3 December 1935, Veblen, Papers, 6/5.

66. Oswald Veblen to Paul Heegaard, 10 December 1935, Veblen, Papers, 6/5.

67. Karl Menger to Oswald Veblen, 17 December 1935, Veblen, Papers, 8/10.

68. 摩里兹·石里克写给奥托·波茨尔的信，日期为193[6]年1月8日，石里克的遗物，信件类，编号124/N.N-28。非常感谢卡尔·西格蒙德为我提供这份信件的复印件,他还为我指出收件人"神经病学家"其实是波茨尔。虽然信的落款日期是1935年1月8日,但是从信的内容看,这绝对是写信人的笔误,它的实际年份应当是1936年。

69. Frank Aydelotte to Selective Service Board, 19 May 1943, IAS, Visa-Immigration; Dr. Philip Erlich File on Kurt Gödel, 21 April 1970, KGP, 27/1.

70. Dr. Philip Erlich File on Kurt Gödel, 21 May 1970, KGP, 27/1.

第7章 逃离帝国

1. OMD, 4 July 1940 ("talkative"), 18 November 1944 ("schrecklich"), 12 July 1940 ("fürchterlich"), 12 February 1947 ("grässlich"), 7 March 1948 ("abscheulich"), 11 December 1947 ("nicht erfreulich"), 16 July 1949 ("solche Pest").

2. Karl Menger to Oswald Veblen, n.d. 1938, Veblen, Papers, 8/10.

3. Frank Aydelotte to Selective Service Board, 19 May 1943, IAS, Visa-Immigration.

4. OMD, 12 July 1940, 11 December 1947.

5. Engelen, ed., *Notizbücher*, 385, 452, 487; KG, "Protokolle," 10, 17. In the phrase "Sadismus und Sonstiges (keine reine Liebe)," *reine* seems the likeliest reading for the barely legible shorthand word between *keine* and *Liebe*.

6. OMD, 3 March 1947, 7 October 1941.

7. OMD, 7 March 1946, 2 October 1945, 12 July 1940.

8. Kreisel, "Kurt Gödel," 153, 154–56; Kreisel, "Gödel's Intuitionist

Logic," 150.

9. Huber-Dyson, "Gödel and Mathematical Truth."

10. Alfred Tarski to Adele Gödel, 4 January 1943, quoted in Feferman and Feferman, *Tarski*, 145, 152; Tarski to KG and Adele Gödel, 9 December 1943, ibid., 152.

11. OMD，日期为1945年7月2日；OMD，在日期为1970年2月10日的一篇中，摩根斯特恩补充说冯·诺依曼特意去医院（或者疗养院）探望了哥德尔，以便哥德尔能把自己的证明解释给他听。

12. Jones, "Insulin Coma Therapy"; Dr. Philip Erlich File on Kurt Gödel, 21 April 1970, KGP, 27/1.

13. The account of Schlick's murder here and below is drawn from the official documents of the case translated and reprinted in Stadler, *Vienna Circle*, 600–630, with additional details in Sigmund, *Exact Thinking*, 283–86, 312–17.

14. Menger, *Reminiscences*, 196–97.

15. "The Case of Professor Schlick in Vienna— A Reminder to Search our Conscience, by Prof. Dr. Austriacus," English translations in Stadler, *Vienna Circle*, 602–6, and Stadler and Weibel, eds., *Vertreibung der Vernuft*, 15. For background on *Die schönere Zukunft* and *Das neue Reich*, see Wasserman, *Black Vienna*, 193–94.

16. Gödel's typescript copy is in KGP, 14c/11.

17. Clemency Petition to Ministry of Justice from Dr. Joh. Sauter, reprinted in Stadler, *Vienna Circle*, 624–25.

18. Nagel, "Philosophy in Europe II," 30 n. 2.

19. Receipts, Purkersdorf Sanatorium, May–September 1936, KGP,

13c/45; hotel receipt, Aflenz, 3 October 1936, KGP, 13b/25; OMD, 13 March 1970.

20. Menger, *Reminiscences*, 215; Karl Menger interview, *W&B*, 230.

21. Karl Menger to Franz Alt, 31 December 1937, quoted in Sigmund, *Exact Thinking*, 320.

22. Menger, *Reminiscences*, 215–16.

23. Karl Popper quoted in Sigmund, *Exact Thinking*, 322; Taussky-Todd, OH, 30.

24. Notes of conversation with Olga Taussky, 21 September 1937, KG, "Protokolle," 20–21, 24.

25. KG, "Protokolle," 31.

26. Rudolf Gödel, "Chronik der Familie," 59.

27. KG, "Protokolle," 17–18.

28. KG to Karl Menger, 3 July 1937, *CW*, 5:106–8.

29. Notes of conversation with John von Neumann, 17 July 1937, KG, "Protokolle," 6–7; Walker, "German Physics," 65; Ball, *Serving the Reich*, 91–92, 97–98.

30. Oswald Veblen to KG, 1 November 1937, IAS, Faculty Files, Pre-1953.

31. KG to Karl Menger, 15 December 1937, *CW*, 5:112–14.

32. Engelen, ed., *Notizbücher*, 354, 414, 423, 439, 479.

33. KG, "Protokolle," 18.

34. Simotta, "Marriage and Divorce in Austria," 525.

35. Invoices from Georg Rathauscher, Elektriker, 17 November 1937, and W. Nekola, Spenglerei, 17 November 1937, KGP, 13b/14.

36. KG, "Lecture at Zilsel's"; KG, "Protokolle," 31–33, 57–60, 75.

37. KG, "Protokolle," 7, 32–34.

38. Abraham Flexner to KG, 21 February 1938, IAS, Faculty Files, Pre-1953.

39. Berkley, *Vienna and Its Jews*, 252.

40. Zuckmayer, *Part of Myself*, 49; Beller, *History of Austria*, 229–30.

41. Zuckmayer, *Part of Myself*, 50.

42. Zuckmayer, *Part of Myself*, 52; Berkley, *Vienna and Its Jews*, 259–60.

43. Alfred Polgar quoted in Clare, *Last Waltz in Vienna*, 221; de Waal, *Hare with Amber Eyes*, 241–42.

44. Rudin, *Way I Remember*, 33.

45. Rudin, *Way I Remember*, 36; Sigmund Freud quoted in Stadler and Weibel, eds., *Vertreibung der Vernuft*, 366.

46. Stadler and Weibel, eds., *Vertreibung der Vernuft*, 64; Sigmund, *Exact Thinking*, 325; Viktor Christian to KG, 23 April 1938, KGP, 13a/3.

47. "Viktor Christian, Prof. Dr.," University of Vienna, *650 Plus*.

48. National Archives, Applications to NS-Frauenschaft, Hildegarde Porkert, roll E010; Nazi Party Applications by Austrians, Josef Porkert, roll 846.

49. Dr. Philip Erlich File on Kurt Gödel, 1, 8, and 15 March 1977, KGP, 27/1.

50. Simotta, "Marriage and Divorce in Austria," 526 and n. 6.

51. Power of Attorney, 29 August 1938, KGP, 13a/13; receipt,

Rathauskeller, 20 September 1938, KGP, 13b/21.

52. Karl Menger to Oswald Veblen, [n.d., 1938], Veblen, Papers, 8/10; Karl Menger to KG, [December 1938], *CW*, 5:125.

53. KG to Karl Menger, 25 June, 19 October, and 11 November 1938, quoted in Menger, *Reminiscences*, 218–19.

54. Menger, *Reminiscences*, 220–21.

55. Menger, *Reminiscences*, 224.

56. Menger, *Reminiscences*, 224–25; KG to Karl Menger, 30 August 1939, CW, 5:124–26; OMD, 19 March 1972.

57. KG to Oswald Veblen, draft letter, November 1939, KGP, 13c/197.

58. John von Neumann to Abraham Flexner, 27 September 1939, quoted in Dyson, *Turing's Cathedral*, 96; von Neumann to KG, telegram, 5 October 1939, IAS, Faculty Files, Pre-1953.

59. John von Neumann to Abraham Flexner, 16 October 1939, IAS, Visa-Immigration.

60. Ash, "Universität Wien," 124–25; Friedrich Plattner to Rektor der Universität, 12 August 1939, reproduced in *GA*, 67–68.

61. Arthur Marchet to Rektor der Universität, 30 September 1939, reproduced in *GA*, 72.

62. Dawson, *Logical Dilemmas*, 140; KG to Devisenstelle Wien, 29 July 1939, reproduced in *GA*, 65–66.

63. KG to Oswald Veblen, draft letter, November 1939, KGP, 3c/197; Menger, *Reminiscences*, 224; Kreisel, "Kurt Gödel," 155.

64. Frank Aydelotte to Chargé d'Affaires, German Embassy, 1

December 1939, IAS, Faculty Files, Pre-1953.

65. Der Dekan to Rektor der Universität, 27 November 1939, reproduced in *GA*, 71.

66. KG to Frank Aydelotte, 5 January 1940, IAS, Faculty Files, Pre-1953; KG to Institute for Advanced Study, telegram, 15 January 1940, ibid.; KG passport, KGP, 13a/8.

67. KG to MG, 29 November 1965 ("I still recall the suitcase of things that Adele brought back from there in 1940").

68. KG to RG, 31 March 1940; KG to Institute for Advanced Study, telegram, 5 March 1940, IAS, Faculty Files, Pre-1953.

69. OMD, 10 March 1940.

第8章 美丽新世界

1. Kreisel, "Kurt Gödel," 157.
2. KG to RG, 31 March 1940.
3. "Allgemeine Bildung" notebooks, KGP, 5b/1–11.
4. KG to RG, 15 September and 5 June 1940.
5. Sigmund, *Exact Thinking*, 348–51.
6. KG to MG, 17 May 1946, 19 January 1947.
7. Abraham Flexner to Oswald Veblen, 6 January 1937, quoted in Dyson, *Turing's Cathedral*, 88; Flexner to Herbert Maass, 15 December 1937, quoted in ibid., 19, 88.
8. KG to MG, 4 May 1941 ("I only had 3 listeners left by the end").
9. KG, "Cantor's Continuum Problem," *CW*, 2:186.

注　释

10. Hao Wang interview, *W&B*, 241; Wang, *Reflections on Gödel*, 116, 131–32.

11. Kreisel, "Kurt Gödel," 158.

12. Schewe, *Freeman Dyson*, 119–22; Huber-Dyson, "Gödel and Mathematical Truth"; Kreisel, "Gödel's Excursions," 146; Feferman and Feferman, *Tarski, 228*.

13. Huber-Dyson, "Gödel and Mathematical Truth"; Schewe, *Freeman Dyson*, 122; Feferman and Feferman, *Tarski,* 273–76.

14. Graham, "Adventures in Fine Hall."

15. Holton and Elkana, eds., *Albert Einstein*, 4.

16. Pais, *Subtle Is the Lord*, 473; OMD, 7 December 1947.

17. KG to MG, 21 July 1946; Dyson, *Gaia to Eros*, 161; Ernst Straus in Holton and Elkana, eds., *Albert Einstein*, 422; Straus in Woolf, ed., *Strangeness in Proportion*, 485.

18. KG to Carl Seelig, 7 September 1955, *CW*, 5:249; OMD, 7 December 1947, 10 February 1951.

19. KG to MG, 31 July 1947, 16 April 1949, 26 February 1949, 5 January 1955.

20. KG to MG, 31 July 1947.

21. OMD, 11 June 1946; KG to MG, 19 January 1947.

22. OMD, 29 March 1946, 20 September 1958, 18 July 1969.

23. OMD, 9 December 1969.

24. OMD, 7 October 1941.

25. OMG to MG, 22 January 1946; OMG to RG, 21 September 1941; Frank Aydelotte to Dr. Max Gruenthal, 5 December 1941, IAS,

Faculty Files, Pre-1953.

26. Louise Morse interview, *W&B*, 251.

27. KG to RG, 4 May 1941; Dawson, *Logical Dilemmas*, 160.

28. KG to RG, 16 March 1941.

29. Diploma "Im Namen des führers," reproduced in *GA*, 83.

30. KG to RG, 6 October 1940.

31. Reich Ministry for Science, Education, and Culture to Herr Rektor der Universität in Wien, 17 July 1941, reproduced in *GA*, 84.

32. Frank Aydelotte to Dr. Max Gruenthal, 2 and 5 December 1941, and Gruenthal to Aydelotte, 4 December 1941, IAS, Faculty Files, Pre-1953.

33. KG to Commissioner, Immigration and Naturalization Service, 1 December 1943, IAS, Visa-Immigration.

34. Frank Aydelotte to Selective Service Board, 14 April and 19 May 1943, IAS, Visa-Immigration.

35. Ceville O. Jones, Selective Service Board, to Frank Aydelotte, 20 April 1943, IAS, Visa-Immigration; KG to MG, 4 July 1962.

36. KG, "New Cosmological Solutions"; KG, "Rotating Universes." Gödel's theory is explained in Bonnor, *Expanding Universe*, 144–54.

37. KG, "Relativity and Idealistic Philosophy," *CW*, 2:202.

38. KG, "Relativity and Idealistic Philosophy," *CW*, 2:205 and n. 11.

39. KG, "Relativity and Idealistic Philosophy," *CW*, 2:205–6.

40. Kreisel, "Kurt Gödel," 155.

41. KG to MG, 7 September 1945.

42. KG to MG, 7 November 1947.

43. Bryant, *Prague in Black*, 227; Zimmermann, *Sudetendeutsch*,

135; Rudolf Gödel, "Chronik der Familie," 59–60.

44. Bryant, *Prague in Black*, 237–38.

45. KG to MG, 7 February 1957, 11 September 1960.

46. RG to KG, 21 January 1946, IAS, Faculty Files, Pre-1953.

47. OMD, 7 March 1946; KG to MG, 19 September 1946, 12 May 1947; Adele Gödel to RG, 3 January 1948.

48. KG to MG, 12 and 26 May 1947.

49. Rudolf Gödel, "History of Gödel Family," 27.

50. KG to MG, 6 July 1960.

51. KG to MG, 12 and 26 May 1947.

52. OMD, 11 July 1947.

53. Notes on American Government and History, KGP, 11b/1–2; OMD, 23 February 1947.

54. Oskar Morgenstern, "History of the Naturalization of Kurt Gödel," draft memorandum, 13 September 1971, in Thomas, Collection.

55. Guerra-Pujol, "Gödel's Loophole."

56. John von Neumann to Oswald Veblen, 30 November 1945, quoted in Dyson, *Turing's Cathedral*, 100.

57. KG to MG, 28 April 1946.

第9章 在柏拉图的阴影下

1. Joseph M. Rampona interview, *W&B*, 247.

2. OMD, 10 February 1951; KG to J. Robert Oppenheimer, n.d. [February 1951], IAS, Faculty Files, Pre-1953.

3. Oppenheimer to KG, 15 February 1951, IAS, Faculty Files, Pre-1953.

4. KG to RG, 18 March 1951.

5. OMD, 10 February 1951.

6. OMD, 24 February 1951; Dawson, *Logical Dilemmas*, 194.

7. OMD, 12 and 14 March 1951; KG to MG, 12 April 1951.

8. "World News Summarized," *New York Times*, 12 March 1951; KG to MG, 13 May and 28 June 1951.

9. Russell, *Autobiography, 1914–1944*, 341.

10. KG to Kenneth Blackwell, unsent reply to letter of 22 September 1971, *CW*, 4:316–17; Russell, *Mathematical Philosophy*, 169; KG, "Russell's Logic," *CW*, 2:120.

11. KG, "Basic Theorems and Implications," *CW*, 3:314.

12. KG, "Basic Theorems and Implications," *CW*, 3:310.

13. KG, "Basic Theorems and Implications," *CW*, 3:311–12.

14. KG, "Basic Theorems and Implications," *CW*, 3:321–22.

15. KG, "Basic Theorems and Implications," *CW*, 3:323.

16. OMD, 12 May 1963, 20 November 1971; Rudolf Carnap, notes of conversation with KG, 13 November 1940, quoted in Gierer, "Gödel Meets Carnap," 213; Wang, *Logical Journey*, 167.

17. Wang, *Logical Journey*, 8.

18. Crocco and Engelen, "Gödel's Philosophical Remarks," 36. I have slightly adjusted their translation of no. 14; the original German text reads, "Die Religionen sind zum gröbten Teil schlecht, aber nicht die Religion."

19. Paul Erdös quoted in Regis, *Einstein's Office*, 64.

注　释

20. KG to MG, 17 December 1948 ("forgeries"); 21 September 1953 ("1:2000"); 12 December 1956 (world wars); 27 September 1951 ("sabotage"); 27 July 1951 ("not learn that"); 5 January 1947 ("no further").

21. KG to MG, 22 July 1952.

22. Russell, *Western Philosophy*, 581.

23. OMD, 30 October 1945, 17 September 1944.

24. Menger, *Reminiscences*, 222–23.

25. OMD, 27 June 1945.

26. OMD, 11 June 1946.

27. OMD, 5 October 1953, 27 June 1945.

28. Menger, *Reminiscences*, 226–27.

29. KG to RG, 5 January 1955; KG to MG, 7 November 1956.

30. KG to MG, 9 June 1948, 5 January 1947.

31. KG to MG, 30 July 1950.

32. KG to MG, 8 January 1951; Cornelius A. Moynihan to J. Edgar Hoover, 23 September 1952, reproduced in *GA*, 145.

33. KG to MG, 16 January 1956, 22 November 1946, 17 March 1951.

34. KG to MG, 22 July 1952.

35. Ernest Straus in Woolf, ed., *Strangeness in Proportion*, 485.

36. OMD, 6 November 1960, 27 February 1972; "Colleagues Back Dr. Oppenheimer," *New York Times*, 1 July 1954; KG to MG, 12 December 1956; Paul Erdös interview, *W&B*, 235.

37. Ulam, *Adventures of a Mathematician*, 80; Carl Siegel quoted in Dawson, *Logical Dilemmas*, 194.

38. KG to MG, 31 October 1953; Atle Selberg quoted in Regis,

Einstein's Office, 64.

39. Regis, *Einstein's Office*, 206; Selberg, OH, 32–33.

40. Selberg, Papers, 11/5; J. Robert Oppenheimer to Atle Selberg, 2 and 3 November 1964, Weil, Faculty Files.

41. "Dispute Splits Advanced Study Institute," *New York Times*, 2 March 1973; Jones, "Mount Olympus" ; Goldstein, *Incompleteness*, 245; KG to MG, 30 September 1956.

42. KG to MG, 16 June 1946, 16 March 1947.

43. OMD, 12 July 1940; KG to MG, 16 June 1946 (appendix operation), 15 August 1946 (teeth), 9 June 1948 (weight).

44. Freeman Dyson, diary entry 25 November 1948 quoted in Dyson, *Maker of Patterns*, 126–27.

45. Dr. Philip Erlich File on Kurt Gödel, 21 May 1970, KGP, 27/1.

46. KG to MG, 14 April and 10 May 1953.

47. OMD, 16 July 1949; Mrs. E. W. Leary to J. Robert Oppenheimer, 20 September 1950, IAS, Faculty Files, Pre-1953.

48. KG to MG, 11 September 1949; KG to RG, 30 July 1950.

49. Kreisel, "Gödel's Excursions," 146; KG to MG, 16 April 1949, 8 January 1951.

50. KG to MG, 7 June 1959 (flamingo), 20 September 1952 and 23 August 1953 (Skee-Ball).

51. KG to MG, 16 January 1956 (*Aïda*); Rudolf Gödel, "History of Gödel Family," 26 (modern painting); KG to MG, 30 April 1961 (*Hamlet*), 28 May 1961 (Gogol).

52. KG to MG, 4 July 1962 (Kafka), 30 December 1950 (Wagner),

16 December 1960 (Mahler); KG to MG, 26 July 1953 ("Bach and Wagner").

53. Wang, *Reflections on Gödel*, 218–19; KG to MG, 25 April 1955; Selberg, Papers, 11/5.

54. Abramowitz, Schwartz, and Whiteside, "Conceptual Model of Hypochondriasis."

55. Fiebertabellen, KGP, 14a/15; Kreisel, "Kurt Gödel," 152–53.

56. KG prescriptions, KGP, 4a/14; *GA*, 99.

57. "Bland Diet Instructions," KGP, 14a/16; KG to MG, 5 January 1955, 30 June 1951, 12 January 1958, 15 January 1959.

58. OMD, 7 February, 25 November, and 4 December 1954, 9 January 1955, 9 November 1957, 6 November 1960, 22 December 1963, 18 May 1968, 10 February, 12 March, and 29 August 1970.

59. Albert Einstein to Elsa Löwenthal, ca. 11 August 1913 (no. 466), Einstein, *Collected Papers*, 5 (English trans. supp.): 348; Pais, *Subtle Is the Lord*, 477.

60. KG to MG, 25 April and 21 June 1955.

61. Sacks, "Reflections on Gödel"; KG to John von Neumann, 20 March 1956, *CW*, 5:373–77; Wigderson, "Gödel Phenomenon."

62. *CW*, 5:335.

63. KG to MG, 9 June 1948, 12 November 1951.

64. KG to MG, 9 August 1957.

65. "Viktor Christian, Prof. Dr.," University of Vienna, *650 Plus*; "Fritz (Friedrich) Knoll, Prof. Dr.," ibid.; Pfefferle and Pfefferle, *Glimpflich entnazifiert*, 154–55; "The De-Nazification of the Professorate

at the University of Vienna, 1945–1950," University of Vienna, *650 Plus*.

66. Köhler, "Philosophy of Misdeed"; Sigmund, *Exact Thinking*, 360–61.

67. Köhler, "Philosophy of Misdeed."

68. Sigmund, *Exact Thinking*, 356–57.

69. KG to MG, 11 December 1946.

70. KG to MG, 29 March 1956.

71. KG to MG, 8 May and 7 June 1958; KG to RG, 7 June 1958.

第10章 世界是理性的产物？

1. "Interview with Martin Davis," 567.

2. Paul J. Cohen to KG, 24 April 1963, KGP, 1b/27.

3. Paul J. Cohen to KG, 6 May 1963, KGP, 1b/27.

4. KG to Paul J. Cohen, 5 June 1963, *CW*, 4:378 and 20 June 1963, *CW*, 4:382–83.

5. KG to Alonzo Church, 10 August 1966, *CW*, 4:371–72.

6. Sacks, "Reflections on Gödel."

7. KG, "Modern Development of Foundations," *CW*, 3:375, 381.

8. Wang, *Logical Journey*, 192–93; Goldstein, *Incompleteness*, 31–32;KG, "Modern Development of Foundations," *CW*, 3:375.

9. KG, "Modern Development of Foundations," 379, 381.

10. KG, "Cantor's Continuum Problem," supplement to second edition,*CW*, 2:268.

11. KG, "Cantor's Continuum Problem," supplement to second edition, *CW*, 2:268–69; KG, "Modern Development of Foundations," *CW*, 3:385.

12. KG, "Modern Development of Foundations," *CW*, 3:381, 383.

13. KG to MG, 23 July and 6 October 1961.

14. KG to MG, 6 October and 12 September 1961.

15. OMD, 4 August and 29 August 1970; *CW*, 3:405, 424.

16. OMD, 29 August 1970.

17. *CW*, 5:135–44.

18. IAS, School of Mathematics, Faculty Files.

19. Interview requests, KGP, 4c/50; Elinn Definbaugh to KG, [1] December 1971, KGP, 4c/2; crank correspondence, KGP, 14a/18–20; Sacks, "Reflections on Gödel."

20. " 'Even Princeton' Travels to Protest: SDS Attends Washington Rally," *Daily Princetonian*, 30 November 1965, 1; KG to MG, 21 October 1965.

21. "Brick is Hurled," *Daily Princetonian,* 7 May 1970, 5; "Protesters Yield to Restraining Order," *Daily Princetonian*, 12 May 1970, 1.

22. "Valentines," *Princeton Town Topics*, 10 February 1972, 33.

23. OMD, 15 December 1971, 1 January 1972, 11 October 1973.

24. OMD, 7 April 1974.

25. OMD, 17 and 20 September 1975.

26. OMD, 23 February 1976, 6 September 1975.

27. OMD, 6 February 1970, 12 April 1974.

28. OMD, 9 April 1974.

29. OMD, 11 July 1977; Oskar Morgenstern memorandum on Kurt

Gödel, 10 July 1977, quoted in Dawson, *Logical Dilemmas*, 251; Thomas, OH, 13.

30. Dr. Philip Erlich File on Kurt Gödel, KGP, 27/1; OMD, 12 February 1976, 1 January 1977, 11 June 1976.

31. Dr. Philip Erlich File on Kurt Gödel, 12 June 1970, 28 August 1977, KGP, 27/1.

32. Adeline Federici interview, *W&B*, 246; Dawson, *Logical Dilemmas*, 252; Wang, *Reflections on Gödel*, 133.

33. Minot C. Morgan, Jr., to Dr. Woolf et al., 19 December 1977, IAS, Faculty Files, 1951–1977; Wang, *Reflections on Gödel*, 133.

34. Wang, *Reflections on Gödel*, 133.

35. Samuel M. Kind to Adele Gödel, 3 March 1978, and Homer R. Zink to Carl Pope, 14 March 1978, IAS, Faculty Files, 1978–1981.

36. Homer R. Zink to Adele Gödel, 2 March 1978, ibid.; Dawson, *Logical Dilemmas*, 258.

37. John Dawson, OH, 3–8.

38. Sokal and Bricmont, *Fashionable Nonsense*, 176; Ellenberg, "Does Gödel Matter?" ; Raatikainen, "Relevance of Gödel's Theorems," 528–29.

39. KG to MG, 20 October 1963.

40. Memorandum on KG's "Work," reproduced in *GA*, 151.

41. Wigderson, "Gödel Phenomenon," 475–76; Hoffmann, *Grenzen derMathematik*, 52–53.

42. Fogelin, *Tightrope of Reason*, 97.

43. Sacks, "Reflections on Gödel."

参考文献

哥德尔的作品

Kurt Gödel Papers. Institute for Advanced Study Archives. On deposit at the Manuscripts Division, Special Collections, Princeton University Library, Princeton, N.J.

Letters to Marianne and Rudolf Gödel. Wienbibliothek im Rathaus, Vienna. Digital publication, digital.wienbibliothek.at.

"Protokolle." Gabelsberger shorthand records of conversations and personal reflections, 1937–1938. Kurt Gödel Papers, box 6c, folder 81. Digital publication of Gabelsberger transcription by Erich Ruff with English translation by Marilya Veteto Reese, budiansky.com/goedel.

Collected Works. Edited by Solomon Feferman et al. 5 vols. New York: Oxford University Press, 1986–2003.

"Über die Vollständigkeit des Logikkalküls" [On the Completeness of the Calculus of Logic]. PhD dissertation, University of Vienna, 1929. Collected Works, 1:60–101.

Lecture at Königsberg on Completeness of the Functional Calculus. Presented at the Second Conference on Epistemology of the Exact Sciences, Königsberg, September 5–7, 1930. Collected Works, 3:16–29.

"Die Vollständigkeit der Axiome des logischen Funcktionenkalküls" [The Completeness of the Axioms of the Functional Calculus of Logic]. Monatshefte für Mathematik und Physik 37 (1930): 349–60. Collected Works, 1:103–23.

"Über formal unentscheidbare Sätze der Principia mathematica und verwandter Systeme I" [On Formally Undecidable Propositions of Principia Mathe-

matica and Related Systems]. *Monatshefte für Mathematik und Physik* 38 (1931): 173–98. *Collected Works*, 1:144–95.

"Zur intuitionistischen Arithmetik und Zahlentheorie" [On Intuitionistic Arithmetic and Number Theory]. *Ergebnisse eines mathematischen Kolloquiums* 4 (1933): 34–38. *Collected Works*, 1:286–95.

"The Present Situation in the Foundations of Mathematics." Paper presented at meeting of the Mathematical Association of America, Cambridge, Mass., December 29–30, 1933. *Collected Works*, 3:45–53.

"On Undecidable Propositions of Formal Mathematical Systems." Notes of lectures at the Institute for Advanced Study, February–May 1934. *Collected Works*, 1:346–71.

"The Existence of Undecidable Propositions in any Formal Mathematical System Containing Arithmetic." Manuscript notes of lecture to Philosophical Society of New York University, 18 April 1934. Kurt Gödel Papers, box 7b, folder 30. Digital publication, budiansky.com/goedel.

"Lecture at Zilsel's." *Collected Works*, 3:86–113.

"The Consistency of the Axiom of Choice and of the Generalized Continuum Hypothesis." *Proceedings of the National Academy of Sciences* 24 (1938): 556–57. *Collected Works*, 2:26–27.

"Consistency Proof for the Generalized Continuum Hypothesis." *Proceedings of the National Academy of Sciences* 25 (1939): 220–24. *Collected Works*, 2:28–32.

"The Consistency of the Axiom of Choice and of the Generalized Continuum Hypothesis with the Axioms of Set Theory." *Annals of Mathematical Studies*, vol. 3. Princeton: Princeton University Press, 1940. *Collected Works*, 2:33–101.

"In What Sense Is Intuitionistic Logic Constructive?" Lecture at Yale University, April 15, 1941. *Collected Works*, 3:189–200.

"Russell's Mathematical Logic." In *The Philosophy of Bertrand Russell*, edited by Paul A. Schlipp. Library of Living Philosophers, vol. 5. Evanston, Ill.: Northwestern University Press, 1944. *Collected Works*, 2:119–43.

"What Is Cantor's Continuum Problem?" *American Mathematical Monthly* 54 (1947), 515–25. *Collected Works*, 2:176–88.

"An Example of a New Type of Cosmological Solutions of Einstein's Field Equations of Gravitation." *Reviews of Modern Physics* 21 (1949): 447–50. *Collected Works*, 2:190–98.

"A Remark about the Relationship between Relativity Theory and Idealistic Philosophy." In *Albert Einstein, Philosopher–Scientist*, edited by Paul A. Schlipp. Library of Living Philosophers, vol. 7. Evanston, Ill.: Northwestern University Press, 1949. *Collected Works*, 2:202–7.

"Rotating Universes in General Relativity Theory." *Proceedings of the International Congress of Mathematicians, Cambridge, Massachusetts, August 30–September 6, 1950*, 1:175–81. *Collected Works*, 2:208–16.

"Some Basic Theorems on the Foundations of Mathematics and their Implications." 25th Josiah Willard Gibbs Lecture, American Mathematical Society, Providence, R.I., December 26, 1951. *Collected Works*, 3:304–23.

"Is Mathematics Syntax of Language?" Unpublished essay, 1953–59. *Collected Works*, 3:334–62.

"The Modern Development of the Foundations of Mathematics in the Light of Philosophy." Draft of undelivered lecture, 1961. *Collected Works*, 3:374–87.

Unpublished ontological proof, 1970. *Collected Works*, 3:403–4.

其他作品

Abramowitz, Jonathan S., Stefanie A. Schwartz, and Stephen P. Whiteside. "A Contemporary Model of Hypochondriasis." *Mayo Clinic Proceedings* 77 (2002): 1323–30.

Adani, Christoph. "Three Weeks with Hans A. Bethe." In *Hans Bethe and His Physics*, edited by Gerald Edward Brown and Chang-Hwan Lee. Singapore: World Scientific, 2006.

Aly, Götz. *Why the Germans? Why the Jews?* 2011. Translated by Jefferson Chase. New York: Picador, 2015.

Ash, Mitchell G. "Die Universität Wien in den politischen Umbrüchen des 19. und 20. Jahrhunderts." In *Universität–Politik–Gesellschaft*, edited by Mitchell G. Ash, Friedrich Stadler, and Josef Ehmer. Göttingen: V&R unipress, 2015.

Baaz, Matthias, et al., eds. *Kurt Gödel and the Foundations of Mathematics: Horizons of Truth*. Cambridge: Cambridge University Press, 2011.

Bahr, Hermann. *Wien*. Stuttgart: Carl Crabbe Verlag, 1906.

Ball, Philip. *Serving the Reich: The Struggle for the Soul of Physics under Hitler*. Chicago: University of Chicago Press, 2014.

Beller, Steven. *A Concise History of Austria*. Cambridge: Cambridge University Press, 2006.

———. *Vienna and the Jews, 1867–1938: A Cultural History*. Cambridge: Cambridge University Press, 1989.

Berend, Ivan. *Case Studies on Modern European Economy: Entrepreneurship, Inventions, and Institutions*. London: Routledge, 2013.

Berkley, George E. *Vienna and Its Jews: The Tragedy of Success, 1880s–1890s*. Lanham, Md.: Madison Books, 1988.

Birkhoff, George. "Fifty Years of American Mathematics." In *American Mathematical Society Semicentennial Publications*. 2 vols. New York: American Mathematical Society, 1938.

Blaschke, Wilhelm. Review of *Semicentennial History of the American Mathematical Society, 1888–1938. Jahresbericht der Deutschen Mathematiker-Vereinigung* 49 (1939): Pt. II, 80–81.

Bonnor, William. *The Mystery of the Expanding Universe*. New York: Macmillan, 1964.

Broch, Hermann. *The Unknown Quantity*. 1935. Translated by Willa and Edwin Muir. Marlboro, Vt.: Marlboro Press, 1988.

Brouwer, L. E. J. "Intuitionistic Reflections on Formalism." 1927. Reprinted in *From Frege to Gödel: A Source Book in Mathematical Logic, 1879–1932*, edited by Jean van Heijenoort. Cambridge: Harvard University Press, 1967.

Bryant, Chad. *Prague in Black: Nazi Rule and Czech Nationalism*. Cambridge: Harvard University Press, 2007.

Carnap, Rudolf. Papers. Archives and Special Collections, University of Pittsburgh Library, Pittsburgh, Pa.

Claims Resolution Tribunal of the Holocaust Victim Assets Litigation against Swiss Banks and other Swiss Entities. United States District Court for the Eastern District of New York. crt-ii.org.

Clare, George. *Last Waltz in Vienna*. London: Macmillan, 1981.

Connolly, P. J. "Karl Lueger: Mayor of Vienna." *Studies: An Irish Quarterly Review* 5, no. 14 (June 1915): 226–49.

Crocco, Gabriella, and Eva-Maria Engelen. "Kurt Gödel's Philosophical Remarks." In *Kurt Gödel: Philosopher–Scientist*, edited by Gabriella Crocco and Eva-Maria Engelen. Marseille: Presses Universitaires de Provence, 2016.

Curbera, Guillermo P. *Mathematicians of the World, Unite! The International Congress of Mathematicians—A Human Endeavor*. Boca Raton, Fla.: CRC Press, 2009.

Davis, Martin. "What Did Gödel Believe, and When Did He Believe It?" *Bulletin of Symbolic Logic* 11, no. 2 (June 2005): 194–206.

Dawson, John W., Jr. *Logical Dilemmas: The Life and Work of Kurt Gödel*. Wellesley, Mass.: A. K. Peters, 1997.

———. Oral History Project. Institute for Advanced Study Archives, Princeton, N.J.

———. "The Reception of Gödel's Incompleteness Theorem." *PSA: Proceedings of the Biennial Meeting of the Philosophy of Science Association, 1984*. Vol. 2: Symposia and invited papers (1984): 253–71.

Deak, John David. "The Austrian Civil Service in an Age of Crisis: Power and the Politics of Reform, 1848–1925." PhD dissertation, University of Chicago, 2009.

DePauli-Schimanovich, Werner. *Kurt Gödel und die Mathematische Logik.* Linz: Trauner Verlag, 2005.

DePauli-Schimanovich, Werner, and Peter Weibel. *Kurt Gödel – Ein mathematischer Mythos.* DVD video. Österreichischer Rundfunk, 1986.

De Waal, Edmund. *The Hare with the Amber Eyes.* New York: Picador, 2010.

Dyson, Freeman. *From Eros to Gaia.* New York: Penguin, 1995.

———. *Maker of Patterns: An Autobiography Through Letters.* New York: Liveright, 2018.

Dyson, George. *Turing's Cathedral: The Origins of the Digital Universe.* New York: Random House, 2012.

Einstein, Albert. The Albert Einstein Archives. Hebrew University of Jerusalem, Israel. albert-einstein.org.

———. *Collected Papers of Albert Einstein.* Digital Einstein Papers, Princeton University Press. einsteinpapers.press.princeton.edu.

———. Director's Office: Faculty Files. Institute for Advanced Study Archives, Princeton, N.J.

Ellenberg, Jordan. "Does Gödel Matter?" *Slate,* 10 March 2005.

Engelen, Eva-Maria, ed. *Kurt Gödel Philosophische Notizbücher/Philosophical Notebooks.* Vol. 2, *Zeiteinteilung (Maximen) I und II/Time Management (Maxims) I and II.* Berlin: De Gruyter, 2020.

Feferman, Anita Burdman, and Solomon Feferman. *Alfred Tarski: Life and Logic.* Cambridge: Cambridge University Press, 2004.

Feferman, Solomon. "Provenly Unprovable." Review of *Incompleteness* by Rebecca Goldstein. *London Review of Books,* February 9, 2006.

Feferman, Solomon, Charles Parson, and Stephen G. Simpson, eds. *Kurt Gödel: Essays for His Centennial.* Cambridge: Cambridge University Press, 2010.

Feigl, Herbert. "The Wiener Kreis in America." In *Perspectives in American History,* vol. 2: *The Intellectual Migration: Europe and America, 1930–1960,* edited by Donald Fleming and Bernard Bailyn. Cambridge, Mass.: Charles Warren Center for Studies in American History, 1968.

Fitzgerald, F. Scott. *This Side of Paradise.* New York: Scribner's, 1921.

Flexner, Abraham. "The Usefulness of Useless Knowledge." *Harper's Magazine,* October 1939, 544–52.

Fogelin, Robert J. *Walking the Tightrope of Reason: The Precarious Life of a Rational Animal.* New York: Oxford University Press, 2003.

———. "Wittgenstein and Intuitionism." *American Philosophical Quarterly* 5, no. 4 (October 1968): 267–74.

Fraenkel, Abraham A. *Recollections of a Jewish Mathematician in Germany.* New York: Springer, 2016.

Frege, Gottlob. *Grundgesetze der Arithmetik.* Jena, Germany: Hermann Pohle, 1893.

Gierer, Alfred. "Gödel Meets Carnap: A Prototypical Discourse on Science and Religion." *Zygon* 32, no. 2 (June 1997): 207–17.

Gödel, Rudolf. "History of the Gödel Family." In *Gödel Remembered: Salzburg, 10–12 July 1983*, edited by Paul Weingartner and Leopold Schmetterer. Naples: Bibliopolis, 1987.

———. "Skizze zu einer Chronik der Familie Gödel." In *Kurt Gödel: Wahrheit & Beweisbarkeit*, vol. 1: *Dokumente und historische Analysen*, edited by Eckehart Köhler et al. Vienna: öbv & hpt, 2002.

Goldstein, Rebecca. *Incompleteness: The Proof and Paradox of Kurt Gödel.* New York: Norton, 2005.

Goldstine, Herman. Department of Mathematics Oral History Project. The Princeton Mathematics Community in the 1930s. Transcript No. 15. Seeley G. Mudd Manuscript Library, Princeton University, Princeton, N.J.

Graf, Max. *Legend of a Musical City.* New York: Philosophical Library, 1945.

Graham, Elyse. "Adventures in Fine Hall." *Princeton Alumni Weekly*, January 10, 2018.

Guerra-Pujol, F. E. "Gödel's Loophole." *Capital University Law Review* 41, no. 3 (Summer 2013): 637–74.

Hahn, Hans, et al. "Diskussion zur Grundlegung der Mathematik." *Erkenntnis* 2 (1931): 135–51. English translation in "Discussion on the Foundation of Mathematics," *History and Philosophy of Logic* 5, no. 1 (January 1984): 111–29.

Halperin, Israel. Department of Mathematics Oral History Project. The Princeton Mathematics Community in the 1930s. Transcript No. 18. Seeley G. Mudd Manuscript Library, Princeton University, Princeton, N.J.

Hamann, Brigitte. *Hitler's Vienna.* New York: Oxford University Press, 1999.

Heindl, Waltraud. *Gehorsame Rebellen: Bürokratie und Beamte in Österreich.* Vienna: Böhlau, 1991.

Helmer, Olaf. "Perelman versus Gödel." *Mind* 46, no. 181 (January 1937): 58–60.

Hilbert, David. "Mathematische Probleme." *Nachrichten von der Gesellschaft der Wissenschaften zu Göttingen, Mathematisch-physikalisch* (1900): 253–97. English translation, "Mathematical Problems," *Bulletin of the American Mathematical Society* 8, no. 10 (July 1902): 437–79.

———. "On the Infinite." 1925. Reprinted in *From Frege to Gödel: A Source Book in Mathematical Logic, 1879–1932*, edited by Jean van Heijenoort. Cambridge: Harvard University Press, 1967.

Hoffmann, Dirk W. *Die Gödel'schen Unvollständigkeitssätze: Eine geführte Reise durch Kurt Gödels historischen Beweis.* 2nd ed. Berlin: Springer, 2017.

———. *Grenzen der Mathematik: Eine Reise durch die Kerngebiete der mathematischen Logik.* 3rd ed. Berlin: Springer, 2018.

Hofmannsthal, Hugo von. "Die österreichische Idee." 1917. Reprinted in *Prosa III*, edited by Herbert Steiner. Frankfurt: S. Fischer, 1951.

Holton, Gerald, and Yehuda Elkana, eds. *Albert Einstein: Historical and Cultural Perspectives.* Princeton: Princeton University Press, 1982.

Huber-Dyson, Verena. "Gödel and the Nature of Mathematical Truth II." Interview on Edge.org, July 26, 2005.

Institute for Advanced Study. Archives. Files on Kurt Gödel. Director's Office: Faculty Files, Princeton, N.J.

———. Director's Office: Visa-Immigration Files.

———. School of Mathematics Records: Faculty Files.

Institute for Advanced Study. History Working Group. *A Refuge for Scholars.* Princeton, N.J., 2017.

"Interview with Martin Davis." *Notices of the American Mathematical Society* 55, no. 5 (May 2008): 560–71.

Janik, Allan, and Stephen Toulmin. *Wittgenstein's Vienna.* 1973. Chicago: Irving R. Dee, 1996.

Johnson, Lonnie. *Introducing Austria.* Riverside, Calif.: Ariadne Press, 1989.

Johnston, William M. *The Austrian Mind: An Intellectual and Social History, 1848–1938.* 1972. Berkeley: University of California Press, 1983.

Jones, Kingsley. "Insulin Coma Therapy in Schizophrenia." *Journal of the Royal Society of Medicine* 93, no. 3 (March 2000): 147–49.

Jones, Landon Y., Jr. "Bad Days on Mount Olympus." *The Atlantic*, February 1974, 37–53.

Judson, Peter M. *The Habsburg Empire: A New History.* Cambridge: Harvard University Press, 2018.

Kleene, Stephen C. "Kurt Gödel, 1906–1978: A Biographical Memoir." Washington, D.C.: National Academy of Sciences, 1987.

Klepetar, Harry E. "The Chances of Communism in China." *American Scholar* 19, no. 3 (Summer 1950): 301–8.

Köhler, Eckehart. "The Philosophy of Misdeed." Unpublished manuscript, 1968.

Köhler, Eckehart, et al., eds. *Kurt Gödel: Wahrheit & Beweisbarkeit.* Vol. 1, *Dokumente und historische Analysen.* Vienna: öbv & hpt, 2002.

Kraus, Karl. "Franz Ferdinand und die Talente." *Die Frackel*, no. 400, July 10, 1914.

———. *The Last Days of Mankind: A Tragedy in Five Acts*. 1920. Translated by Patrick Healy. Amsterdam: November Editions, 2016.

Kreisel, Georg. "Gödel's Excursions into Intuitionist Logic." In *Gödel Remembered: Salzburg, 10–12 July 1983*, edited by Paul Weingartner and Leopold Schmetterer. Naples: Bibliopolis, 1987.

———. "Kurt Gödel." *Biographical Memoirs of Fellows of the Royal Society* 26 (1980): 158–224.

Kuh, Anton. " 'Central' und 'Herrenhof'." In *Der unsterbliche Österreicher*. Munich: Knorr & Hirth, 1931.

List, Rudolf. *Brünn, ein deutsches Bollwerk*. St. Pölten, Austria: St. Pöltner Zeitungs-Verlags, 1942.

Mancosu, Paolo. "Between Vienna and Berlin: The Immediate Reception of Gödel's Incompleteness Theorems." *History and Philosophy of Logic* 20, no. 1 (January 1999): 33–45.

Martin, Donald A. "Gödel's Conceptual Realism." *Bulletin of Symbolic Logic* 11, no. 2 (June 2005): 207–24.

May, Arthur James. *The Hapsburg Monarchy, 1867–1914*. New York: Norton, 1968.

Maynard, W. Barksdale. "Princeton in the Confederacy's Service." *Princeton Alumni Weekly*, March 23, 2011.

Menger, Karl. *Ergebnisse eines Mathematischen Kolloquiums*. Edited by Egbert Dierker and Karl Sigmund. Vienna: Springer, 1998.

———. "Introduction." In *Empiricism, Logic and Mathematics: Philosophical Papers* by Hans Hahn, edited by Brian McGuinness. Dordrecht, Netherlands: D. Reidel, 1980.

———. *Reminiscences of the Vienna Circle and the Mathematical Colloquium*. Edited by Louise Golland, Brian McGuinness, and Abe Sklar. Dordrecht, Netherlands: Kluwer, 1994.

Monk, Ray. *Bertrand Russell: The Spirit of Solitude, 1872–1921*. New York: Free Press, 1996.

———. *Ludwig Wittgenstein: The Duty of Genius*. 1990. New York: Penguin, 1991.

Morgenstern, Oskar. "Abraham Wald, 1902–1950." *Econometrica* 19, no. 4 (October 1951): 361–67.

———. Diaries. Oskar Morgenstern Papers. Rare Book and Manuscript Library, Duke University, Durham, N.C. Digital publication on the Web, "Oskar Morgenstern Tagebuchedition," University of Graz, Austria.

Musil, Robert. *Der Mann ohne Eigenschaften*. 1930. Hamburg: Rowohlt, 1952.

———. "Der mathematische Mensch." 1913. In *Gesammelte Werke*, vol. 2. Hamburg: Rowohlt, 1978.

Nagel, Ernest. "Impressions and Appraisals of Analytic Philosophy in Europe. II." *Journal of Philosophy* 33, no. 2 (January 16, 1936): 29–53.

Nagel, Ernest, and James R. Newman. *Gödel's Proof.* 1958. Rev. ed. New York: New York University Press, 2001.

National Archives and Records Administration. Membership Applications to the NS-Frauenschaft/Deutsches Frauenwerk. Microfilm Publication A3344. National Archives, College Park, Md.

———. Nazi Party Applications by Austrians (1938–39). Microfilm Publication A3359.

Pais, Abraham. *"Subtle Is the Lord . . .": The Science and the Life of Albert Einstein.* Oxford: Oxford University Press, 1982.

Patterson, K. David, and Gerald F. Pyle. "The Geography and Mortality of the 1918 Influenza Pandemic." *Bulletin of the History of Medicine* 65, no. 1 (Spring 1991): 4–21.

Pauley, Bruce F. *From Prejudice to Persecution: A History of Austrian Anti-Semitism.* Chapel Hill: University of North Carolina Press, 2000.

———. *Hitler and the Forgotten Nazis: A History of Austrian National Socialism.* Chapel Hill: University of North Carolina Press, 1981.

Perelman, Chaïm. "Les Paradoxes de la Logique." *Mind* 45, no. 178 (April 1936): 204–8.

Pfefferle, Roman, and Hans Pfefferle. *Glimpflich entnazifiziert: Die Professorenschaft der Universität Wien von 1944 in den Nachkriegsjahren.* Göttingen: V&R unipress, 2014.

Post, Emil L. "Finite Combinatory Processes—Formulation 1." *Journal of Symbolic Logic* 1, no. 3 (September 1936): 103–5.

Raatikainen, Panu. "On the Philosophical Relevance of Gödel's Incompleteness Theorems." *Revue Internationale de Philosophie* 59, no. 4 (October 2005): 513–34.

Regis, Ed. *Who Got Einstein's Office? Eccentricity and Genius at the Institute for Advanced Study.* Reading, Mass.: Addison-Wesley, 1987.

Reid, Constance. *Hilbert.* 1970. New York: Springer, 1996.

Roth, Joseph. *The Emperor's Tomb.* 1938. Translated by John Hoare. New York: Overlook Press, 2002.

———. *The Radetzky March.* 1932. Translated by Joachim Neugroschel. New York: Overlook Press, 1995.

Rothkirchen, Livia. *The Jews of Bohemia and Moravia: Facing the Holocaust.* Lincoln: University of Nebraska Press, 2012.

Rothschild, Joseph. *East Central Europe Between the Two World Wars.* Seattle: University of Washington Press, 1974.

Rudin, Walter. *The Way I Remember It.* History of Mathematics, vol. 12. Providence, R.I.: American Mathematical Society and London Mathematical Society, 1996.

Russell, Bertrand. *The Autobiography of Bertrand Russell, 1987–1914.* Boston: Little, Brown, 1967.

———. *The Autobiography of Bertrand Russell, 1914–1944.* Boston: Little, Brown, 1968.

———. *A History of Western Philosophy.* 1945. New York: Simon and Schuster, 1967.

———. *Introduction to Mathematical Philosophy.* London: George Allen and Unwin, 1919.

———. *My Philosophical Development.* 1959. London: Routledge, 1993.

Sacks, Gerald. "Reflections on Gödel." 3rd annual Thomas and Yvonne Williams Lecture for the Advancement of Logic and Philosophy, University of Pennsylvania, 2007.

Schewe, Phillip F. *Maverick Genius: The Pioneering Odyssey of Freeman Dyson.* New York: St. Martin's, 2013.

Schlick, Moritz. Einstein-Schlick Correspondence. ECHO, Max Planck Institute for the History of Science. echo.mpiwg-berlin.mpg.de.

———. Nachlass. Papers of the Vienna Circle Movement. Noord-Hollands Archief, Haarlem, Netherlands.

Schober-Bendixen, Susanne. *Die Tuch-Redlichs: Geschichte einer jüdischen Fabrikantenfamilie.* Vienna: Amalthea, 2018.

Schorske, Carl. *Fin-de-siècle Vienna: Politics and Culture.* New York: Vintage, 1981.

Segal, Sanford L. "Mathematics and German Politics: The National Socialist Experience." *Historia Mathematica* 13, no. 2 (May 1986): 118–35.

Segel, Harold B., ed. *The Vienna Coffeehouse Wits, 1890–1938.* West Lafayette, Ind.: Purdue University Press, 1993.

Selberg, Atle. Oral History Project. Institute for Advanced Study Archives, Princeton, N.J.

———. Papers. Institute for Advanced Study Archives, Princeton, N.J.

Siegmund-Schultze, Reinhard. *Mathematicians Fleeing from Nazi Germany: Individual Fates and Global Impact.* Princeton: Princeton University Press, 2009.

———. " 'Mathematics Knows No Races': A Political Speech that David Hilbert Planned for the ICM in Bologna in 1928." *Mathematical Intelligencer* 38, no. 1 (March 2016): 56–66.

Sigmund, Karl. "Dozent Gödel Will Not Lecture." In Mathias Baaz et al., eds., *Kurt Gödel and the Foundations of Mathematics*. Cambridge: Cambridge University Press, 2011.

———. *Exact Thinking in Demented Times: The Vienna Circle and the Epic Quest for the Foundations of Science*. New York: Basic Books, 2017.

———. "A Philosopher's Mathematician: Hans Hahn and the Vienna Circle." *Mathematical Intelligencer* 17, no. 4 (Fall 1995): 16–29.

Sigmund, Karl, John Dawson, and Kurt Mühlberger. *Kurt Gödel: Das Album/ The Album*. Wiesbaden: Vieweg, 2006.

Simotta, Daphne-Ariane. "Marriage and Divorce Regulation and Recognition in Austria." *Family Law Quarterly* 29, no. 3 (Fall 1995): 525–40.

Slezak, Leo. *Rückfall*. Stuttgart: Rowohlt, 1940.

Smith, Alice Kimball. "The Elusive Dr. Szilard." *Harper's*, August 1960.

Snapper, Ernst. "The Three Crises in Mathematics: Logicism, Intuitionism and Formalism." *Mathematics Magazine* 52, no. 4 (September 1979): 207–16.

Sokal, Alan, and Jean Bricmont. *Fashionable Nonsense: Postmodern Intellectuals' Abuse of Science*. New York: Picador, 1998.

Spiel, Hilde. *Vienna's Golden Autumn, 1866 to 1938*. New York: Weidenfeld and Nicolson, 1987.

Stadler, Friedrich. *The Vienna Circle: Studies in the Origins, Development, and Influence of Logical Empiricism*. Rev. ed. Heidelberg: Springer, 2015.

Stadler, Friedrich, and Peter Weibel, eds. *Vertreibung der Vernunft: The Cultural Exodus from Austria*. 2nd ed. Vienna: Springer, 1995.

Stern, Beatrice M. "A History of the Institute for Advanced Study, 1930–1950." Unpublished manuscript. Institute for Advanced Study Archives, Princeton, N.J.

Taussky-Todd, Olga. Oral History Project. California Institute of Technology Archives, Pasadena, Calif., 1979–80.

———. "Remembrances of Kurt Gödel." In *Gödel Remembered: Salzburg, 10–12 July 1983*, edited by Paul Weingartner and Leopold Schmetterer. Naples: Bibliopolis, 1987.

Thomas, Dorothy Morgenstern. Collection. Institute for Advanced Study Archives, Princeton, N.J.

———. Oral History Project. Institute for Advanced Study Archives, Princeton, N.J.

Topp, Leslie. "An Architecture for Modern Nerves: Josef Hoffmann's Purkersdorf Sanatorium." *Journal of the Society of Architectural Historians* 56, no. 4 (December 1997): 414–37.

Tucker, Albert. Department of Mathematics Oral History Project. The

Princeton Mathematics Community in the 1930s. Transcript No. 30. Seeley G. Mudd Manuscript Library, Princeton University, Princeton, N.J.

Turing, A. M. "On Computable Numbers." *Proceedings of the London Mathematical Society* 42 ser. 2 (1937): 230–65.

Ulam, S. M. *Adventures of a Mathematician*. 1976. Berkeley: University of California Press, 1991.

University of Vienna. *650 Plus—History of the University of Vienna*. geschichte.univie.ac.at.

Van Atten, Mark. "Gödel and Brouwer: Two Rivalling Brothers." In *Essays on Gödel's Reception of Leibniz, Husserl, and Brouwer*. New York: Springer, 2014.

Van Heijenort, Jean, ed. *From Frege to Gödel: A Source Book in Mathematical Logic, 1879–1931*. Cambridge: Harvard University Press, 1967.

Veblen, Oswald. Papers. Manuscript Division, Library of Congress, Washington, D.C.

Vinnikov, Victor. "We Shall Know: Hilbert's Apology." *Mathematical Intelligencer* 21, no. 1 (March 1999): 42–46.

Von Kármán, Theodore. *The Wind and Beyond*. Boston: Little, Brown, 1967.

Von Neumann, John. *The Computer and the Brain*. New Haven: Yale University Press, 1958.

Von Plato, Jan. "In Search of the Sources of Incompleteness." *Proceedings of the International Congress of Mathematicians*, Rio de Janeiro, 2018, 3:4043–60.

Walker, Mark. "National Socialism and German Physics." *Journal of Contemporary History* 24, no. 1 (January 1989): 63–89.

Wang, Hao. *A Logical Journey: From Gödel to Philosophy*. Cambridge, Mass.: MIT Press, 1996.

———. *Reflections on Kurt Gödel*. Cambridge, Mass.: MIT Press, 1987.

———. "Some Facts about Kurt Gödel." *Journal of Symbolic Logic* 46, no. 3 (September 1981): 653–59.

Wasserman, Janek. *Black Vienna: The Radical Right in the Red City, 1918–1938*. Ithaca, N.Y.: Cornell University Press, 2014.

Watterson, Kathryn. *I Hear My People Singing: Voices of African American Princeton*. Princeton: Princeton University Press, 2017.

Waugh, Alexander. *The House of Wittgenstein: A Family at War*. New York: Doubleday, 2008.

Weber, Max. "Science as a Vocation." 1917. In *Max Weber: Essays in Sociology*, translated and edited by H. H. Gerth and C. Wright Mills. New York: Oxford University Press, 1946.

Weil, André. Director's Office: Faculty Files. Institute for Advanced Study Archives, Princeton, N.J.

Weingartner, Paul, and Leopold Schmetterer, eds. *Gödel Remembered: Salzburg, 10–12 July 1983*. Naples: Bibliopolis, 1987.

Weyl, Hermann. "David Hilbert and His Mathematical Work." *Bulletin of the American Mathematical Society* 50, no. 9 (September 1944): 612–54.

———. "Mathematics and Logic." *American Mathematical Monthly* 53, no. 1 (January 1946): 2–13.

Whitehead, Alfred North, and Bertrand Russell. *Principia Mathematica*. 3 vols. Cambridge: Cambridge University Press, 1910–13.

Whitman, Marina von Neumann. *The Martian's Daughter: A Memoir*. Ann Arbor: University of Michgan Press, 2012.

Wigderson, Avi. "The Gödel Phenomenon in Mathematics: A Modern View." In *Kurt Gödel and the Foundations of Mathematics*, edited by Mathias Baaz et al. Cambridge: Cambridge University Press, 2011.

Winkler, Wilhelm. "The Population of the Austrian Republic." *Annals of the American Academy of Political and Social Science* 98, supp.: Present Day Social and Industrial Conditions in Austria (November 1921): 1–6.

Woolf, Harry, ed. *Some Strangeness in the Proportion: A Centennial Symposium to Celebrate the Achievements of Albert Einstein*. Reading, Mass.: Addison-Wesley, 1980.

Zahra, Tara. *Kidnapped Souls: National Indifference and the Battle for Children in the Bohemian Lands, 1900–1948*. Ithaca, N.Y.: Cornell University Press, 2011.

Zimmermann, Volker. *Die Sudetendeutschen im NS-Staat: Politik und Stimmung der Bevölkerung im Reichsgau Sudetenland*. Essen: Klartext, 1999.

Zuckmayer, Carl. *A Part of Myself*. 1966. Translated by Richard and Clara Winston. New York: Harcourt Brace Jovanovich, 1970.

Zweig, Stefan. *The World of Yesterday*. 1942. Rev. ed., translated by Anthea Bell. Lincoln: University of Nebraska Press, 2009.

图片来源

KGP：库尔特·哥德尔留下的文字材料。谢尔比·怀特与里昂·莱维档案中心，新泽西州普林斯顿高等研究院，由新泽西州普林斯顿大学图书馆收藏。

ÖNB：奥地利国家图书馆，照片档案

IAS：谢尔比·怀特与里昂·莱维档案中心，新泽西州普林斯顿高等研究院

III	Arnold Newman/Getty Images
VII	KGP, 27/1
IX	Leonard McCombe LIFE Picture Collection/Getty Images
2	akg-images
18	(bottom) ÖNB, 111.801C
32	ÖNB, LSCH 181C
56	Courtesy Museum of the City of Brno
60	KGP, 13a/0

图片来源

70	Courtesy Archives, California Institute of Technology
74	ÖNB, Pf 31.341:E(1)
87	ÖNB, 435.956B
90	ÖNB, Pk 4975/9
93	ÖNB, Pf 29.355:E(1)
94	ÖNB, L 36.781C
96	R. G. Lubben Papers, Archives of American Mathematics, e_math_00018, The Dolph Briscoe Center for American History, University of Texas at Austin
115	(top) KGP, 14b/17, 110064
115	(bottom) IAS, Unsorted People letter box 1, Adele Gödel
138	KGP, 7b/13, 040021
152	KGP, 13b/44, 090722
153	(top) KGP, 14b/17, 110026
154	(bottom) ÖNB, 207.229B
166	IAS, OV SM3, photograph by Wilhelm Blaschke
173	Alfred Eisenstaedt LIFE Picture Collection/Getty Images
178	ÖNB, OEGZ H 780B
180	Courtesy Bancroft Library, University of California, Berkeley
185	KGP, 13b/45, 090755
194	KGP, 14a/0, 110153
203	ÖNB, OEGZ H 4531B
207	KGP, 6c/81, 030114
213	ÖNB, 99.113B
220	ÖNB, OEGZ S 283/27

221	KGP, 13b/18, 090374
222	KGP, 14a/1, 110206
230	KGP, 13a/8; IAS, Director's Office: Faculty Files, Kurt Gödel, Pre-1953.
231	KGP, 14b/17, 110067
235	IAS, BP 03, photograph by Rose and Son, Princeton, N.J.
242	Courtesy George Dyson, photograph by Verena Huber-Dyson
245	IAS, EB 069, photograph by Oskar Morgenstern
247	IAS, SM Goe 02, photograph by Dorothy Morgenstern Thomas
285	KGP, 14b/17, 110071
287	KGP, 14b/17, 110033
287	KGP, 14b/17, 110133
297	KGP, 14b/17, 110121
306	IAS, Postcard
308	Courtesy Library of Congress, ppmsca 56705, photograph by John T. Bledsoe
309	Courtesy IAS, SM Goe 03, photograph by A. G. Wightman

译者后记

非常感谢丁家琦,没有拘泥于译者的专业背景,把这本书交给了既没有数学专业背景,也没有翻译过传记的我。译者当然应该广泛涉猎,尝试不同的题材和体裁,只可惜在实际的工作中,"锻炼"自己的机会远没有"扮演"专业人士的多,我想这一点在各行各业或许都差不多。如果不是家琦,想必也就没有这段有趣且略带挑战的经历了。

译者和原作者是一种很难类比的微妙关系,其中一个原因是它并非固定不变,而是与不同的作品、译者和作者有关。有的译者行文潇洒,得文意而忘其言,再创作的味道非常强烈;有的则不然,犹如鹦鹉学舌,照本宣科。同样,作者也有强势和弱势的区别,有的视自己的创作为生命,是真正字面意义上的"惜字如金";也有的相对乐于将原作和译作区别看待,甘愿扮演协助译者的角色。本书的作者斯蒂芬·布迪安斯基(Stephen Budiansky)在得知中译版的存在后,非常热心地解答了我提出的所有疑问,并主动告知了由其他国家的译者和编辑发现的文本错误。在通信期间,我还得知他在同时与本书德语版的译者沟通。作为著作等身的作家，斯蒂芬·布迪安斯基的勤奋、和蔼与专业素养令我敬佩。能与原作者有这样的互动，同样是译者不可多得的宝贵经历。

本书的翻译过程并非一帆风顺，无论是翻译本身，还是翻译之外的日常生活，若没有他人的帮助，料想这段码字的时光会平淡乃至苦涩不少。其中尤其要感谢好友赵梦雪在德语、德奥历史和科学哲学方面的点拨，从德国二战史的课堂，到柏林的街头巷尾，没有想到当初只是随性涉猎的关于德国的点滴，真的会有派上用场的一天。当然还要感谢我的父母，没有，或者说暂时还没有在职业和人生道路的选择上对我耳提面命，这份难得的宽容对于书籍翻译的工作而言弥足珍贵，它能让我心安理得、心平气和地在每一处遣词造句上多花几秒钟的时间。我没有想到第二针疫苗的反应会如此强烈，感谢老许、院士和杨迪奥的关心与安慰。在翻译这本书期间，我几乎每天都去石梨贝水塘锻炼，日暮时分，山空水静，我在那里碰到过成群的猴子，偶遇过野猪母子，拍到过许许多多自觉满意的照片，想表达感谢，却不知对象是谁，姑且记在这里。另外，谨以这份微不足道的工作纪念欧阳桢（Eugene Chen Eoyang）老先生，欧阳教授虽与本书的翻译无直接关系，但他的课程让我受益匪浅。欧阳教授循循善诱，懂得欣赏学生的进步，在讲台上耕耘直到人生的最后一刻。

19世纪的英国作家查尔斯·金斯莱（Charles Kingsley）认为推理能力和想象力同等重要。那是一个进化论冲击了整个社会的时代，达尔文的假说与其说是建立在铁证之上，不如说是靠他惊人的想象力。唯物主义和实证主义取得的成就有目共睹，但这并不能作为它们放之四海皆准的依据，更不是排挤其他方法论的理由。对于那些

译者后记

超出人类感知觉的事物，无论是跨越亿万年时间尺度的进化论，还是用数学语言和概念编织的不完备性定理，实证的思维和方式总是显得有些力不从心。

哥德尔的生平给我留下了极深的印象，就我个人而言，书中的许多角度和议题是我从未想过的，我希望中文版的读者也能体会到我初读本书时的惊喜之情。不过，我深知自己的水平有限，不要说原汁原味地呈现英文版的措辞和文风，哪怕只是保证中文版的准确和通畅就已然不易。译文难免有错误，望见谅，望海涵。

祝锦杰于 2022 年 6 月